本书为福建省社会科学规划项目"唐宋以降九龙江北溪中下游地区开发史研究"（批准号 FJ2019C010）的结题成果

变迁·开发·家族
迁·发·族

唐宋以降福建北溪流域的社会发展

FAMILIES, DEVELOPMENT AND CHANGES

SOCIAL DEVELOPMENT IN THE NORTH BRANCH DRAINAGE BASIN OF
JIULONG RIVER, FUJIAN FROM TANG AND SONG DYNASTIES

黄艺娜　著

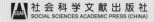
社会科学文献出版社
SOCIAL SCIENCES ACADEMIC PRESS (CHINA)

序

福建素有"八山一水一分田"之说，山地多田园少是自然地理的一大特征，因此，人多地少的矛盾自宋代以来一直困扰着福建，深刻影响着福建历史文化的发展。由于古人尚无海域面积的概念，因此从福建没有像长江黄河那样的大江大河和没有像鄱阳湖、洞庭湖、太湖、洪泽湖这样的大湖泊的角度说福建水域面积占比较小，也没有什么不对。

福建水域（不包括海域）虽然不大，但福建江河水系对福建历史文化的影响一点也不逊于山地。福建虽然没有一条贯穿全省的大江大河，却有闽江、九龙江、晋江、木兰溪、交溪、汀江等多条发源于本省山地的江河，这些江河干支流平行或垂直于山脉走向，形成格子状水系，把福建分割成相对独立的几个区域。如果把福建的山脉看作人体躯干的话，那么诸多江河水系则是人体不同部位的血管，输送各种养分，有效地维系着生命的运转。明清时期福建设立了八个府，形成相对独立的八个区域，史称"八闽"，就与福建水系的分布有着密切的关系。

古代福建，由于山地多，陆地交通并不方便，福建先民因地制宜，充分发挥水网密布（河网密度每平方千米超过0.1千米）的优势，开拓水路交通。就同一水系而言，由于水路交通发达，人员往来频繁，经济紧密相连，文化交流互鉴，进而形成以水系为纽带的命运共同体。在历史上，闽都文化、闽东文化、莆仙文化、闽南文化、闽西客家文化、闽北文化等具有鲜明特色的区域文化，其形成虽然与诸多因素有关，但与水系的关系最为密切。从某种意义上说，没有福建多元的水系，就没有福建丰富多彩的区域文化。

也许受古人对福建自然环境总体认识的影响，过去的历史学家多关注山地对福建历史文化的影响，较少关注水系对福建历史文化的影响。改革开放以来，一些学者开始从流域史的角度研究福建历史文化，但研究成果还是不多，系统性研究某个流域的论著更是凤毛麟角。有鉴于此，黄艺娜选择九龙江流域史作为博士论文选题，后来聚焦于唐宋以降九龙江北溪中下游区域社会研究，希望能对流域史研究有所贡献，这是一个具有较高学术价值的选题，我当然赞许。

然而，流域史研究的难度之大往往要超出研究者的想象，最大的困难是资料的缺乏。缺乏资料，相关研究犹如巧妇难为无米之炊，再好的选题、再妙的想法都无从谈起。因此，要完成此研究，必须在以历史学研究方法为主的基础上，借助于其他研究方法诸如人类学、社会学来弥补了。黄艺娜在这方面做得特别好，她是闽南人，利用懂方言、人脉广等便利条件，在读博三年间数十次到相关村社进行田野调查，考察大量的宫庙、祠堂、渡口、古墓，多次参加迎神赛会、祭祖活动、赛龙舟的民俗活动，采访众多乡老，收集大量碑刻、族谱、传说、口述历史、资料照片、视频等第一手资料，为博士论文的写作奠定了坚实的基础。如果说此书尚有一些可取之处，提供许多第一手珍贵资料便是其中之一。另外，在学风浮躁的当今社会，黄艺娜能不辞辛劳进行深入的田野调查，与当地百姓交朋友，扎扎实实地开展学术研究，其求是务实的学风难能可贵，值得倡导！

由于有丰富的资料为基础，加上求是务实的学风，《家族·开发·变迁：唐宋以降福建北溪流域的社会发展》在学术上也有不少贡献，诸如较清晰地勾勒出北溪中下游区域社会的历史变迁，并对不同时代不同形态的区域社会变迁的原因、影响进行深入探讨，特别是对不同家族对九龙江北溪中下游的开发、家族势力的消长及其对地方社会秩序的影响的分析相当精彩，既有对传统观点的补充，也有一些新的发现、新的观点。

当然，学术研究是一个累积和渐进的过程，就九龙江流域而言，除了干流北溪外，还有支流西溪、南溪，值得进一步研究，这样才可以认识九龙江流域的历史全貌。我期待更多的年轻学者加入流域史的研究，期待黄艺娜博士取得更多更好的研究成果！

林国平

福建师范大学社会历史学院教授、博士生导师

目 录

绪　论

一　学术史的简要回顾

人类文明起源于大江大河之畔，而江河的源头，往往是崇山峻岭。在中国，早期的人们对江河流域中下游平原地区的开发，凭借一把锄、一架犁、一条船、一张网，以山为经，以河作纬。百川东流到海，众多的地域文化汇流，共同构成了源远流长、博大精深的多元一体的中华文化。

历史是一个整体，过去、现在、将来三者紧密联结，无法强行割断，江河流域的历史也不例外。无论是它的光辉、惠泽，还是它的阴影、负担，总是同时遗留后世。那些对流域开发造成影响的——无论是自然环境因素，还是社会历史传统——都还将继续直接、间接影响流域开发的历史进程。"历史流域学是以流域为研究单元，以历史时期为研究时段，系统、交叉应用自然科学、人文科学、社会科学、工程科学等理论思维和科学方法，对流域范围内以河流为核心的区域人地关系进行研究的一门新兴学科。在具有明显边界、内部系统性的流域空间范围内，对人类与生态、历史与地理、社会与自然之间的关系展开解读，就是历史流域学的旨归。"①尊重江河流域开发史的经验教训，鉴旧知新，不蹈覆辙，方能少交些"学费"。因此，我们剖析江河流域的开发历程，不仅能够更好地了解过去，还能够深化对这些地区的认识，为当今江河流域的开发提供历史借鉴。

---

① 王尚义、张慧芝：《历史流域学论纲》，科学出版社，2014，第29页。

（一）国内学术史的简要回顾

国内以江河流域为对象的研究，肇始于20世纪80年代。自然而然地，学界的目光一开始便聚焦于中国的两大河流——长江与黄河。

1. 初始阶段（1988～1996）

1988年《古代长江中游的经济开发》① 一书，由中华人民共和国成立后第一次专题讨论长江中游区域经济发展的研讨会"公元三至九世纪长江中游社会经济学术讨论会"的会议论文结集而成。该书收入了24篇论文，分别从农业、手工业、商业、城市、人口、民族、交通、历史地理等方面，分析古代长江中游地区经济发展的表现、原因、变化，进而探讨长江中下游经济发展的规律。部分文章运用比较研究方法进行区域史研究。虽然这次研讨会只是区域经济史研究的起步，但参会的多是国内著名的历史学家，研究的起点较高，特别是尝试将历史研究与现实经济建设联系起来，将宏观研究与微观研究结合起来，具有开创性意义。

1989年，牟发松在其博士学位论文的基础上修改补充，出版了《唐代长江中游的经济与社会》② 一书。该书通过对经济开发本身的考察，探讨人口、政区变动及文化发展的经济原因，使人们对唐代长江中游地区的开发有了一个基本的了解，并对该地区在全国经济重心南移和整个封建社会演进中的意义有了比较具体深刻的把握。牟发松在选题限定、考察视角、得出结论等方面的探索，都对学界之后的研究具有重要的借鉴意义。

1990年《黄河中上游地区经济开发研究》③ 由关心黄河流域的理论工作者和实际工作者等多人撰写而成，内容包括多年来在研究及治理、开发等方面的经验教训，反映了当时人们对黄河流域的认识。

1993年《世界大河流域的开发与治理》④ 介绍了世界大河流域开发与治理的经验和存在的主要问题，论述了大河流域开发、治理对改善生态环境、发展经济和文化的重要性等。作者放眼世界的视野值得肯定。

---

① 中国唐史学会、湖北省社会科学院历史研究所编《古代长江中游的经济开发》，武汉出版社，1988。
② 牟发松：《唐代长江中游的经济与社会》，武汉大学出版社，1989。
③ 范小占、阎恒主编《黄河中上游地区经济开发研究》，河南人民出版社，1990。
④ 张庆宁编著《世界大河流域的开发与治理》，地质出版社，1993。

继流域的开发与治理等经济方面的研究逐步进入正轨，流域的文化研究也进入研究者的视野。1994 年出版的《黄河文化》① 是国内学术界第一部系统论述黄河文化的著作，其突出特点是重视地理环境与文明发展的关系。但限于篇幅，该书内容显得简略。1995 年出版的《长江文化史》② 是文化史研究的成功之作，它填补了区域文化研究的空白，有较高的学术品位和较强的可读性。

截至 1996 年，长江流域、黄河流域的经济开发相关论著，多由研讨会的论文结集而成的状况并没有太大改变。1996 年《古代长江下游的经济开发》③ 仍由会议论文结集出版，选收论文 21 篇。这些论文以 3 ~ 9 世纪长江下游的经济开发为主题，分别从农业、手工业、商业、交通、水利、城市经济、土地制度以及户口、赋税等各个方面进行了深入的探讨，内容涉及对我国南方经济发展水平的评估和我国历史上经济重心南移的过程、标志、起讫时间等重大问题，对推进史学研究和开展区域经济史研究富有意义。

2. 发展阶段（1997～2003）

从 1997 年开始，学界研究范围从原来的长江、黄河两大流域扩大到国内的七大流域：长江流域、黄河流域、珠江流域、海河流域、淮河流域、松花江流域、太湖流域。汉江是长江最长的支流，在历史上占据重要地位，常与长江、黄河、淮河并列，合称"江淮河汉"。与初始阶段显著不同的是，这一阶段的相关著作不再主要依赖研讨会的参会论文结集出版，而是由学者系统编著而成，研究较为全面、深入。

1997 年，万绳楠等的《中国长江流域开发史》④，是国内外第一部全面、系统研究长江流域经济开发的学术力作，该书共 8 章、50 万字。作为对长江流域整体性的历史考察，该书不仅对长江流域史有所推进，对其他流域的开发史研究也有着借鉴意义。该书的撰写有如下特点：史论结合，析理深邃；不囿陈说，推陈出新；充分利用考古资料；注意经济开发与文

① 侯仁之主编《黄河文化》，华艺出版社，1994。
② 李学勤、徐吉军主编《长江文化史》，江西教育出版社，1995。
③ 江苏省六朝史研究会、江苏省社科院历史所编《古代长江下游的经济开发》，三秦出版社，1996。
④ 万绳楠等：《中国长江流域开发史》，黄山书社，1997。

化发展之间的关系。该书在前言部分提到的关于撰写开发史的诸多治学经验，直到今天仍未过时。

同年，梁钊、陈甲优主编《珠江流域经济社会发展概论》①，采取点（流域各区域增长极）和面（整个流域发展状况）有机结合的研究方式，进一步推动了对珠江流域的研究。

1999 年，林济的《长江中游宗族社会及其变迁——黄州个案研究》②探讨了明清长江中游宗族社会的村户宗族组织结构。作者着力研究长江中游宗族社会的近代变迁，从一个新的角度反思了长江中游的大革命与土地革命，更关注宗族在近代的命运及出路。同年，宗菊如、周解清主编《中国太湖史》（上卷）③，作为一部集社会史与自然史于一体的通史著作，该书采用以江湖水泊为中心的撰史体例，系统研究太湖流域历史发展的特点等内容。

2000 年，鲁西奇的《区域历史地理研究：对象与方法——汉水流域的个案考察》④、陈学文的《明清时期太湖流域的商品经济与市场网络》⑤，2001 年，王笛的《跨出封闭的世界——长江上游区域社会研究（1644—1911）》⑥、安徽大学历史系学者结集出版的《淮河流域经济开发史》⑦ 等著作均是以流域为名，行区域研究之实，考察该区域内自然资源条件和经济地理环境与经济社会发展间的关系，其着眼点仍是"经济发展"与"社会变迁"，如王笛以长江上游四川省为研究对象，考察的是该区域近代化的过程。陈学文以太湖周围六府为对象，就商品经济与市场网络来考察市场经济的萌发以及由此带来的社会变化等。

2001 年，徐秀高的《海河流域漫谈》⑧ 是笔者找到的唯一一部较全面

① 梁钊、陈甲优主编《珠江流域经济社会发展概论》，广东人民出版社，1997。
② 林济：《长江中游宗族社会及其变迁——黄州个案研究》，中国社会科学出版社，1999。
③ 宗菊如、周解清主编《中国太湖史》（上卷），中华书局，1999。
④ 鲁西奇：《区域历史地理研究：对象与方法——汉水流域的个案考察》，广西人民出版社，2000。
⑤ 陈学文：《明清时期太湖流域的商品经济与市场网络》，浙江人民出版社，2000。
⑥ 王笛：《跨出封闭的世界——长江上游区域社会研究（1644—1911）》，中华书局，2001。
⑦ 王鑫义主编《淮河流域经济开发史》，黄山书社，2001。
⑧ 徐秀高：《海河流域漫谈》，天津人民出版社，2001。

地介绍海河流域概况的著作。2002 年,《金沙水拍:楚雄州境内的金沙江文化》① 介绍了地处长江上游的金沙江悠长而独特的文化。同年,《一个民族的生存与复兴:土家族文化与乌江经济开发研究》② 介绍了土家族相关的内容及乌江流域地域经济开发等方面的内容。2003 年,《黄河文化史》③ 对黄河流域这一大区域文化进行了系统论述,揭示黄河文化自身的发展是"多源一体"的历史过程,并分析黄河文化历史过程演变的原因。

陈锋主编的"15 至 20 世纪长江流域经济、社会与文化变迁书系"自 2003 年陆续面世。该套书既有从总体上对明清以来长江流域的社会发展做专题性论述的④,又有对明清以来长江流域社会、经济、文化发展的某一个方面进行研究的⑤,也有对以往研究较为薄弱的长江中游地区进行较为集中的探讨的⑥。

2003 年,说到流域史的研究不得不提及中山大学张应强的博士学位论文《木材之流动:清代清水江下游地区的市场、权力与社会》⑦,该文在 2006 年由三联书店正式出版。该文研究的对象是清代清水江的下游地区(贵州省东南部)。作者对区域社会变迁之多重因素交互作用、多种关系复合一体的过程,进行地域化的理解并做出历史性的解释。他认为清代清水江下游地区木材之流动,实际上蕴含着整个流域不同人群在不同时空中演绎出的不同故事。这个例子有其特殊性,但它预示着流域研究还有很大的研究空间,在下个阶段,流域研究将呈现更加广泛、细致而深入的趋势。

3. 高潮阶段(2004～2013)

20 世纪 80 年代以来,长江流域越来越多的考古发现,引起众多学者

---

① 杨甫旺、刘祖鑫:《金沙水拍:楚雄州境内的金沙江文化》,云南民族出版社,2002。
② 田永红:《一个民族的生存与复兴:土家族文化与乌江经济开发研究》,中国文史出版社,2002。
③ 李学勤、徐吉军:《黄河文化史》,江西教育出版社,2003。
④ 陈锋主编《明清以来长江流域社会发展史论》,武汉大学出版社,2006。
⑤ 张建民:《明清长江流域山区资源开发与环境演变——以秦岭–大巴山为中心》,武汉大学出版社,2007;王美英:《明清长江中游地区的风俗与社会变迁》,武汉大学出版社,2007。
⑥ 任放:《明清长江中游市镇经济研究》,武汉大学出版社,2003。
⑦ 张应强:《木材之流动:清代清水江下游地区的市场、权力与社会》,博士学位论文,中山大学,2003。

对长江流域各地区文化形态研究的重视和参与，形成研究长江文化的热潮，2004 年"长江文化研究文库"丛书陆续出版。"长江文化研究文库"是国家"十五"重点图书项目，由季羡林任总主编。该文库分综论（季羡林主编）、学术思想（汤一介主编）、文物考古（俞伟超主编）、民族宗教（张正明主编）、经济科教（章开沅主编）、文学艺术（袁行霈主编）、社会生活（冯天瑜主编）7 大系列，共 52 册，2000 余万字。

"长江文化研究文库"丛书的出版，标志着对长江流域的研究趋于成熟。学界研究的视野也不再局限于各流域最大的支流，各省最大、最长的江河，而是进一步扩大，除上述研究对象外，各流域第二、第三，乃至排名更靠后但具有特殊性的江河，也可以纳入研究范围。各高校成为流域研究的重镇，高校教师、博士生成为研究的主力军，硕士生成为研究的后备军。相当大一部分博士生毕业之后进入高校，继续从事流域研究，因而在某种程度上可以说，博士生为流域研究的生力军。由于篇幅的关系，关于硕士生的研究状况此处不表。

吕变庭于 2004 年出版的《中国南部古代科学文化史》是河北省哲学社会科学规划研究课题 2003 年度项目成果。该成果共包括 4 卷，为《南渡江流域部分》《珠江流域部分》《浊水溪流域部分》《闽江流域部分》[①]。南渡江是海南岛最大河流，浊水溪是台湾岛最长河流，闽江是福建省的第一大河。其中，《闽江流域部分》针对丘陵与山地完美结合于整个闽江流域内的闽江流域文化与文明进行研究，针对其特定的地理位置，阐述其自远古至清代比之域外文明发展要迟缓的科学、文化艺术等状况。

2004 年，陆建伟的《走出封闭的世界：苕溪流域开发史研究》[②] 向世人介绍了我国东南沿海和太湖流域唯一一条没有独立出海口的南北向的天然河流——苕溪。苕溪是浙江八大水系之一，苕溪流域是山川流域模式区域发展的一个典型代表。该书是关于苕溪流域开发史研究的专著，分析了各个历史时期苕溪流域的自然环境、人口、经济、文化地理状况等。

有关流域史的选题逐渐受到高校博士生的青睐。2005 年张慧芝的《明

---

① 吕变庭：《中国南部古代科学文化史（全四卷）》，方志出版社，2004。
② 陆建伟：《走出封闭的世界：苕溪流域开发史研究》，吉林人民出版社，2004。

清时期汾河流域经济发展与环境变迁研究》①撰写完成。汾河是黄河的第二大支流，流经山西省。鉴于汾河流域内部各地区经济发展不平衡，作者将汾河流域分为上游、中游、灵霍峡谷、下游、尾间地带5个经济区。笔者认为此种做法是较为妥当的。

2006年水海刚的《近代闽江流域经济与社会研究（1861—1937）》②，以闽江流域作为经济区域，探讨其在近代的变迁，尤以对流域社会与经济变迁的考察为重点。同年，关于闽江流域的研究还有姜修宪的《环境·制度·政府——晚清福州开埠与闽江流域经济变迁（1844—1911）》③。

2007年，郭晓东著有《黄土丘陵区乡村聚落发展及其空间结构研究——以葫芦河流域为例》④。葫芦河为黄河支流，主要流经甘肃、陕西两省。历史上对葫芦河流域秦安县域乡村聚落的发展演变的研究，缺乏人口与户数等文献资料。面对困难，作者在进行初步推算和分析的基础上，进行了理论假设，计算分析了不同假定条件下聚落分裂演变的结果与情形，在一定程度上弥补了研究中资料缺乏的短板。其理论假设与分析的研究方法，值得借鉴。

同年，黄健民的《乌江流域研究》⑤是我国第一部详细系统论述乌江流域自然地理和人文地理的著作。该书图文并茂的做法，使读者一目了然，可资参考。

2008年，胡英泽完成博士学位论文《流动的土地：明清以来黄河小北干流区域社会研究》⑥，该文于2012年由北京大学出版社出版。作者充分发掘晋、陕地区有关黄河滩地的鱼鳞册，结合田野调查访谈，以大量一手

① 张慧芝：《明清时期汾河流域经济发展与环境变迁研究》，博士学位论文，陕西师范大学，2005。
② 水海刚：《近代闽江流域经济与社会研究（1861—1937）》，博士学位论文，厦门大学，2006。
③ 姜修宪：《环境·制度·政府——晚清福州开埠与闽江流域经济变迁（1844—1911）》，博士学位论文，复旦大学，2006。
④ 郭晓东：《黄土丘陵区乡村聚落发展及其空间结构研究——以葫芦河流域为例》，博士学位论文，兰州大学，2007。
⑤ 黄健民：《乌江流域研究》，中国科学技术出版社，2007。
⑥ 胡英泽：《流动的土地：明清以来黄河小北干流区域社会研究》，博士学位论文，山西大学，2008。

材料为基础，力求打破已有认识、建立新的解释框架，尝试从生态环境的维度对区域社会史进行新的诠释。作者在材料使用、视角诠释方面的新尝试，值得肯定。同年，还有肖启荣的博士学位论文《明清时期汉水中下游的水利与社会》①，陈贤波的博士学位论文《土司政治与族群历史——明代以后贵州都柳江上游地区的研究》②，陈文后来由三联书店正式出版。都柳江是珠江水系西江干流黔江段支流，位于柳江的上游河段。

同年，潘世东的《汉水文化论纲》③出炉。作者在书中探讨汉水最具代表性的流域文化，并从精神特质的角度，剖析了汉水文化的特征和汉水文化的精神。"汉水文化"的概念是在20世纪末被该区域的热心人士"炒作"出来的。不过，江河文明本来就是中华文明的特色，既然早就有作为地域文化主要类型的河流文化，如长江文化和黄河文化，汉水文化的存在也就不足为奇了。这是否预示着将来可能涌现越来越多各种不同名目的流域文化？该书为其他流域文化的提出和研究提供了可借鉴的版本。

这一年张建民主编的《10世纪以来长江中游区域环境、经济与社会变迁》④收录了"10世纪以来长江中游地区环境、经济与社会"国际学术研讨会上的部分论文。该成果与1988年"公元三至九世纪长江中游社会经济学术讨论会"的《古代长江中游的经济开发》相承接、呼应。长江流域的开发史在分阶段、分区域上的研究越趋完善。

2009年，是钱塘江流域研究大放异彩的一年。钱塘江流域开发史系列研究成果问世，包括朱华友等的《钱塘江流域经济开发史》⑤、陈雄的《钱塘江下游流域经济开发对环境变迁影响研究》⑥、陈修颖等的《钱塘江流域人口迁移与城镇发展史》⑦、冯利华和陈雄的《钱塘江流域水利开发史研

---

① 肖启荣：《明清时期汉水中下游的水利与社会》，博士学位论文，复旦大学，2008。
② 陈贤波：《土司政治与族群历史——明代以后贵州都柳江上游地区的研究》，博士学位论文，中山大学，2008。
③ 潘世东：《汉水文化论纲》，湖北人民出版社，2008。
④ 张建民主编《10世纪以来长江中游区域环境、经济与社会变迁》，武汉大学出版社，2008。
⑤ 朱华友、徐宝敏：《钱塘江流域经济开发史》，中国社会科学出版社，2009。
⑥ 陈雄：《钱塘江下游流域经济开发对环境变迁影响研究》，中国社会科学出版社，2009。
⑦ 陈修颖等：《钱塘江流域人口迁移与城镇发展史》，中国社会科学出版社，2009。

究》^① 等，较好地完成了 2005 年浙江文化研究工程的课题项目。

2010 年，广东省珠江文化研究会出版《中国珠江文化史》^② 一书，全书近 300 万字，生动记录了珠江数千年来的独特文化。该书诸多创新成果主要是在实地考察的基础上得来。同年，《近代淮河流域经济开发史》^③ 出版，该书针对 2001 年《淮河流域经济开发史》一文中主要涉及古代的内容，以转型发展为切入点，围绕淮河流域的经济开发，探讨了各级政府的经济开发政策和措施、不同群体和组织在经济开发中的作用及相互影响，展现了近代淮河流域经济开发的历史全貌。2011 年，鲁西奇的《城墙内外：古代汉水流域城市的形态与空间结构》^④ 一书出版，该书是关于汉水流域历史地理与社会经济史综合研究的第三阶段成果。

以流域为研究对象的博士学位论文越来越多，令人目不暇接。例如：2009 年，《清代渠江流域移民社会变迁研究》^⑤（渠江是长江支流嘉陵江左岸最大支流）；2010 年，《渭河流域（干流地区）人地关系地域系统演变及其优化研究》^⑥（渭河是黄河的最大支流）、《关内移民与松花江流域的城镇近代化》^⑦、《明清时期沅水流域经济开发与社会变迁》^⑧（沅水俗称沅江，是湖南省的第二大河流，长江流域洞庭湖支流）；2011 年，《众力向洋：十六世纪以来九龙江下游两岸海洋区域社会人群研究》^⑨（九龙江是福建省第二大河流）、《20 世纪二三十年代皖江区域社会经济研究——以芜湖、当涂、繁昌、南陵四县为例》^⑩（皖江地区是指长江流域安徽段两岸地

① 冯利华、陈雄：《钱塘江流域水利开发史研究》，中国社会科学出版社，2009。
② 广东省珠江文化研究会组编，黄伟宗、司徒尚纪主编《中国珠江文化史》上册，广东教育出版社，2010。
③ 吴春梅等：《近代淮河流域经济开发史》，科学出版社，2010。
④ 鲁西奇：《城墙内外：古代汉水流域城市的形态与空间结构》，中华书局，2011。
⑤ 毛伟：《清代渠江流域移民社会变迁研究》，博士学位论文，厦门大学，2009。
⑥ 张洁：《渭河流域（干流地区）人地关系地域系统演变及其优化研究》，博士学位论文，西北大学，2010。
⑦ 杨松涛：《关内移民与松花江流域的城镇近代化》，博士学位论文，华东师范大学，2010。
⑧ 罗运胜：《明清时期沅水流域经济开发与社会变迁》，博士学位论文，武汉大学，2010。
⑨ 苏惠苹：《众力向洋：十六世纪以来九龙江下游两岸海洋区域社会人群研究》，博士学位论文，厦门大学，2011。
⑩ 方前移：《20 世纪二三十年代皖江区域社会经济研究——以芜湖、当涂、繁昌、南陵四县为例》，博士学位论文，南京大学，2011。

区）、《扩大的家族：洮河流域藏族传统民间组织沙尼调查》①（洮河是黄河水系上游的重要支流，年水量仅次于渭河，流经甘肃省南部）、《个人·家·社会：清江流域土家族"打喜"仪式研究》②（清江为长江一级支流，流经湖北省）、《界域变动与地方社会：以明清民国时期黄河上游农牧交错带为中心》③、《历史时期汾河中游河湖变迁研究》④；2012 年，《文化线路视域下的清江流域商路研究》⑤ 等。

2013 年范立君的《近代松花江流域经济开发与生态环境变迁》⑥ 是松花江流域史研究的新成果。该著作在搜集大量中日文资料的基础上，运用历史学、生态环境学等多学科的理论和方法进行分析、研究，独具特色。

2013 年，流域文化方面的研究，有吕变庭的《考古视野中海河域史前科技文明述要》⑦，其是针对海河流域史前文化的研究。同年，还有刘清河的《汉水文化史》⑧，这是第一部系统、全面研究汉水文化这一特定流域文化的著作。全书共 70 余万字，以时间为序，梳理和总结了不同时期汉水文化的基本特征及发展演变的规律，有助于人们更好地认识和把握汉水流域文化的科学精神和人文精神。

在流域文化研究方兴未艾之际，质疑的声音并没有消失。"近来国内学术界已撰写出版了一些有关长江文化、黄河文化、珠江文化与运河文化等方面的论著，但大多是就这些流域文化的某些方面或是就整个流域按历史朝代逐一论述其各个方面文化的成就和发展历程。这样的研究成果当然也是有意义的，撰写方式也是可取的。然而，因江河流域范围在区域分布上有其特色，其上、中、下游往往会流经不同的自然地理区域与民族文化

① 谢冰雪：《扩大的家族：洮河流域藏族传统民间组织沙尼调查》，博士学位论文，兰州大学，2011。
② 王丹：《个人·家·社会：清江流域土家族"打喜"仪式研究》，博士学位论文，中央民族大学，2011。
③ 冯玉新：《界域变动与地方社会：以明清民国时期黄河上游农牧交错带为中心》，博士学位论文，陕西师范大学，2011。
④ 孟万忠：《历史时期汾河中游河湖变迁研究》，博士学位论文，陕西师范大学，2011。
⑤ 莫晟：《文化线路视域下的清江流域商路研究》，博士学位论文，华中师范大学，2012。
⑥ 范立君：《近代松花江流域经济开发与生态环境变迁》，中国社会科学出版社，2013。
⑦ 吕变庭：《考古视野中海河域史前科技文明述要》，中国社会科学出版社，2013。
⑧ 刘清河：《汉水文化史》，陕西人民出版社，2013。

区域，但就整个流域论，又具有明显的共同特点，所以要对流域文化进行全面而深入的研究，就需要对流域文化之整体性特征进行探讨与阐述，否则就会使流域文化研究等同于一般性的区域文化研究。"① 可见流域文化的生成、变迁的过程及特征具有不同于其他区划的特征。该文虽撰写于 2004年，但截至目前，作者提出的问题在研究中仍应该注意。而要解决这个问题，即区域历史地理研究的突破口，最有可能在流域的尺度里实现。那么尝试构建新的学科体系似乎成了大势所趋。

4. 稳定阶段（2014～）

自 2014 年开始，流域环境变迁与科学发展研究丛书陆续出版，包括2014 年王尚义、张慧芝的《历史流域学论纲》②，2015 年孟万忠的《汾河流域人水关系的变迁》③ 等。尤其是《历史流域学论纲》的出版，在一定程度上可视作"历史流域学"学科体系正式搭建。这在流域研究发展过程中并不是偶然的，而是经历了将近 20 年的探索和尝试。

其实，早在国内流域研究刚刚起步之时，1988 年 9 月，王守春就在《中国历史地理论丛》期刊上发表《论历史流域系统学》④ 一文，结合环境变迁领域的研究实践，主动引入系统论的工作方法，萌发关于历史流域系统学的思想。2009 年至 2010 年，以王尚义为首的山西省太原师范学院汾河流域科学发展研究中心的几位学者，在《光明日报》连续发表关于历史流域学的文章⑤，包括《关于创建历史流域学的构想》等，是对历史流域系统学做出的最积极最热烈的响应，明确表达了历史流域学为地理学的交叉学科的学术见解。"历史流域学"这一学术名词正式步入学界视野，其理论体系、研究方法等论述，引起了学界相关研究人员的关注。2012 年陕西师范大学的侯甬坚在中国地理学会学术年会上阐述自己的观点："历

① 朱士光:《论区域历史地理研究的一个重要领域——流域文化研究》,《历史地理》第 20 辑,上海人民出版社,2004,第 309 页。
② 王尚义、张慧芝:《历史流域学论纲》,科学出版社,2014。
③ 孟万忠:《汾河流域人水关系的变迁》,科学出版社,2015。
④ 王守春:《论历史流域系统学》,《中国历史地理论丛》1988 年第 3 期。
⑤ 王尚义、任世芳:《历史流域学研究视野中的水患——谈流域内人地关系与泥沙淤积》,《光明日报》2010 年 11 月 4 日,第 7 版;王尚义、张慧芝:《关于创建历史流域学的构想》,《光明日报》2009 年 11 月 19 日,第 9 版。

史流域学的提出，是在历史地理学已有研究成果基础上的总结和深化，其方向当然是对历史地理学的细化，学界现在很缺乏综合性研究方法和路径，而历史流域学则提供了便于操作、具体可行的工作路径。流域的本质是一个个边界清楚的地理区域，它内部有平原和山地，具体的分布特点因流域环境而异，内部有上中下游不同河段，不同河段所在的地域同外部其他流域相连接，流域内外呈现着各种地域关系或空间组合，最适合于开展综合性研究。这是目前讨论和研究历史流域学的必要性。"①

《历史流域学论纲》从历史长时段视角出发，用多学科交叉的研究方法，探索了流域问题的形成、变迁及流域内人地关系的特征。全书共八章，详细论述了历史流域学的构建缘起、基本理论，重点对流域内资源、交通、灾害、人口、文化等所呈现的流域性特征进行了深入探索。令人略感遗憾的是，作为一部"论纲"，全书不到 29 万字，其论述虽面面俱到，但均略显单薄，有待丰富。当然，笔者可能太过苛责。总之，《历史流域学论纲》是在某种程度上具有开创性特点的学术著作。

总体来看，"历史流域学"学科体系仅属初诞，不乏可以丰富和完善的地方，这也显示流域研究仍有较大的空间，并具有重要的学术价值和现实意义。

（二）有关福建省内流域研究的学术史简要回顾

笔者生在福建，长在福建，求学于省会，因为考虑到地缘关系等客观条件对田野调查的限制，笔者将目光集中在福建省内。

1. 闽江流域

闽江是福建省内第一大河，辐射省会城市福州，历史上开发最早、开发程度最高，当然地位也最显著，自然而然受到时人的关注。时人将这种关注见诸笔端，大量保存在现存的文献中，而且长期吸引着当代史学界的注意，积累了丰硕的成果。

除前文已经介绍过的吕变庭的专著、水海刚和姜修宪的博士学位论文，还有多篇期刊论文：一是经济方面的，有戴一峰的《近代闽江上游山

---

① 侯勇坚：《从区域进入流域：综合探讨实际问题的路径——历史流域学断想》，中国地理学会 2012 年学术年会论文集，第 38 页。

区初级市场试探》①《近代闽江的航运业试探》②《论近代闽江上游山区商品经济发展的制约因素》③《近代闽江上游山区的商品生产》④《再论近代闽江上游山区的商品生产》⑤《近代闽江上游山区的开发与生态环境》⑥，陈支平的《闽江上下游经济的倾斜性联系》⑦，崔来廷的《明代大闽江口区域海洋发展探析》⑧，水海刚的《近代口岸与腹地经济关系新探——以闽江流域为例》⑨，郭秀清的《近代茶叶贸易对福州及其闽江流域腹地社会变迁的影响》⑩，姜修宪的《环境·制度·政府·经济绩效——以闽江航运为个案的探讨》⑪《产权纠纷与中国近代内河轮运业的发展：以闽江航运为中心》⑫，李福生的《略论闽江流域在"海上丝绸之路"的地位和作用》⑬等；二是文化方面的，有吴春明的《闽江下游史前文化发展序列的初步线索》⑭《闽江流域先秦两汉文化的初步研究》⑮，吴绵吉的《闽江下游早期几何印纹陶遗存》⑯，陈龙的《闽江下游的青铜时代文化》⑰，汪毅夫的

---

① 戴一峰：《近代闽江上游山区初级市场试探》，《中国社会经济史研究》1985 年第 3 期。
② 戴一峰：《近代闽江的航运业试探》，《中国社会经济史研究》1986 年第 3 期。
③ 戴一峰：《论近代闽江上游山区商品经济发展的制约因素》，《中国社会经济史研究》1987年第 3 期。
④ 戴一峰：《近代闽江上游山区的商品生产》，《厦门大学学报》（哲学社会科学版）1988 年第 4 期。
⑤ 戴一峰：《再论近代闽江上游山区的商品生产》，《中国社会经济史研究》1989 年第 4 期。
⑥ 戴一峰：《近代闽江上游山区的开发与生态环境》，《厦门大学学报》（哲学社会科学版）1991 年第 4 期。
⑦ 陈支平：《闽江上下游经济的倾斜性联系》，《中国社会经济史研究》1995 年第 2 期。
⑧ 崔来廷：《明代大闽江口区域海洋发展探析》，《中国社会经济史研究》2005 年第 1 期。
⑨ 水海刚：《近代口岸与腹地经济关系新探——以闽江流域为例》，《厦门大学学报》（哲学社会科学版）2006 年第 3 期。
⑩ 郭秀清：《近代茶叶贸易对福州及其闽江流域腹地社会变迁的影响》，《历史教学问题》2006 年第 6 期。
⑪ 姜修宪：《环境·制度·政府·经济绩效——以闽江航运为个案的探讨》，《中国社会经济史研究》2007 年第 2 期。
⑫ 姜修宪：《产权纠纷与中国近代内河轮运业的发展：以闽江航运为中心》，《中国社会经济史研究》2014 年第 4 期。
⑬ 李福生：《略论闽江流域在"海上丝绸之路"的地位和作用》，《福建史志》2015 年第 5 期。
⑭ 吴春明：《闽江下游史前文化发展序列的初步线索》，《东南文化》1990 年第 3 期。
⑮ 吴春明：《闽江流域先秦两汉文化的初步研究》，《考古学报》1995 年第 2 期。
⑯ 吴绵吉：《闽江下游早期几何印纹陶遗存》，《东南文化》1990 年第 3 期。
⑰ 陈龙：《闽江下游的青铜时代文化》，《南方文物》1994 年第 2 期。

《文化：闽江流域与台湾地区——清代闽台关系的一个侧面》①，庄孔韶的《谷口的端午——福建省闽江端午透视》②，刘传标的《闽江流域疍民的文化习俗形态》③，钟礼强的《论闽江下游新石器时代晚期文化的社会性质》④，徐心希的《中原古代文明向闽江流域的传播——兼论闽越文化中的徐、舒文化因素》⑤ 等；三是族群方面的，有黄向春的《"诸娘"与"唐部"：闽江下游民俗生活中的族群关系与历史记忆》⑥，陈仲玉的《闽江流域的"曲蹄"族——兼谈马祖列岛的曲蹄》⑦ 等。

2. 九龙江流域

鉴于对闽江流域的研究已经较为成熟，笔者将注意力转移到了九龙江身上。漳州九龙江作为省内第二长河，分为干流北溪和支流西溪。西溪下游环抱漳州市区，越来越受到闽南师范大学一批专家学者的关注。由闽南师范大学钟建华撰写的《漳州都市民间信仰》⑧，就是以九龙江西溪流域的浦头港为典型个案进行分析，探究了明清时期浦头港及其民间宫庙群的兴起与发展、近现代以来浦头港及其民间宫庙群的变迁两大问题。据笔者所知，九龙江西溪流域研究也是钟建华正在进行的博士学位论文的选题。

笔者将目光转移到了九龙江北溪，首先关注到北溪的下游。九龙江北溪与西溪在下游交汇，所以从严格意义上来说，只能称之为九龙江下游。月港为九龙江下游的出海处，学界对月港的研究也建树颇多。1982 年月港研究会议召开，随后《月港研究论文集》编印，是研究九龙江流域的经济往来的重要成果。21 世纪初，有关"海上丝绸之路"的研究逐渐成为热

① 汪毅夫：《文化：闽江流域与台湾地区——清代闽台关系的一个侧面》，《东南学术》1994年第 5 期。
② 庄孔韶：《谷口的端午——福建省闽江端午透视》，《民俗研究》1995 年第 3 期。
③ 刘传标：《闽江流域疍民的文化习俗形态》，《福建论坛》（经济社会版）2003 年第 9 期。
④ 钟礼强：《论闽江下游新石器时代晚期文化的社会性质》，《南方文物》2004 年第 3 期。
⑤ 徐心希：《中原古代文明向闽江流域的传播——兼论闽越文化中的徐、舒文化因素》，《中原文化研究》2013 年第 4 期。
⑥ 黄向春：《"诸娘"与"唐部"：闽江下游民俗生活中的族群关系与历史记忆》，《民俗研究》2006 年第 3 期。
⑦ 陈仲玉：《闽江流域的"曲蹄"族——兼谈马祖列岛的曲蹄》，《闽商文化研究》2014 年第 2 期。
⑧ 钟建华：《漳州都市民间信仰》，林国平、钟建华主编《漳州民间信仰与闽南社会》，中国社会科学出版社，2016。

门，作为"海上丝绸之路"的重要部分，漳州港被纳入学界的研究视野。①李金明的《漳州港：明代海澄月港兴衰史》②，陈自强的论著《泉漳集》③《明清时期闽南海洋文化概论》④《漳州古代海外交通与海洋文化》⑤是研究月港及漳州地方社会的重要参考书。除月港外，九龙江下游作为一个单元，也逐渐成为研究对象：如期刊论文，包括林汀水的《九龙江下游的围垦与影响》⑥、李智君、殷秀云的《近500年来九龙江口的环境演变及其民众与海争田》⑦；博士学位论文，有苏惠苹的《众力向洋：十六世纪以来九龙江下游两岸海洋区域社会人群研究》⑧；还有张亚清、张石成、藤川美代子的专著《即将逝去的船影：九龙江上"吉普赛人"史迹》⑨；等等。

　　其中，苏惠苹的博士学位论文《众力向洋：十六世纪以来九龙江下游两岸海洋区域社会人群研究》是目前笔者找到的针对九龙江流域地方社会最为系统的研究成果。苏惠苹认为：唐宋以来，九龙江下游两岸区域地处中央王朝的边缘地带，原本属于政治、经济、文化相对落后的地区。明清时期，特别是16世纪以来，福建漳州府的沿海区域经历了从经济和社会发展相对落后到直线飞速上升的历史过程。明中叶以后，闽南海洋社会受到了各种力量的重视，明清两朝政府、地方士绅和普通百姓都不同程度地参与到海洋管理的历史现场当中，他们共同推动了闽南海洋社会经济的发展与变迁。

　　接着笔者的目光从九龙江北溪的下游出海口地带往上移，投射到九龙

---

① 可参见蓝达居《喧闹的海市：闽东南港市兴衰与海洋人文》，江西高校出版社，1999；李金明《漳州港》，福建人民出版社，2001；中国航海学会、泉州市人民政府编《泉州港与海上丝绸之路2》，中国社会科学出版社，2003；朱明元主编《王景弘与郑和下西洋》，天马图书有限公司，2004。
② 李金明：《漳州港：明代海澄月港兴衰史》，福建人民出版社，2001。
③ 陈自强：《泉漳集》，国际华文出版社，2004。
④ 陈自强：《明清时期闽南海洋文化概论》，鹭江出版社，2012。
⑤ 陈自强：《漳州古代海外交通与海洋文化》，福建人民出版社，2014。
⑥ 林汀水：《九龙江下游的围垦与影响》，《中国社会经济史研究》1984年第4期。
⑦ 李智君、殷秀云：《近500年来九龙江口的环境演变及其民众与海争田》，《中国社会经济史研究》2012年第2期。
⑧ 苏惠苹：《众力向洋：十六世纪以来九龙江下游两岸海洋区域社会人群研究》，博士学位论文，厦门大学，2011。
⑨ 张亚清、张石成、〔日〕藤川美代子：《即将逝去的船影：九龙江上"吉普赛人"史迹》，海风出版社，2009。

江北溪中下游的交界地带。这时，笔者终于找到了目前学术研究中较为薄弱的区域。除考古研究成果干小莉的《九龙江流域商周时期古文化分期初探：兼谈浮滨类型的年代》① 外，笔者只找到两篇历史学的期刊论文。

由于学界现有的研究成果实在太少，因此笔者将详细解读这两篇论文。

刘永华的《九龙江流域的山区经济与沿海经济》② 在对九龙江流域山海经济的研究中指出沿海和山区经济在发展过程中形成了不同的发展模式。山区在发展粮食作物生产的同时，商品经济作物种植以及因地制宜的手工业、林牧业也日益发展，最终在山区形成特色的商人集团和社会组织，如龙岩商人组织了龙岩纲，并且与汀州商人组成汀龙会馆。沿海漳州的经济则更加外向，形成以外贸为主的发展模式。沿海山区不同的发展模式，使两地经济互补成为可能。两地在经济发展的推动下，整理航道，突破了交通不便的限制，使两地经济联系更加紧密。刘永华的研究还说明了该流域经济发展至明中叶以来的周期变化，以及山海不同的模式对商业贸易的高度依赖。山区与沿海经济在明清的发展偏重于商业，生产力的实质性发展并没有突破。

张宗魁的《福建九龙江流域的新县设置》③ 源自其硕士学位论文《明代汀漳社会经济变迁与政区建设》④，他提及明代中叶以后，漳州沿海地区商品经济日益繁荣发展，山区丰富的木材和经济作物被源源不断地运往沿海港口，沿九龙江流域向上游辐射的开发态势加深，人口流动频繁，汀漳社会在嘉靖年间爆发了"山海交讧"的地方叛乱行为，社会管理压力陡增。为加强对九龙江流域的管控，明朝当局在九龙江流域的中上游先后新设立两个县，分别是漳平县和宁洋县。漳平和宁洋的设县说明了九龙江流域在明代经济开发的进一步深入，沿海商品经济发展拉动了对九龙江流域的深入开发。

笔者通过研读已有的研究成果，发现大部分研究成果都对九龙江流域

---

① 干小莉：《九龙江流域商周时期古文化分期初探：兼谈浮滨类型的年代》，《考古学报》2010 年第 1 期。

② 刘永华：《九龙江流域的山区经济与沿海经济》，《中国社会经济史研究》1995 年第 2 期。

③ 张宗魁：《福建九龙江流域的新县设置》，《福建史志》2013 年第 4 期。

④ 张宗魁：《明代汀漳社会经济变迁与政区建设》，硕士学位论文，厦门大学，2005。

的山区经济和海洋经济进行考察，而山海不同的发展模式是九龙江流域最
显著的特点。同时笔者也发现，诸如"山海互动"① 的内容或多或少都会
涉及汀州、龙岩等关键字眼。如陈滨的《龙岩商人研究》②，郭飞燕的《试
论明清汀、漳山海互动及龙岩经济地位的提升》③，靳阳春的《宋元汀州经
济社会发展与变迁》④，其主要内容虽然不是针对九龙江北溪中下游地区，
但与之有着千丝万缕的联系。

　　之前众多的流域开发史研究告诉我们，中游的开发不如下游，地位也
相形见绌，所以时人对中游的关注也不如下游，导致今天所能见到的历史
材料相对较少。这种情况多少影响了研究者的兴趣，造成中游研究相对薄
弱。但这种研究的薄弱现状又亟待改变。因为在我国几乎与欧洲面积相等
的广袤国土上，自然条件千差万别，人文社会状况更由于经济开发的先
后、风俗习惯的差异，呈现千姿百态的景观。唯有分区域深入考察，才有
可能避免史学研究中以偏概全的流弊，对整个历史进行接近客观实际的总
体概括。笔者认为，九龙江中游研究的薄弱状况缘于人们对九龙江中下游
经济文化的发展状况所知不多或者知之不深，而这不仅影响到整个九龙江
流域史的研究，还会妨碍对整个漳州社会经济史的总体认识。这时笔者已
经决定将该地带作为研究对象。

二　资料的搜集与田野调查

　　九龙江北溪中游地区保留下来的历史材料相对较少，这是不争的事
实。各个时期的漳州府志、地方县志，都仅用寥寥数语介绍一些地名、人
名的相关情况。除此之外，笔者只找到一篇有关北溪风物的古文——陈天
定的《北溪纪胜》。如何克服这个困难？前辈给我们树立了很好的榜样：
要使研究更全面、更深入，唯一的途径就是深入民间，尽可能广泛地搜集

---

① 参见林枫、松丹龄《山海互动——明清福建商人之经营取向》，第二届海峡两岸海洋文化
　研讨会，2011。
② 陈滨：《龙岩商人研究》，硕士学位论文，厦门大学，1995。
③ 郭飞燕：《试论明清汀、漳山海互动及龙岩经济地位的提升》，硕士学位论文，厦门大学，
　2009。
④ 靳阳春：《宋元汀州经济社会发展与变迁》，博士学位论文，福建师范大学，2011。

有关资料。

九龙江北溪发源于龙岩，在中游河段进入漳州地界，沿着山林进入平原的分节点在浦南一带。笔者在前期查阅资料的过程中，发现《芗城文史资料》中收录了一篇杨惠民的《浦南史话》，该文介绍了浦南独特的军事、经济和文化，尤其详细地介绍了浦南渡口及其浦南墟，故笔者将浦南墟作为田野调查的第一站。

漳州市区到浦南只有17公里，路途并不远，但交通也不太方便，区间只有一条公交车线，一小时发一次车，全程大约需要40分钟。当时正在修路，公交车只开半程，另外半程要搭"摩的"。一年以后，这条公路才全线修通。之所以提及这些琐碎的事，并不是想诉说笔者在田野调查中遇到的种种辛苦，而是想说明浦南的大部分民众在日常生活中经常会遇到的交通问题。这些在今天看来是小事，但对他们的先民来说，交通不便却是天天要面对的大事。

后来，笔者确定了浦南墟周边的10个村社为调查对象，它们是：风水传说"北溪四乔木"（也称"四乔木"）所涉及的溪园村、渡东村、水流社、碧溪村；素有"金银玉碧"之称的金沙村、银塘村、玉兰村、碧溪村（与"北溪四乔木"的碧溪村是同一个村社）；浦南墟涉及的水流社（与"北溪四乔木"的水流社是同一个村社）、何厝社、双溪社；松洲威惠庙所在地松洲村。在后续调查中，笔者所能找到的关于金沙村的资料实在太少，无法成文，只好暂时舍弃。

笔者在上述村社调研的过程中，走访了二十几间庙宇、十几座祠堂、十几个渡口、二十几座坟墓，参加了十几场迎神活动（春）、数场龙舟赛（夏）、十几场祭祖活动（冬）……所谓一分耕耘，一分收获。经过三年的持续调研，笔者记录了十几个新的传说，搜集到20份编修于明清时期的族谱、家谱，寻访到16方以明清时期为主的碑刻，与约50个当地人建立访谈关系，拍摄了约50G的照片、视频……

在调查的过程中，笔者也注意到，由于文化教育程度、地域观念以及个人经历的差异，访谈对象提供的信息往往芜杂混乱，甚至带有某种程度的片面性。因此，笔者对所收集的传说、族谱、碑刻等资料，都进行认真的梳理，注意对这些资料进行考辨，不仅考辨其真伪，同时也分辨其价值，避免以点带面，以偏概全。资料鉴别工作之重要，不逊于对资料的占有。凭借不可信的资料做出的判断，就像凭假证定罪，结果必然是颠倒是非。

毫无疑问，由于官方资料的贫乏，在田野调查中所获得的民间文献资料，成为笔者撰写本书的重要参考依据。这些民间资料来之不易，其珍贵性也不言而喻，笔者仅重点介绍其中的几份。

（一）《中国民间文学集成·福建卷·芗城区浦南镇卷》

笔者在浦南墟的宫庙前辨认碑刻内容时，有位当地的退休教师出于兴趣加入笔者的行动，事毕送给笔者一本书——《中国民间文学集成·福建卷·芗城区浦南镇卷》①。这本集子是由浦南镇民间文学集成编纂工作委员会编纂而成。15 名成员费时 70 多个日夜，深入 19 个行政村，找到 45 位会讲故事、会唱歌谣的热心者，采集了 85 个故事，撰写了 100 多篇作品，计 10 多万字。该书内容丰富：一组关于陈元光父子及其随将许天正、李伯瑶等军事拓疆的传说，让笔者看到了当年开漳将士饮马北溪的英雄形象；一组黄妙应与"北溪四乔木"的风水传说，让笔者感受到汉民族开发北溪的生活智慧；另外两组《陈北溪的传说》《吕明溪的传说》的人物传说，让笔者感叹清甜的北溪水哺育了才华横溢的北溪人，孕育了独特的北溪文化；至于《文旦柚》《坪山柚》《金、银、玉、碧的传说》等风物故事，更是对浦南这块花果之地、鱼米之乡的充分写照。尤其是《金、银、玉、碧的传说》，素有"金银玉碧"之称的四大富裕村落令笔者着迷。该书为笔者后续的研究奠定了良好的基础，笔者"按图索骥"寻访这部集子上的部分访谈人，剔除与集子重复的故事，又搜集了约 10 个传说。

（二）乾隆版《碧溪杨氏家谱》

笔者在碧溪村调研数次之后，终于在其春节神明巡境活动时，得见保管碧溪族谱的负责人，获准复印其族谱。碧溪村的族谱《碧溪杨氏家谱》②编修于乾隆三十五年（1770），共四册，计十卷，依次为："家规"、"里

---

① 芗城区浦南镇民间文学集成编委会：《中国民间文学集成·福建卷·芗城区浦南镇卷》，华安印刷厂印刷，1991。

② 《碧溪杨氏家谱》（全四册），乾隆三十五年（1770）刊本。

居"（附桥梁、道路、水池）、"家庙"（附坊牌、神坛、楼寨）、"祀田"（附书田）、"坟山"、"坟墓"、"世系图"、"世系录"、"文献录"、"杂记"。这部家谱号称"十年一修"，保存了丰富而翔实的珍贵资料，如：

第二卷"里居"，"神坛、住屋，随代变迁，名号立易。前志所载，止在百年内，而坐址、土名，即故老尚存已，不可复识矣。今则细为之注，而又依其形势绘为□图，俾后人各有所考，以知建置沿革之故，其桥梁道路川泽特附于后"。

第五卷"坟山"，"尺寸、在所必珍，开载须要详明，兹于各祖山坐址、土名、至界，细为区别，内塟某某，若干坟并，为备烈，其私房世掌坟山，亦因以附载焉"。

第八卷"世系录"，从一世到二十八世，内容包括"家传某位，下讳某字某号某行若干，娶某官某氏女，生卒年月日，寿若干葬某山，子某某仕某官，女适某乡某人，与夫平生言行大□出处行事之实，或迁居某处"。

第九卷"文献录"，包括《诗文》《记》《家贤传》《本传》《制敕》等。

第十卷"杂记"，主要记载三个事件：一是雍正三年（1725），碧溪、玉兰的宗族械斗始末及其善后的诉讼过程；二是康熙三十六年（1697），碧溪杨氏与小坑社邹氏发生了关于"一田三主"的争端；三是乾隆四年（1739），碧溪杨姓族人挑货经浦南上玉兰坂黄姓族人渡船赴墟时，未能给够黄姓所定的过渡费用，黄姓将船移开，杨姓跌入水里，所挑锡箔等物也全部落水弄湿。杨氏到县级官府控告，即"浦南渡船案"，该案牵扯出已被玉兰黄姓沉入江底的康熙四十一年（1702）示禁碑《阿道宪示禁石碑》，碑文被收录在族谱中。难得的是，这三个事件相关的官府判案的文书都被保留了下来，为笔者复原历史提供了珍贵的资料。

（三）乾隆版《银塘赵氏族谱》、2004 年版《银塘赵氏族谱》、2015 年版《银塘赵氏宗谱·宗藩庆系录》

笔者在图书馆翻阅到陈支平主编的《闽台族谱汇刊》（全 50 册），发现第一、第二、第三册皆是《华安银塘赵氏族谱》①。该谱原系清代赵紫

① 赵紫绶、赵鲲飞纂《华安银塘赵氏族谱》，乾隆二十七年（1762）稿本。

绶、赵鲲飞纂修，是乾隆二十七年（1762）稿本。主要内容包括真德秀等名家所撰的玉牒序、祖源、世系、历年图、君臣一气图并记诗、宋室传授图、科第题名记、乡贤名宦传、宗子覃恩录、漳泉守令诸司录、卜居录、祖坟图、墓志铭，还有史料补遗如"崖山故典"等。尽管《华安银塘赵氏族谱》不全，但可补正史之不足，其考古历史价值弥足珍贵。2004 年的《银塘赵氏族谱》①收录明清时期众多银塘赵氏族人的传记，这些传记对于研究银塘赵氏乃至北溪流域历史都具有重要史料价值。《银塘赵氏宗谱·宗藩庆系录》②是以世代为单位不断进行续修的赵宋王朝皇室宗谱资料，史料价值大，特别是在科举仕宦婚姻诸多方面的研究具有不可替代的作用。

（四）明清碑刻

该地除了流传着众多民间传说与民间文学外，也保存着较为完整的明清碑刻，笔者历时三年，一共找到十几方明清碑刻，它们分别是嘉靖十一年（1532）银塘村《龙溪石量记》、万历年间银塘村龙潭《修路记》、万历三十年（1602）银塘村龙潭《贰守一我罗公喜雨碑》、万历四十三年（1615）银塘村《重修慈济宫记》、崇祯元年（1628）银塘村《云溪公墓志铭》、乾隆二十二年（1757）碧溪村《碧云宫碑记》、乾隆二十三年（1758）和睦社《东亭福桥记》、乾隆四十一年（1776）浦南墟《新建南浦宫（妈祖宫）碑》、乾隆五十七年（1792）浦南墟《为饷加征等事》、同治九年（1870）玉兰村《光裕堂重修碑记》、光绪元年（1875）浦南墟《广庆宫石碑记》、光绪五年（1879）浦南墟《严禁自尽图赖示告碑记》、道光二十九年（1849）浦南墟《凤岗楼碑记》等明清碑刻。这些碑刻分别从不同侧面反映了九龙江北溪中下游地区的政治、经济、文教、民间信仰等历史事实，弥足珍贵。

三 本书的基本思路及其他问题

九龙江北溪中下游地区地理人文内容独特、丰富。北溪发源于龙岩，

① 赵潮初主编《银塘赵氏族谱》，2004。
② 赵子来编纂《银塘赵氏宗谱·宗藩庆系录》，2015。

在中游河段进入漳州地界，沿着山林进入平原的分节点在浦南一带。浦南渡口和浦南墟位于今华安、芗城、长泰交界处，成犄角之状，浦南渡口和墟市也是北溪流域物资集散地。此地山海交界处夹岸而居的金沙、银塘、玉兰、碧溪四个村落为清代北溪四大富裕村落，素有"金银玉碧"之称。这一带见证了唐初陈元光开辟蛮荒之地的筚路蓝缕、宋代碧溪杨氏开基的耕读传家、明代皇室后裔银塘赵氏崛起的经营策略、清代玉兰黄氏在墟市向洋下的主动弄潮。从九龙江开发史的角度看，"金银玉碧"的历史具有典型意义。本书以此为研究对象，力求通过分析时空变迁引起家族发展策略的转变，探究社会形态的转型，进而上溯下延，厘清北溪流域开发脉络，希望以此作为认识漳州、闽南开发史的窗口。

（一）研究目标

本书的主要目标是厘清北溪中下游地区开发的历史脉络，探究逐渐形成的北溪地域性格，提炼贯穿开发北溪始终的核心精神。笔者也希望通过对北溪开发史的研究，推动漳州开发史、闽南开发史研究向前发展。

（二）时空界定

书中九龙江北溪中下游区域的范围，指北溪干流地表水在山海交界处的流域范围：北至银塘龙潭，南达柳营江江东桥，不包括沿海平原及九龙江河口地带。但由于自然地理与政区地理的划分殊难统一，只能是一个大致的而非精确的范围。

浦南一带位于北溪中下游地区，是开辟漳州的重要军事战略地带。北溪中下游地区的开发史始于开漳事件。浦南墟及浦南渡口也是该区域的经济中心。有鉴于此，笔者的研究起点是唐朝陈元光平定"蛮獠啸乱"、奏请建置漳州的开漳事件，而时间断代截至浦南墟的衰落，此时已是清末民国时期。

（三）研究重点

研究重点一：浦南渡口周边的"北溪四乔木"——浦南一带开漳将士后裔形成的四个大家族，分别是溪园村的林家、水流村的宋家、渡东村的李家、碧溪村的杨家。"四乔木"的地理人文特点都独特而丰富：溪园村旁的小社走出理学大师朱熹的高徒陈淳；水流宋氏族人在清代北溪墟市发展的浪潮中以放排为生；渡东李家较好地保存了龙舟竞渡的传统民俗文化；碧溪杨氏作为"四乔木"中的佼佼者，于崇宁年间开基，以耕读传家发迹。此为唐宋北溪中下游地区由军事建置向农耕社会转型的典型个案。

研究重点二：银塘赵氏。明代银塘赵氏发展受人瞩目。它延续、发展了碧溪杨家科举发家的策略，并起到了家族经营墟市的示范效应。银塘赵氏的宗制制度建设、经营空间理念，都发挥着承上启下的历史作用。

研究重点三：浦南墟。浦南墟作为康乾时期北溪流域的物资中转地、最大的墟市，辐射农村众多地区，由此产生清代北溪中下游地区的"金银玉碧"（金沙、银塘、玉兰、碧溪）四大富村。它们在经济上的快速发展缘于浦南渡口及浦南墟的繁荣。

总之，在"历史流域学"学科体系初诞时期，鉴于九龙江北溪中下游地区的研究较为薄弱的现状，笔者运用文献解读与田野调查相结合的研究方法，大量利用田野调查中搜集到的私家族谱、口述史料、明清碑刻等第一手资料，结合地方文史工作者编纂的文史资料、民间文学等前期成果，对北溪中下游地区的社会变迁进行梳理，力图理清北溪中下游地区开发的历史脉络，探究逐渐形成的北溪地域性格，发掘贯穿于开发北溪始终的核心精神，希望推动漳州开发史、闽南开发史研究向前发展，并为今天九龙江流域乃至中国其他流域的经济文化发展提供有益历史经验。

第一章

九龙江北溪中下游地区概况

第一节 九龙江北溪中下游地区的自然环境

九龙江是福建省仅次于闽江的第二大河流，流域范围的坐标为东经116°47′~118°02′，北纬24°13′~25°51′，流域面积14741平方公里，河流干线长度285公里，由北溪、西溪、南溪三条主要河流汇合组成，水资源量为145.04亿立方米。其中北溪全长272公里，流域面积9640平方公里，西溪全长172公里，流域面积3940平方公里，南溪全长88公里，流域面积660平方公里。

一 九龙江的地理位置

九龙江之名多见于史册，爬梳史籍，条列如下：

> 龙溪即九龙山下水。梁大同中，有九龙游戏此江，今祭九龙翁甚盛。①
>
> 九龙江一名龙溪。自龙岩州漳平县流入龙溪县界，经九龙山，因名九龙江。其下流一名柳营江，又东南分为二，派入海澄县，由港以

---

① 祝穆撰《方舆胜览》上册，卷十三，中华书局，2003，第224页。

注于海。①

九龙江以梁大同间有九龙戏于江得名。又曰北溪，以在县北二十里，绕县之北也。②

六朝以来，戍闽者屯兵于龙溪，阻江为界，插柳为营。③

由以上可见九龙江流域开发较晚。从六朝屯戍闽地之军队"阻江为界，插柳为营"一语来看，九龙江流域应是当时南部疆界之一段。从九龙江流域作为边界所在和军事驻扎地来看，我们可以推断当时在九龙江流域定居的居民人数不多。九龙江初名柳营江，亦来自插柳为营之事。再看"九龙戏江"，我们现今已无法确证先民所见之九龙究竟为何物，但刨除神话传说的成分，不外乎蛇鼋之流，亦可反证此时此地尚未得到开发。

相对于人世沧桑，地理环境的变迁十分缓慢，宋代有关九龙江流域的记载较为丰富，不过生态环境并没有发生质的变化，请看：

九龙江在府城东北，又名北溪。源出汀州及延平沙县界。梁大同间，九龙游戏于江，因名。江水深碧，历世见有宝珠辉莹其中而不可得，宋时渔人网得之。④

九龙江在府城东二十五都，历二十三、四都及二十二都。旧名北溪。源出汀州上杭、连城二县及延平、沙县界，合龙岩、安溪、长泰诸水，经蓬莱峡，是为柳营江。过虎渡桥，抵到河，会南门溪之下流而注于海。梁大同间，有九龙游戏于江，因名。历代见宝珠辉莹其中而不可得，宋时渔人网得之。江中有潭，潭有五曲，深不可测。夏秋间，时有龙潜跃其中。⑤

九龙江在县北二十余里，一名北溪。梁大同间，有九龙昼戏江

① 穆彰阿、潘锡恩等纂修《大清一统志10》卷四百二十九，上海古籍出版社，2008，第155页。

② 孙尔准等修《中国地方志集成 省志辑·福建3 道光重纂福建通志（一）》卷九，凤凰出版社等，2011，第304页。

③ 孙尔准等修《中国地方志集成 省志辑·福建5 道光重纂福建通志（三）》，凤凰出版社等，2011，第179页。

④ 李贤等撰《大明一统志》（下），三秦出版社，1990，第2000页。

⑤ 黄仲昭修纂《八闽通志》卷八"地理"，福建人民出版社，1990，第145页。

上，故名。其溪首受龙岩、安溪、长泰诸水东流，历柳营江至福河，与南门溪水会，以入于海。此二水为漳城锁龙水，大关形胜。《淳祐志》谓：大中祥符七年，邑民有丘颛者于此江网鱼得珠一颗，围三寸七分，旁有七小珠，如七曜。郡守王冕表进于朝，因名州城北门曰"贡珠门"。①

其古以名县者曰龙溪，亦曰九龙江，以其绕郡之北也，又曰北溪。去城二十五里。源出延汀之界，合宁洋、龙岩、漳平之水而下华峰，又合长泰诸水过香洲渡，历峡中，出峡为柳营江，与南溪会流入于海。梁大同间，有九龙游戏江上，故名九龙江。与南溪相环带，为一郡形胜。《淳祐志》称：大中祥符七年，邑民丘颛网鱼得珠一颗，围三寸七分，旁有七小珠。郡守王冕表进于朝，因名北门曰"贡珠门"。表见《艺文志》。明陈克聪《龙江夜月诗》：江龙潜水窟，江月自团团。影挂银河泮，光生水殿寒。钓从何处下，珠讶此时还。诗思撩人苦，江亭坐夜阑。②

所谓"江水深碧，历世见有宝珠辉莹其中"者，可证明此时当地生态仍处于较为原始的状态，人类活动的痕迹尚未破坏此地的自然环境。前面所引的内容主要是针对人类在水面上的活动痕迹：在南方地区，由于水网纵横，水量丰沛，鱼虾种类繁多，捕鱼必然是先民们重要的经济活动。先民们除了摸取螺、蚌、虾、蟹外，还用葛麻的纤维搓成细绳子，然后织成网，到河沟中捕鱼。③"贡珠门"即由渔民网鱼得珠进于朝而来。

《八闽通志》、正德《漳州府志》、万历癸丑《漳州府志》所记载的内容大概皆本于《大明一统志》，又据《淳祐志》而有所增补。

再看：

自北来者，曰九龙江，以九龙戏水故名。源出延、汀界，合宁

---

① 陈洪谟修、政协漳州市委员会编《大明漳州府志》（正德），厦门大学出版社，2012，第389~390页。
② 闵梦得修《漳州府志》（万历癸丑）卷二，厦门大学出版社，2012，第178~179页。
③ 戴天放：《农业环境变迁与生态农业发展——基于鄱阳湖流域的研究》，经济管理出版社，2014，第72页。

洋、龙岩、漳平之水而下华崶，又合长泰诸水汇为潭，曰"漫潭"，两山如壁，浑弘浊极，流十余里。以其绕郡城之北也，谓之北溪。梁大同间，有九龙游戏其上，故又名九龙江，而龙溪邑名亦自此立矣。宋大中祥符七年，邑民网鱼，见有神龟负珠出游，因捕得之。其珠围三寸七分，光彩烛天。郡守危积因改贡珠门为还珠门。①

群龙江，城北二十里。梁大同间，有群龙戏江上故名。宋郡守王冕所贡珠，盖得之于此。上游为漫潭，有龙潜其中，郡人遇旱祈雨多应。②

九龙江西北上承漳平九龙溪入，径涵口，又南为华崶溪。又东南，左合石兀山水，径下漳，左纳高层溪，右三脚灶水，入为汰溪。碧溪至香洲渡，左纳龙津溪为郭溪，又东为柳营江。南门溪上承南靖大溪入为梅溪，支津入城。又东，合龙漈山水，至三叉河歧为石码港，又东北来会，为福河。③

总而言之，九龙江之名先后数易，自梁至唐朝，称柳营江，入宋，《太平寰宇记》称九龙水，蔡如松《漳南十辨》称九龙江，《元丰九域志》称九溪。九龙江还曾有龙溪、北溪等其他名称，以县为名称龙溪，位于郡之北部称北溪。

北溪为九龙江干流，为闽西南重要内河航线。北溪发源于玳瑁山脉，依次流经漳平、华安、芗城、龙文、龙海，中上游河谷盆地和峡谷相间，在中游河段进入漳州界，到华安丰山镇银塘村磹口进入下游河段，沿途奇峰峻岭，滴翠流碧，滩多濑险，雄奇刚峻。北溪上游与长泰龙津江上游之水交汇后，经浦南香洲渡，出江东蓬莱峡，到三叉河与西溪交汇，达于月港，最终入海。

按照志书记载，唐时柳营江（今江东）地"当溪之交"，为河口区，

① 《四库提要著录丛书·粤闽巡视纪略》（史部第三三册）卷上，北京出版社，2010，第560页。

② 纪昀等总纂、郝玉麟等监修、谢道承编纂《景印文渊阁四库全书》第527册卷三，台湾商务印书馆，1983，第275页。

③ 赵尔巽等撰《清史稿》，卷七〇，志四十五，地理十七，福建，漳州府，龙溪，中华书局，1998，第2255页。

北溪潮区界在绿洲潮口（今浦南）一带。[①] 九龙江北溪流域从金沙潭口到浦南，河床多属卵石浅滩沙洲；浦南以下沙洲发育，上游流水泥沙多在此河段沉淤，极易遭受洪涝灾害。浦南一带拥有全省最大的平原即漳州平原，[②] 面积达 566.7 平方公里。漳州平原北起碵口、天宝大山脚下，南到九龙岭、鱼咀山山脚，西起南靖靖城的寨联，东以龙津溪口铁路桥、西溪桥闸，与龙津溪中下游平原、九龙江河口平原分界。

随着九龙江的开发程度加深，人口增加、粮食压力陡增，为缓解粮食压力而引进种植的番薯、玉米等农作物又对丘陵坡地造成了压力，促使对丘陵坡地进一步的开发，导致水土流失加剧，河流侵蚀，带来的泥沙含量增加，在江口一带严重淤积。海水东退，潮区界逐渐东移。今日九龙江潮区界继续向东后退：北溪大潮至郭坑篁渡铁桥，枯水期只能上溯到江东桥。[③]

二 九龙江的气候条件与自然灾害

地理环境，或者说社会经济关系赖以发展的自然基础，是社会发展经常的和必要的条件之一。[④]"任何历史记载都应当从这些自然基础以及它们在历史进程中由于人们的活动而发生的变更出发。"[⑤] 地理环境包括前文已经提及的地形和即将讲到的气候等。

北溪中下游一带纬度位置偏低，属亚热带季风性湿润气候：日照充分，雨量充沛，全年无霜期长，热量资源丰富。由于漳州依山面海，地形呈倾斜状和台阶状，山势走向由西北向东南，西北有武夷山脉和戴云山脉作为屏障，挡住寒流入侵，东南面临开阔的大海，还有不少向南开口的马蹄形地形，冷气流难进易出，温湿气流源源不断而来，形成了一个温和湿润、得天独厚的区域性气候。这也为栽培对热量条件要求较高的南亚热带

---

① 林汀水：《九龙江下游的围垦与影响》，《中国社会经济史研究》1984 年第 4 期。
② 汪照元主编《芗城区志》，方志出版社，1999，第 520 页。
③ 李智君、殷秀云：《近 500 年来九龙江口的环境演变及其民众与海争田》，《中国社会经济史研究》2012 年第 2 期。
④ 牟发松：《唐代长江中游的经济与社会》，武汉大学出版社，1989，第 5 页。
⑤ 《马克思恩格斯选集》（第 1 卷），人民出版社，2012，第 147 页。

经济作物和果树提供了有利的条件。雨季集中在 3～6 月，高温一般出现在 6～9 月，其间常有台风袭来，多暴雨或大暴雨，福建地势西高东低，水系几近东西走向，梅雨季节上游暴雨，常常造成中下游洪涝灾害。九龙江流域历史上洪涝灾害十分严重。北溪流域历年洪涝灾害频繁，台风暴雨形成的洪灾约占洪灾次数的 75%，造成良田受淹、房屋倒塌、粮食的大面积损失，以及大量的人员伤亡。① 但台风暴雨也有助于降低气温和解除旱象。九龙江下游以龙溪为中心的地区，是史志所载洪涝最严重的地区之一。

如果说福建省夏半年②的雨主要取决于台风和辐合区雷雨，那么冬半年的降水则来自冷暖气团的交汇，即锋面雨。倘若没有台风和雷雨，受单一气团稳定控制，就容易久晴致旱。气团总是大面积出现，在气团的制约下，福建省的灾情呈现为"一大片"。黄文等编著的《福建旱涝灾害》，对调查资料进行综合分析后认为：福建省旱灾比较常见的是春旱和夏旱。闽东南沿海地区旱灾频繁，龙溪地区干旱持续时间长，往往一年中发生春夏两旱。春旱中心的 64% 在龙溪地区。该报告中的龙溪地区包括华安、长泰、龙溪、南靖、平和、龙海、漳浦、云霄、诏安、东山，共计 10 县市。

古时，典籍中的叙述只涉及漳州、龙溪、北溪区域，所辑录漳州历年来的旱涝灾害，未能详细到北溪中下游一带，基于"旱灾一大片"原理，其也适用描述北溪中下游地区旱灾情况。对洪涝灾害的记述虽不尽如人意，但大体也可以呈现该地带的降雨情况，尤其福建 5、6 月的梅雨，本身就具有雨区广、雨量大、雨期长、降雨强度大的特点，7、8、9 月多台风和暴雨，为更全面观察和思考，予以保留。

(一) 旱涝灾害

　　宋咸平二年（999）十月，水泛滥，坏民舍千余区，州民多溺死。③

---

① 徐巧：《流域水电规划环境影响的经济评价》，硕士学位论文，厦门大学，2008，第 48 页。
② "夏半年"指一年中比较炎热的半年。在北半球，一般指春分日到秋分日之间。其间，太阳直射点从赤道逐渐北移到北回归线再返回到赤道，即春分至秋分。其日照时间较长，接收太阳辐射热量多，是一年中气温较高的半年，也称为"暖半年"。相应地，"冬半年"指的是从秋季 10 月经冬季到春季 3 月的这段时间，是一年中气温较低的半年，故也称为"冷半年"。
③ 汪照元主编《芗城区志》，方志出版社，1999，第 108 页。

宋崇宁元年（1102），大旱，水泉涸。①

宋隆兴二年（1164），大旱，自春至八月，首种不入。②

南宋淳熙十年（1183）九月，大风雨，水至州城半没，坏民居890余家。③

宋淳熙十一年（1184），四月不雨至八月，是年无禾。④

明洪武二十九年（1396）五月，暴雨下，平地水高数丈，居民漂溺。⑤

明天顺五年（1461）五月，东门内外谯楼为飓风所拔。戊午夜，风雨作，飞石拔木，洪水泛滥，漂人畜甚众……⑥

明天顺七年（1463）七月，疾风暴雨，九龙江北溪洪水淹涨，平地深五丈，柳营江桥亭漂没无遗，人畜伤亡甚众，庐舍倾塌无数。⑦

明成化十年（1474）七月，虎渡桥飓风坏。戊午夜，暴雨不止，洪潦淹至，城垣几没，人物漂荡，浮尸蔽江……⑧

明成化十二年（1476），特旱。龙溪地区的漳浦、云霄、诏安自春至八月中旬不雨，大旱，岁大饥。⑨

明成化二十一年（1485），特涝。龙溪地区的漳州、南靖、漳浦春夏淫雨，田庐禾稼多坏，飓风。⑩

明嘉靖十六年（1537），特旱。龙溪地区的漳浦、云霄、东山、诏安、漳州自五月至翌年四月不雨，岁大饥。⑪

明嘉靖二十三年（1544），特旱。漳浦、东山大旱；漳州、平和

---

① 汪照元主编《芗城区志》，方志出版社，1999，第111页。
② 汪照元主编《芗城区志》，方志出版社，1999，第111页。
③ 汪照元主编《芗城区志》，方志出版社，1999，第108页。
④ 汪照元主编《芗城区志》，方志出版社，1999，第111页。
⑤ 汪照元主编《芗城区志》，方志出版社，1999，第108页。
⑥ 汪照元主编《芗城区志》，方志出版社，1999，第108页。
⑦ 汪照元主编《芗城区志》，方志出版社，1999，第108页。
⑧ 汪照元主编《芗城区志》，方志出版社，1999，第108页。
⑨ 黄文等编著《福建旱涝灾害》，福建科学技术出版社，1993，第105页。
⑩ 黄文等编著《福建旱涝灾害》，福建科学技术出版社，1993，第106页。
⑪ 黄文等编著《福建旱涝灾害》，福建科学技术出版社，1993，第107页。

大饥。①

明嘉靖二十四年（1545），特旱。厦门饥荒。龙溪地区的漳浦、长泰、南靖、东山大饥；漳州旱、大饥。②

明嘉靖四十二年（1563），特涝。漳州、南靖、龙海"夏，大水高三丈余，坏田庐，南桥址（中山桥）尽淹没，漂民居百余家……"③

明隆庆四年（1570），特涝。"六月初六，烈风暴雨，漂没民居不可胜数，郡南桥坏"，处于西北溪流域的龙溪、南靖、平和、长泰皆受灾（为历史上特大洪水，测算流量，8000 立方米/秒～9000 立方米/秒）。④

明万历十八年（1590），特涝。漳州六月廿一日"自卯至辰大风，撼折东北二城楼，拔木坏屋"；龙海、长泰、南靖六月廿一飓风大作，拔木毁屋，漂死无算；平和春旱，秋大风大水，溺人无算。⑤

明万历三十一年（1603），特涝。漳州、龙海、长泰、漳浦、东山八月初五未时"飓风大作，坏公廨、城垣、民屋"，漂没民居，滨海溺死者数千人。⑥《重纂福建通志》记载："万历三十一年八月，同安大飓风，海水涨溢，积善、嘉禾等里，坏庐舍、溺人无算。是月初五日未时，飓风又作，海溢堤岸骤起丈余，浸没漳浦、长泰、海澄、龙溪民舍数千余家，人畜死者不可胜记；有大番船漂入石美城内，压坏民舍。"⑦

明万历三十四年（1606），大旱，米贵民饥。⑧

明万历三十六年（1608），特旱。漳州、龙海一至五月疫作，三至六月不雨，人凋米贵，平和春大旱，冬大熟。⑨

---

① 黄文等编著《福建旱涝灾害》，福建科学技术出版社，1993，第 107 页。
② 黄文等编著《福建旱涝灾害》，福建科学技术出版社，1993，第 107 页。
③ 汪照元主编《芗城区志》，方志出版社，1999，第 108 页。
④ 汪照元主编《芗城区志》，方志出版社，1999，第 108～109 页。
⑤ 黄文等编著《福建旱涝灾害》，福建科学技术出版社，1993，第 118 页。
⑥ 黄文等编著《福建旱涝灾害》，福建科学技术出版社，1993，第 118 页。
⑦ 孙尔准等修《中国地方志集成 省志辑·福建9 道光重纂福建通志（七）》卷 271 "祥异"，凤凰出版社等，2011，第 572 页。
⑧ 汪照元主编《芗城区志》，方志出版社，1999，第 111 页。
⑨ 黄文等编著《福建旱涝灾害》，福建科学技术出版社，1993，第 118～119 页。

明万历四十一年（1613），特涝。漳州、南靖、漳浦、诏安五月廿四飓风大雨，田舍漂损甚多。①

明万历四十二年（1614），特涝。长泰六月大水，父老谓从未见也，八月初五大风雨，飞瓦拔木，洪水涨，田庐多入海；漳州、龙海八月初五风雨大作，暴发洪水；漳浦饥。②

明万历四十五年（1617），特涝。六月二十日大雨。西、北两溪水涨，"城垣不没者尺许，冲坏沿溪庐舍，溺死者不可胜数"。③

清顺治五年（1648），特旱。龙溪地区的东山民饥死无数；漳州等8县均大饥。④

清康熙二年（1663），特涝。龙溪地区记有福建各属飓风。⑤

清康熙七年（1668），龙溪地区六月十八日七邑同时大水，其中漳州南桥坏郡南水高与城齐；龙海、平和、漳浦大水，水涨三日高丈余，田庐淹没不可胜数。⑥

清康熙四十年（1701）大旱，"禾苗尽枯"。⑦

清康熙四十一年（1702），特旱。漳州、龙海春旱，草尽枯死，野无青草，五月乃雨；长泰蝗，旱禾失收；平和冬不雨至翌年春。⑧

清康熙四十六年（1707），特涝。长泰六月初一大水漂庐害稼；云霄六月水没庐舍，城崩49丈；漳浦、平和六月大水。⑨

清康熙四十九年（1710），特旱。长泰、龙海大旱米贵，民多饥死，诏安、东山大旱；漳浦、漳州五月大水，淹田庐；龙海、南靖、平和闰四月十八风雨大作，龙海溪涨数丈淹庐舍4850间，五月复大水。⑩

---

① 黄文等编著《福建旱涝灾害》，福建科学技术出版社，1993，第119页。
② 黄文等编著《福建旱涝灾害》，福建科学技术出版社，1993，第119页。
③ 汪照元主编《芗城区志》，方志出版社，1999，第109页。
④ 黄文等编著《福建旱涝灾害》，福建科学技术出版社，1993，第109页。
⑤ 黄文等编著《福建旱涝灾害》，福建科学技术出版社，1993，第110页。
⑥ 黄文等编著《福建旱涝灾害》，福建科学技术出版社，1993，第110页。
⑦ 汪照元主编《芗城区志》，方志出版社，1999，第111页。
⑧ 黄文等编著《福建旱涝灾害》，福建科学技术出版社，1993，第119页。
⑨ 黄文等编著《福建旱涝灾害》，福建科学技术出版社，1993，第119页。
⑩ 黄文等编著《福建旱涝灾害》，福建科学技术出版社，1993，第119页。

清康熙五十七年（1718），特涝。龙溪地区的长泰八月初一大雨倾盆溪流横涨，庐舍漂没无数；平和、诏安秋大风雨，河水暴涨；东山七月廿九飓风大作，船击碎甚多。①

清乾隆十二年（1747），八月至次年三月旱，禾苗尽枯。②

清乾隆十三年（1748），三月至秋七月旱。③

清乾隆十七年（1752），特涝。龙溪地区的漳州七月大水田庐漂没；龙海七月初七大风雨，船尽沉没，浯屿涝尸甚多。④

清乾隆二十一年（1756），抗旱，知县随居民徒步祈雨。⑤

清乾隆二十二年（1757），龙海春旱田无播种；漳浦春大旱田少播种；东山旱，池塘干涸，禾既不登番薯复渴死；漳州旱。⑥

清乾隆二十三年（1758），特旱，龙海、漳浦、诏安夏旱，渠港皆干；东山旱，池塘干涸，禾不登薯渴死。⑦

清乾隆五十四年（1789）、乾隆五十五年（1790）、乾隆五十六年（1791），连年旱荒。斗米价钱九百文，斗麦价钱六百文。⑧

清乾隆五十九年（1794），特涝。龙溪地区的漳州、长泰、龙海、南靖八月十一、十二大水，郡县水积半旬不退，人口淹死，民居倒塌无数；漳浦八月水灾，七邑同，晚禾不登；诏安八月水灾。⑨

清嘉庆二十五年（1820），特旱。龙溪地区的漳州八、九月大疫。⑩

清光绪二十八年（1902），大旱，万民上城祈雨，饥荒。⑪

清光绪三十年（1904），八月二十九日大水，水流湍急，堤堰几

① 黄文等编著《福建旱涝灾害》，福建科学技术出版社，1993，第111页。
② 汪照元主编《芗城区志》，方志出版社，1999，第111页。
③ 汪照元主编《芗城区志》，方志出版社，1999，第111页。
④ 黄文等编著《福建旱涝灾害》，福建科学技术出版社，1993，第112页。
⑤ 汪照元主编《芗城区志》，方志出版社，1999，第111页。
⑥ 黄文等编著《福建旱涝灾害》，福建科学技术出版社，1993，第119页。
⑦ 黄文等编著《福建旱涝灾害》，福建科学技术出版社，1993，第119页。
⑧ 汪照元主编《芗城区志》，方志出版社，1999，第111页。
⑨ 黄文等编著《福建旱涝灾害》，福建科学技术出版社，1993，第112页。
⑩ 黄文等编著《福建旱涝灾害》，福建科学技术出版社，1993，第113页。
⑪ 汪照元主编《芗城区志》，方志出版社，1999，第111页。

乎皆溃毁，新、旧桥俱垮。西北二溪水漫街巷，天宝、浦南潦淹村舍，屋倾人漂甚众。历两日夜。据当时淹及水位测算，流量为 7500 立方米/秒，相应频率为 80 年一遇。[①]

清光绪三十四年（1908），特涝。漳州、南靖七月中旬连日大雨，堤岸冲溃十余里，田庐淹没，死五千余人，为百年罕见之巨灾；长泰九月狂风暴雨一昼夜，拔木毁屋淹没田禾，全县损失极重。是西溪二十世纪中最大的洪水灾害。[②]

民国十一年（1922），大旱半年，颗粒无收，饥荒。民国二十二年，遇大旱，三季无收，大批农民逃荒。民国三十五年连旱 6 个月，粮价高涨，行乞甚众。民国三十七年连旱 6 个月，物价高涨，货币贬值。[③]

民国二十年（1931）8 月，暴雨成灾，杉巷至草寮尾、西桥至马灶路，流水湍急，街里行舟，堤岸崩溃数段，诗浦堤堰被冲，市里倒屋，一店压死三人。民国三十三年 6 月，一场大水未退，又再遭洪水，田亩淹没很多，米价高涨。[④]

1946 年，特旱，闽南各地春旱，沿海赤地千里。[⑤]

九龙江水系的旱涝等情，莫不与人类历史活动息息相关，从某种意义上来说，是人类开发活动的结果，又在一定程度上限定了人类开发活动的形式和规模。因此针对九龙江中下游地区经济社会发展的区域社会研究，就不能忽视当时特定的自然地理状况。[⑥]

旱涝灾害是整个南方地区都会遇到的问题，总体来看，漳州的气候还是较适宜人群居住的。北溪中下游地区，沿河两岸分布着众多的小丘陵，人们开始"择丘陵而处之"，在遇旱灾，即自然降水不能满足农业灌溉所需时，为充分利用滨河地区充沛的水源，人们转变为"逐水而居"。为了

① 汪照元主编《芗城区志》，方志出版社，1999，第 109 页。
② 汪照元主编《芗城区志》，方志出版社，1999，第 109 页。
③ 汪照元主编《芗城区志》，方志出版社，1999，第 111 页。
④ 汪照元主编《芗城区志》，方志出版社，1999，第 109 页。
⑤ 黄文等编著《福建旱涝灾害》，福建科学技术出版社，1993，第 119 页。
⑥ 牟发松：《唐代长江中游的经济与社会》，武汉大学出版社，1989，第 7 页。

生存，人们在逐水而居的同时，饱受洪水泛滥之苦。每一次洪水都是一场噩梦，淹没禾稼，极易导致颗粒无收的惨象。不过洪水携带的泥沙在冲积平原、河流谷地所形成的肥沃土地，同样是栽种粮食作物的优质土壤，那么，洪水造成的灾害损失，就可以周期性地从丰收的粮食中得到补偿。①而且古时候植被覆盖率高，一旦洪水来袭可往高处撤退逃生。

（二）风灾

明嘉靖二十八年（1549）五月五日，"南河竞渡，城中妇尽出游。午后飓风作，船覆溺死者60余人"。②

明万历九年（1581）五月二十四日，"有龙（卷风）起于十一都卢州，渡江而上云洞（岩），禾稼损伤"。③

清康熙十四年（1675）八月十五日夜，"飓风又起，树木拔，屋瓦飞"。④

清雍正九年（1731）八月初四日夜，"龙（卷风）起，大风拔木坏屋，行人有被挟过溪者，暝晦中有光荧荧然"。⑤

清同治十二年（1873）六月二十七日，"飓风大作，飞瓦拔木，继之以雨，历有数时"。⑥

（三）寒害

最早的寒害记载始于明崇祯九年（1636），"十一月大雨雪，积冰厚一尺，牛羊草木多冻死"。⑦

清顺治十一年（1654），"冬大寒，陨霜不杀虫"。⑧

---

① 陈绍金：《流域管理方略研究》，湖南人民出版社，2003，第4页。
② 汪照元主编《芗城区志》，方志出版社，1999，第112页。
③ 汪照元主编《芗城区志》，方志出版社，1999，第112页。
④ 汪照元主编《芗城区志》，方志出版社，1999，第112页。
⑤ 汪照元主编《芗城区志》，方志出版社，1999，第112页。
⑥ 汪照元主编《芗城区志》，方志出版社，1999，第113页。
⑦ 汪照元主编《芗城区志》，方志出版社，1999，第114页。
⑧ 汪照元主编《芗城区志》，方志出版社，1999，第114页。

清顺治十三年（1656）正月十五日，大雪。①

清雍正七年（1729）正月二十七日，大雪。②

清光绪十八年（1892）十一月二十七日至二十八日，全省性大雪。漳州积雪尺余，四山皆白，河井俱冻。果木、牲畜冻死不计其数，贫民亦有冻死者。③

漳州明代以前的寒害未见记载，固然有历史久远的原因，也与漳州在此之前气候较为温暖相关。如唐代陈元光部将丁儒（？～710）在《冬日到泉郡次九龙江与诸公唱和十三韵》中写道："正值严冬际，浑如春昼中。……天涯寒不至，地角气偏融。"④ 可见，唐时气候较为温暖，冬天浑似春天。

漳州丛林茂密，象群出没，此依据出自盘陀岭《重建无象院碑记》。无象院，前身为无象庵，始建于南宋淳熙年间（1174～1189），址在和坑社边，俗称和坑院。宋高宗绍兴年间（1131～1162），漳州知州傅伯寿以"漳南土黄人稀，瘴雨岚烟旦夕交作，百里之间，茆肖相望，居民断绝，行者病之，于是立庵于县南八都盘陀岭下，以聚居民，以憩行客"，始创"随庵立铺"办法（"铺"，即驿道上的驿站）。招募和尚吴祖华师徒到和坑设庵，兼管铺事（负责招待过往公差和传递文书）。"本庵地界象兽不时出没，居民行客往往被患"，时有潮州知州黄定路过。黄定于南宋建炎四年（1130）出生，42岁考中状元，被派往广东潮州担任知州，题写"无象庵"三字，挂在庵的门楣上，"由是象兽屏迹"。黄定"驱象以字"成为一时美谈。象群的消失，原因应该有三：第一，先前"居民断绝"，现居岭下者渐多，象迹渐绝；第二，盘陀岭一带山民有捕象取牙的传统，山下设有象牙墟（今象牙村），周边猎获的象牙，在此集中出售，随着捕猎过度，象群逐渐消失；第三，天气变冷，不适合象群生活。从12世纪开

① 汪照元主编《芗城区志》，方志出版社，1999，第114页。
② 汪照元主编《芗城区志》，方志出版社，1999，第114页。
③ 汪照元主编《芗城区志》，方志出版社，1999，第114页。
④ 李竹深辑录、政协漳州市文史资料委员会编《漳州诗存·唐宋卷——漳州文史资料特辑》，2000，第27页。

始，太阳黑子大量增加，出现全球性的气温下降，且持续数百年。总之，宋初漳州的天气还是适合象群生存的。天气仍然比较炎热，雨水较多，又多有变化，居民过旅容易得病。

（四）其他灾害

明代福州府、漳州府、泉州府和兴化府共发生大小地震131次，占福建各州府总数的79.9%。① 成化十一年（1475），在龙岩武平、漳州市区、漳州华安、三明永安发生的延续五个月的震群活动，对当地民众来说无疑是极大的灾难。漳州府万历十九年（1591）五月也连续两次发生地震。②

总而言之，北溪流域地处东南沿海，闽浙丘陵之南限，山海交错，就地理而言，其相较于中原内地农耕条件恶劣，先民自古以来就存在与天争、与人争的传统，民风强悍。就气候而论，其位于北回归线附近，同纬度带大多为干旱地带，但由于有西太平洋的季风影响，其为亚热带季风性气候，受台风的影响，此地水旱灾害多发。在灾害频仍的情况下，不明所以的先民倾向于向不可知的神秘力量求助，加之闽越族人原始的宗教观，当地形成好巫尚鬼、多淫祀的环境。地域性深切地塑造了民族性，这给后来北溪流域的发展刻下了不可磨灭的印记。

第二节 九龙江北溪中下游地区的社会环境

九龙江北溪中下游地区③的社会环境包括人口、耕地与粮食，陆路交通与水路交通，战争动乱，疫病等要素，分别概述如下。

一 人口、耕地与粮食

在九龙江北溪两岸和仙岭（今称金沙岭），采集到晚更世（距今一万年左右）石器文化遗存和商周时期的陶器文化遗存，佐证先民在这里生

---

① 简思敏：《明代福建自然灾害研究》，硕士学位论文，福建师范大学，2006，第39页。
② 简思敏：《明代福建自然灾害研究》，硕士学位论文，福建师范大学，2006，第42页。
③ 由于历史记载的原因，确切到北溪中下游地区较为困难，故采纳漳州的记载，对该区域形成总体印象。

活、劳动、繁衍的过程。①

商周时期，漳州属"七闽"地，是闽越族居住地。越族人擅长舟楫，惯于在沿海、沿江地区生活，身材矮小，短面，须发少，鼻形广，眼睛圆而大，不斜吊，有双重眼帘。公元前334年，越国被灭之后，部分越族进入福建，与当地原始居民融合，形成新的闽越族部落。② 秦朝建立闽中郡，大量闽越族人被迁移到外地，中原罪犯被流放至此。汉代战乱，不少中原人自北方迁入闽中。三国时期，军队、罪犯入闽。两晋南北朝时期，北方人民以空前规模南下避难。与此同时，闽越族大量北迁，与汉族实现民族融合，史籍上不再出现闽越族的记载。漳州一带还居住着名为"蛮獠"的少数族群，在靠近荒山野林、鸟兽出没之地居住，依靠刀耕火耨的农业和狩猎经济，生产力水平落后，及至唐初，还处于氏族社会末期。

漳州开发始于陈政、陈元光父子。唐总章二年（669），陈政率兵入闽，屯兵西林（今云霄县火田乡），一面防守，一面实行军屯。咸亨二年（671），陈氏屯军除兽害、辟草莽、开村落、招徕流亡，利用本地的气候、土地、水利和生物等资源进行开发活动。仪凤二年（677），陈元光袭父职，为开发这一地区，对当地的少数族群实行招抚政策，划出一定的地域让归顺的少数族群居耕，称为"唐化里"。开漳将士随军家属全部就地落籍安家。开发初期，实行谁垦殖、谁收获，土地归其所有，不征收田赋，免除徭役的政策。③ 垂拱二年（686），建州设制。光启元年（885），王绪率数万农民军进入福建，其部属不少人落籍漳州境内。五代时期，中原动乱。王审知兄弟割据一方，福建偏安数十年。漳州处于东南隅，容纳大量来自北方避难迁入的人口。④ 九龙江下游进一步开发，人口随之增长。宋代漳州人口有很大增长。但总体上说，漳州人口仍旧稀少。

随着南迁的中原人口越来越多，漳州的开发程度也越来越深，最直接的表现就是垦殖的土地面积越来越大。战乱使人抛荒，社会安定重新吸纳人口。明清时期，开发程度趋向成熟。

---

① 政协芗城区文史资料委员会编《芗城文史资料》（第16辑），2005，第49、50页。
② 漳州市计划生育委员会编印《漳州人口志》，1992，第6页。
③ 福建省漳州市土地管理局编《漳州市土地志》，2000，第8页。
④ 漳州市计划生育委员会编印《漳州人口志》，1992，第7页。

元代实行残酷的民族压迫政策，漳州社会动荡不安。元兵入漳后，到处掳掠人口为奴隶，地主官僚横征暴敛，民不聊生，四处逃亡，加上频繁的农民起义和连年的战乱，漳州人口大幅度下降。明朝采取恢复生产的措施，社会相对稳定，人口不断增加。

清初，漳州人口一度锐减。原因有三：一是清军入漳烧杀抢掠，大规模战事不断；二是清廷两次采取"迁界"（又称"迁海"）政策；三是三藩之乱与郑氏侵扰，战乱十年方休。其中"迁界"政策是人口锐减的主要原因。清廷强迫沿海人民迁离故土，以垣为界，龙溪自江东至龙江以东，漳浦自梁山以南，旧镇以东，海澄自一都至六都，诏安自四都至悬钟，都成"弃土"。这些沿海富庶地区的经济损失和人口流亡都十分严重。康熙二十年（1681），在福建总督姚启圣、巡抚吴兴祚"疏请沿海民展界复业"的奏请下，沿海人民得以返回故乡，重建家园。康熙五十一年（1712）实行丁税改革，诏令"滋生人丁永不加赋"；雍正二年（1724）又实行"摊丁入亩"制度。通过这些恢复社会经济、鼓励生育的措施，漳州的人口才重新增长起来。[1]

漳州建州之前没有人口记载，建州之后由于所辖县数不一、统计方法不同等，对人口的记载不甚明晰，笔者综合土地垦殖情况，整理列表以反映当时的大概情况（见表2-1）。

表2-1 漳州的人口与耕地

序号	时间	所辖县	人口	耕地
1	咸亨二年（671）			开垦荒地3万多亩
2	仪凤二年（677）			"唐化里"
3	垂拱二年（686）	怀恩、漳浦	1690户	
4	景云二年（711）			以西林堡（今云霄县火田）为中心，逐步向外扩展，置堡36所，每堡以1个旅百人布置，人垦10亩，共垦殖3.6万亩

---

[1] 漳州市计划生育委员会编印《漳州人口志》，1992，第8、9页。

续表

序号	时间	所辖县	人口	耕地
5	大历十三年（778）	漳浦、龙溪、龙岩	5846 户 17940 人	
6	淳祐年间 （1241~1252）	龙溪、漳浦、长泰、龙岩	112014 户 160566 人	
7	宋朝			军屯制度，其中宋初屯田 2.5 万亩，南宋屯田 1.5 万亩
8	至元二十二年 （1285）			屯田 2.5 万亩，募人耕种，免 6 年租税和一切杂役
9	至正二十六年 （1366）			漳州大兴屯田，养耕牛 600 头，共屯田 2.5 万亩，后调整为 1.5 万亩
10	元末	龙溪、漳浦、长泰、龙岩、南靖	31695 户 101306 人	
11	洪武三年 （1370）			《屯田法》，漳州海防卫所的兵卒，三分守城，七分屯垦。人授田 30 亩，给予耕牛、粮种，地方政府收田租，每亩米 1 斗
12	洪武二十四年 （1391）			漳州官、民田 1082598 亩
13	弘治十五年 （1502）	漳浦、龙溪、龙岩、长泰、南靖、漳平	49335 户 266561 人	
14	正德七年 （1512）			明初泉州、永宁两卫在龙溪、漳浦、长泰、南靖等县实行军屯，屯田 10255 亩，漳州镇海卫屯田 53458 亩，实征租米 10870 石
15	正德十年 （1515）			调回屯兵，屯田由民户顶耕，实行"民屯"。龙溪镇海卫仍实行军屯，垦殖 607.82 亩
16	嘉靖三十一年 （1552）	漳浦、龙溪、龙岩、长泰、南靖、漳平、平和、诏安	48572 户 324334 人	漳州屯田 54028 亩，实征米 10955 石
17	隆庆五年（1571）			漳州官田、民田及塘、溪、渡共 10238 顷 93 亩 6 分 7 厘 9 毫。屯田 54491 亩（包括泉永屯田数），实征米 11049 石，每亩征米 2 斗
18	万历四十年 （1612）			漳州官田、民田、僧田及塘、溪、渡共 12453 顷 86 亩 8 分 4 厘 5 毫

续表

序号	时间	所辖县	人口	耕地
19	顺治三年（1646）		人口减少十分之六七（约15万人）	"迁海"政策，荒弃田地27万余亩
20	康熙八年（1669）			实行更名田，规定原明朝藩王的土地归耕种人所有
21	康熙二十年（1681）			清政府鼓励开荒，规定"开荒垦地，俱加宽限，通计十年，方行起科"
22	康熙五十一年（1712）			漳州府耕地总数为1274408亩
23	乾隆四十一年（1776）	龙溪、漳浦、海澄、南靖、长泰、平和、诏安	148311人	
24	道光九年（1829）	龙溪、漳浦、海澄、南靖、长泰、平和、诏安、云霄厅	222000户1496138人	
25	清朝			漳州共屯田52750亩，其中龙溪3886亩，漳浦16338亩，海澄3473亩，南靖14154亩，长泰8927亩，平和1969亩，诏安4000亩

资料来源：漳州市计划生育委员会编印《漳州人口志》，1992，第6~9页；福建省漳州市土地管理局编《漳州市土地志》，2000，第8~11页；《漳州农垦志》编纂委员会编《漳州农垦志》，1993，第9页。

具体观察浦南地区沿江的古村落名称，即可发现村落名皆与流水有关，如香洲、松洲、溪园（古称溪环）、渡东（古称水东）、水流、碧溪、玉兰（玉水、兰水）。"洲"，即"水中小块陆地"；"浦"，古代九龙江及其支流冲刷形成的大小低洼地，先民称"低浦"，学者称"湿地"。根据低浦的地理位置，先民分别称"浦口"、"仙柑浦"（今浦林）、"浦西"、"浦南"等，如浦南位于低浦之南。至于溪环、水东、水流等村社人口的定居、耕地的开辟，可看出与九龙江北溪密切相关。

中原人口移民至漳州，带来了先进的农业生产技术并将其推广。垦殖的土地面积无疑是增加的，可是人口的增加速度更快。九龙江流域开发最早的是下游平原丘陵地区，该区形成农业较为发达的沿海经济区域。下游有限的土地承受不住人口增长所带来的粮食需求压力。加上宋末元初农业生产由于连年战乱遭到严重破坏，粮荒不断。从明朝开始，人口不断地沿九龙江向上迁徙到中游地区，进行开发，恢复农业生产。[①] 月港兴起后，农民为了谋利，改稻田为甘蔗田、烟草地，农产品商品化趋势加强。加上人口增多，缺粮更加严重，除长泰粮食之地，其他地区通常都要从省外、国外输入大量粮食。到清代，由于海禁和闭关自守政策的影响，直接的海外贸易有所衰落，但粮食市场仍然不断发展扩大。[②]

二 古道

秦汉时期用兵南越和闽越，漳州成了闽、赣、粤间的交通要冲，主要有两条路线：一是由延平（今南平）南下，经今沙县、永安、大田、安溪、华安抵漳州，称西北路；一是由东冶（今福州）南下，经今莆田、泉州、同安、长泰抵漳州，称北路。两路在漳州交会南下，经今漳浦、云霄、诏安入南粤，即漳州南路。[③] 唐初陈元光沿袭秦汉以来的交通布局，开辟古代驿道，以郡治为中心向四方拓展延伸，于四境设置"行台"：一在游仙乡松洲堡（今浦南），上游直至苦草镇（今龙岩）；一在安仁乡南诏堡（今诏安），下游直至潮之揭阳县；一在长乐里佛昙桥，直抵沙澳里太姆山而上（今龙海港尾一带）；一在新安里芦溪堡，上游直抵太平镇（今龙岩永定）。道路通达，北抵泉建，南逾潮广，西至虔抚，东至海岛。以漳州为中心的道路交通网初具雏形。南宋，东架虎渡桥，南筑薛公桥头铺砌石路，设铺、立馆，于要道上随铺立庵，赡僧待客，方便商旅。明代，增辟沟通沿海的东南驿路，县乡道路有较大发展，驿铺设置较为完善。迨至清代，官方大路基本稳定，城乡之间道路交织。

（一）西北路——揭鸿塞古道

《龙溪县志》载："揭鸿岭（按：汉称葵岗岭，今为金沙岭），去城西

---

① 林依秋主编《漳州市粮食志》，厦门大学出版社，1995，第1页。
② 林依秋主编《漳州市粮食志》，厦门大学出版社，1995，第25页。
③ 漳州市交通局编《漳州交通志》，东方出版社，1993，第1页。

北四十里，汉唐时西北向长安故道，由安溪、大田以行，今道废。"① 这条古道是漳州直达中原地区的捷径，在漳州境内共计180多里。汉唐时期，这条古道还是漳州朝京孔道。唐宋以后，虽非官方驿道，亦属经行要道。路线走向：出北城门，旱路经乌石（今石亭镇），逾揭鸿岭（岭下今为吉洋），至华安汰内，路沿北溪上溯，至新圩岭兜、历龙头岭（今华封岭），抵华封（今华安县城关），再由华封越骡仔岭向安溪、大田北行，经沙村（今沙县），抵延平（今南平）与秦汉入闽大路衔接。②

（二）北路——长泰大路

唐宋漳郡朝京晋省要道。道路走向：出东城门，路经古塘、坂头堡、崎岭至鳌浦渡（旧称云英渡），越北溪，在郭坑渡头（蓬洲渡）起岸，沿龙津溪上溯，经半岭亭（五里亭），抵长泰县城，再由长泰溪园往东，顺朝京路，历朝天岭，抵同安深青驿（今灌口），北上经泉州、莆田达福州，而后沿福州官路进京。

南宋，柳营江虎渡建桥，辟江东大路，漳郡朝京晋省改由江东大路通行，长泰大路已非要道，朝京驿废。

（三）东路——江东大路（福州官路）

江东大路辟于南宋淳熙年间（1174~1189）。绍熙元年（1190），江东虎渡架设浮桥，漳州朝京晋省改由江东大路通行，称驿道。道路走向：出东城门，往东经赤岭（今龙海步文）、鹤鸣、马岐，出万松关，抵江东驿，经石井、官桥、龙江至同安深青驿，长80里，接泉州大路，北上福州。此为闽粤两省交通纽带。

（四）南路——漳潮大路（闽粤古道）

漳州至潮州揭阳是秦汉古道，唐为驿道，是闽粤重要的政治、军事、经济交通路线。

道路走向：出南城门南下，经檬林、木棉，历九龙岭，至甘棠驿，经三古、长林（今长桥）、饭盘、罗山，至漳浦驿，越盘陀岭，经火田至云

① 江国栋修、陈元麟等纂《康熙龙溪县志》卷九"疆域"。
② 漳州市交通局编《漳州交通志》，东方出版社，1993，第1页。

霄驿，经径心、大陂，至南诏驿（诏安），然后出分水关，总长 290 里，抵粤东潮州经惠州达广州（宋称循州）。

(五) 西路——漳汀大路

漳汀大路是漳州经龙岩、汀州，出隘岭入江西虔（州）抚（州）的闽赣交通孔道，辟于唐，宋置驿亭，称"平南驿道"。清雍正十二年（1734），龙岩改为直隶州后，境内道路走向：由西城门出，经茶埔、天宝月岭，历峰松岭，抵龙平（今龙山）、和溪、越夫人马岭（龙岩林田岭），抵龙岩州（唐苦草镇），路长 240 里。唐、北宋旧道走向：由北城门沿西北路，经乌石，至揭鸿岭，再经月岭、峰松岭，至龙平。元末，改由揭鸿岭西山腰通行。唐光启元年（885），寿州王绪、王审知兄弟率农民军由赣南入闽，即由该路入漳，而后抵粤东。元代汀漳一带抗元义军，沿此线攻州陷邑。元至正八年（1348），元政府在汀漳二州置元帅府。①

无论是西路、西北路、北路还是东路，都途经北溪中下游山海交界处，这一地带是重要的交通枢纽。另有南路疑为后文要讨论到的陈元光父子入闽路线，故予以保留。

三　航道疏浚

九龙江北溪航线为九龙江主流航线，木帆船运输历史悠久。明万历四年（1576）设南路分司以盐运同知一员驻扎于漳州柳营江（江东桥），可见当时北溪盐运盛况。及至 20 世纪 50 年代，北溪帆船运输仍十分繁盛，主要航线有 3 条：华崶—梅水坑—漳平、石码—新圩、石码—岩溪。以石码—新圩为主要航线。②

九龙江北溪水系开拓于唐垂拱三年（687）建漳州时，刺史陈元光遣部属刘珠华、刘珠成、刘珠福三兄弟，沿北溪上溯，疏浚河道，兴修水利，从此可通舟楫。后人为纪念他们的功绩，建"三公庙"祭祀。③

北宋熙宁年间（1068～1077），谢伯宜疏通龙海九十九坑之水，使其

① 漳州市交通局编《漳州交通志》，东方出版社，1993，第 2、3 页。
② 漳州市交通局编《漳州交通志》，东方出版社，1993，第 221 页。
③ 蔡立雄主编《闽西商史》，厦门大学出版社，2014，第 34 页。

流通月溪，山区农副产品得以畅运。①

南宋淳祐二年（1242），丁知几自石美港口至角美，凿渠5公里多，此官港以通舟楫利农田。②

南宋景定元年（1260），汀州的上杭、连城、武平三县改食漳（州）盐。食盐供应路线的变更使汀州与漳州的联系加强，九龙江航运也更为活跃。③

明嘉靖年间（1521～1566），上杭—永定—湖雷—抚溪（今抚市）—龙潭—漳州的驿道修通，围绕永定形成一个辐射粤、汀、漳，连接沿海的水陆交通网络。④ 永定路的开辟缩短了汀州与漳州的交通路线。汀、漳交通改善后，人们通过韩江还打开了漳州到潮州的交通线，密切了九龙江流域和韩江流域经济区域的联系。⑤ 在官方和民间的共同努力下，由漳州沿海通过永定与广东相接的新驿道得以建成，形成粤、汀、漳的交通网络。⑥

明中叶后，龙岩州牧对原有连接龙岩与漳平、宁洋的官路进行修缮。汀江和九龙江流域的水陆交通已经基本形成规模。⑦

万历元年（1573），龙岩县令黎绍洗凿开了龙岩到雁石津头之间横亘的观音座石，使水运上溯到龙岩城区。龙岩成为江西、汀州、延平和建宁通往漳州的重要枢纽。⑧ 取道龙岩或者永定，可连接九龙江流域与韩江流域的水路，这样就形成了一整个粤、汀、漳的交通网络，汀、漳、潮形成了一个经济圈。⑨

到明晚期，中央政府实施海禁，漳州月港成为沿海主要贸易中心，这使得九龙江航道得以贯通，同时漳龙、汀龙之间的陆路交通得到进一步改善。⑩

---

① 黄剑岚主编《龙海县志》，东方出版社，1993，第221页。
② 黄剑岚主编《龙海县志》，东方出版社，1993，第221页。
③ 蔡立雄主编《闽西商史》，厦门大学出版社，2014，第46页。
④ 蔡立雄主编《闽西商史》，厦门大学出版社，2014，第107页。
⑤ 蔡立雄主编《闽西商史》，厦门大学出版社，2014，第85页。
⑥ 蔡立雄主编《闽西商史》，厦门大学出版社，2014，第96页。
⑦ 蔡立雄主编《闽西商史》，厦门大学出版社，2014，第96页。
⑧ 蔡立雄主编《闽西商史》，厦门大学出版社，2014，第46页。
⑨ 蔡立雄主编《闽西商史》，厦门大学出版社，2014，第85页。
⑩ 蔡立雄主编《闽西商史》，厦门大学出版社，2014，第84页。

清时九龙江上的航运已呈繁荣景观，在九龙江上出现了专业的航运人员，专靠航运为生。[1]《漳州府志》记载："南北溪有水居之民维舟于岸，为人通往来，输货物，俗呼曰'泊水官'。"[2]

漳州航道开拓始于唐初。陈元光创建漳州时，采取"重农垦、兴水利"的经济政策，他组织军民疏河治道，开辟内河航线，发展水路交通。历代有识之士，把"开渠筑坝、引水灌溉"与"疏治河道、畅通水运"结合起来，漳州内河航道逐步发展。明清以来，历朝政府对河流的治理，多侧重于筑堤防溢、引水灌溉，致使河道长期处于自然淤积状态，久失疏治，变化日甚。[3]

四　战争动乱

由长泰盐津溪进入浦南一带，沿着北溪干流上溯，可至汀州一带，是闽粤的政治军事交通要道，历来是兵家必争之地。比较重要的兵灾民祸概括如下：

> 绍兴十四年（1144），漳州大水灾，禾谷歉收。十二月，汀州农民军华齐袭击漳州之长泰县，安抚司派兵弹压，为农军击败。翌年，后军统制张渊出兵，始平定。[4]
>
> 淳熙八年（1181），潮州民沈师聚众起事，进攻汀、漳等地，后被赵师宪诱杀。
>
> 淳熙十三年（1186），杨勃率农军500余人袭占长泰县城。[5]
>
> 绍定三年（1230），汀州民晏梦彪（一作晏彪）率盐贩百余人，攻破建宁、宁化、清流、泰宁、将乐、邵武等地，率众至万余人，再进至龙岩、长泰、永春、德化诸县。
>
> 宋景炎三年（1278），陈吊眼率部袭取漳州城。元将拔都率大军

---

① 蔡立雄主编《闽西商史》，厦门大学出版社，2014，第122页。
② 沈定均修、上海书店出版社编《中国地方志集成　福建府县志辑29　光绪漳州府志》，上海书店出版社，2000，第916页。
③ 漳州市交通局编《漳州交通志》，东方出版社，1993，第77页。
④ 漳州市地方志编纂委员会编《漳州市志》（5卷本），中国社会科学出版社，1999，第15页。
⑤ 漳州市地方志编纂委员会编《漳州市志》（5卷本），中国社会科学出版社，1999，第16页。

南下追击文天祥，直取漳州。①

至元二十五年（1288），循州农军万余人攻漳浦，泉州农军2000人攻长泰，汀赣畲民千余人攻龙溪，皆被元兵镇压。

至元二十六年（1289），漳州义军陈机察等8000人攻龙岩。畲氏邱大老1000余人攻长泰，为元军脱欢、高杰镇压。

至正五年（1345），农军万贵与嘉禾千户何迪立攻漳，围长泰天成寨。②

至正二十五年（1365），泉州万户赛甫丁反元，率2000人攻长泰。

洪武十四年（1381），龙岩县发生民变，自立官属，侵掠龙溪县。③

正统十三年（1448）八月，沙县人邓茂七于宁化起义，聚众数万，自称铲平王，攻陷沙县、龙溪、汀州、长泰、龙岩、南靖等20余县。④

嘉靖二十七年（1548）始，盘踞在浙江的倭寇逃至浯屿为巢，翌年，犯月港。嘉靖三十六年（1557）至四十三年（1564），漳州倭患不断。⑤尤其是嘉靖四十年（1561）倭寇大举进犯，北溪中下游地区深受其害，《银塘赵氏族谱》《碧溪杨氏家谱》均记载房屋被毁、人员逃亡之惨象。

顺治三年（1646）十月十九日，清军由漳平北溪攻入漳州，随后各县相继归附，漳州始入清版图。

顺治九年（1652），郑军进兵海澄，继进军江东，攻取长泰并击败清总督陈锦援兵。⑥

康熙十七年（1678）十二月，姚启圣等于江东桥击败刘国轩。⑦

乾隆十三年（1748），长泰、漳浦、海澄等县有父母会、上帝会、祖师会等秘密结社活动。⑧

---

① 漳州市地方志编纂委员会编《漳州市志》（5卷本），中国社会科学出版社，1999，第17页。
② 漳州市地方志编纂委员会编《漳州市志》（5卷本），中国社会科学出版社，1999，第18页。
③ 漳州市地方志编纂委员会编《漳州市志》（5卷本），中国社会科学出版社，1999，第19页。
④ 漳州市地方志编纂委员会编《漳州市志》（5卷本），中国社会科学出版社，1999，第20页。
⑤ 黄剑岚主编《龙海县志》，东方出版社，1993，第770页。
⑥ 漳州市地方志编纂委员会编《漳州市志》（5卷本），中国社会科学出版社，1999，第26页。
⑦ 漳州市地方志编纂委员会编《漳州市志》（5卷本），中国社会科学出版社，1999，第28页。
⑧ 漳州市地方志编纂委员会编《漳州市志》（5卷本），中国社会科学出版社，1999，第29页。

道光三十年（1850）六月，海澄人江源、江发兄弟和龙溪天地会首领陈庆真等人，在厦门正式建立小刀会。

同治三年（1864），太平天国侍王李世贤部由闽西汀州、永定入漳境。①

明代以前，北溪中下游一带与中原地区对比，受到战争的影响较小，相对安定。但小规模的骚乱一直困扰着该地区。明中晚期开始，战乱就比较频繁了。在短则一二十年，长则六七十年的太平生活间，兵灾民祸接连发生，山贼海寇骚扰不断。其中，长泰是漳州的粮仓，每遇灾年，首当其冲。北溪沿岸一带正常的耕种所得经常被洗劫一空，生命安全受到威胁，生存都成为问题，民众不得不团结起来，筑寨建垒，保卫家园，养成一身的剽悍之气。

在芗城区浦南镇的溪西，九龙江西岸龙峙山下发生多次战役。清顺治九年（1652）正月初十，郑成功攻占长泰，清朝守漳总兵王邦俊率军救援，在溪西与郑成功激战，王不敌败退。23 日，王邦俊又纠集一批兵马复来，再败。顺治十八年（1661）二月，郑成功东征台湾，建立反清复明的基地。翌年，郑成功逝世，由他的儿子郑经袭爵。清康熙十三年（1674），靖南王耿精忠据福建反清，并约郑经出兵攻打清朝。十四年四月，郑经率五万大军，委刘国轩统领，在福建、广东打了许多胜仗，声威大震。②康熙十七年（1678）九月，刘国轩攻占长泰，福建总督姚启圣发令攻长泰。"国轩率二十八镇还漳州，筑十九寨。九月，以吴淑、何祐、江胜等十一镇，可二万人，军浦南，而自率林升、林应、吴潜、陈昌等十七镇，可三万人，军溪西，直逼漳城之北，军容烜赫。翌日，决胜于龙虎山。"③

以"兴汉灭胡"为宗旨的符仔会，于金沙村、南山村一带兴旺起来，以"反清复明"为宗旨的三点会（天地会的别名），在鳌浦村一带也兴旺起来。刘国轩败溪西一役，符仔会的蔡寅率领教徒攻打漳州策应失败。三

---

① 漳州市地方志编纂委员会编《漳州市志》（5 卷本），中国社会科学出版社，1999，第 31 页。
② 杨惠民：《刘国轩败溪西》，政协芗城区文史资料委员会编《漳州芗城文史资料合订本》（第 4 卷上），2009，第 2265 页。
③ 连横：《刘国轩列传》，《台湾通史》（下册），商务印书馆，2010，第 569 页。

点会会员悄悄参加抗清队伍。在浦南西溪清军与郑军的战役中，郑军被斩首者数千人，不愿被俘投水溺死者接近一万人，溪水赤色，尸骨截流。[①]此后，有识之士皆不愿吃溪西湾的土鲇。后民众为战死的将士建立大众墓，重建溪西大众祠碑。[②]

太平军李世贤进占漳州之后，虽标榜不扰民，却也烧了村寨，如"六房寨"，还有碧溪村杨氏的祖厝。与清军鏖战以后，双方众多尸体腐烂，发生瘟疫，有十几个社由此废了，富裕的店仔圩（浦南镇，位于漳州通往龙岩的交通要道）也废了。几年之后，行善的人看见白骨露于荒野，雇人在鳌头麒麟山挖了大坑，收捡白骨建了义坟。[③]

经年累月的兵灾战乱，不仅破坏了社会经济的发展，还造成了死相枕藉、十室九空的惨象，引发了疫疠。

五　疫病横行

漳州处于北纬25度以南的地带，气候热湿，植被茂密，山地丘陵地形闭塞，提供了诸种毒物孕育、生长的温床，滋生出大量有毒草木、禽虫或毒气，暖热气候成为瘴气产生的根源。[④] 瘴字原写作"障"，"瘴"字正式见于著录始于南朝梁顾野王所作《玉篇》，释"瘴"为："疟疠也，疫也。"由瘴气导致的疾病被称为瘴病，即疟疾（恶性疟疾）或流行病、传染病。[⑤]

历史上，漳州受瘴病的影响很大。行旅、渡河优先选择在津渡水面或岸边不发、少发瘴气的季节。"陈政渡溪西"在当地乡老中口耳相传。溪西今香洲溪园一带，开发较早，作为早先的津渡水面，当属不发、少发瘴气之处。在唐宋时期漳州城因严重的瘴疫流行，而不得不移徙到另一个新

---

① 杨惠民：《刘国轩败溪西》，政协芗城区文史资料委员会编《漳州芗城文史资料合订本》（第4卷上），2009，第2266页。

② 杨惠民：《刘国轩败溪西》，政协芗城区文史资料委员会编《漳州芗城文史资料合订本》（第4卷上），2009，第2267页。

③ 芗城区浦南镇民间文学集成编委会：《中国民间文学集成·福建卷·芗城区浦南镇卷》，华安印刷厂印刷，1991，第94页。

④ 周琼：《瘴气研究综述》，《中国史研究动态》2006年第5期。

⑤ 萧璠：《汉宋间文献所见古代中国南方的地理环境与地方病及其影响》，《史语所集刊》第63本第1分，1993。

地点。《元和郡县图志》卷二十九"江南道五"记载说漳州"初置于今漳浦郡西八十里，开元四年（716）改移就李澳川，即今漳浦县东二百步旧城是。……乾元二年（759）缘李澳川有瘴，遂权移州于龙溪县置，即今州理是也"。在漳州西边的汀州则系唐玄宗"开元二十四年（736）开福、抚二州山洞置"，"州初置在杂罗（今福建龙岩），以其地瘴，居民多死。大历十四年（779）移理长汀（今福建长汀）白石村，去旧州理三百里。福州观察使承昭所奏移也"。

直到宋代漳州依然有瘴病分布。《太平寰宇记》卷一百二"江南东道十四·汀州"、《梦溪笔谈》卷二四载："漳州界有一水，号乌脚溪，涉者足皆如墨，数十里间水皆不可饮。饮皆病瘴。行人皆载水自随。"① 《补笔谈》说岭南"溪涧中水皆有毒"②。此缘于蚊蚋乐于滋生在流速缓慢、水质清凉的溪流岸边杂草中，瘴病一般发生在高温多雨的夏秋季节，尤以伏秋为盛，而山区几乎全年都可传播。王安石《送李宣叔倅漳州》诗说"瘴疠春冬作"，正说明了瘴疠传播期长，即使在冬季也可以发病。③

至于《图书编》所载明代的瘴地漳州，有瘴之县仅限于龙岩、漳平，而龙溪、漳浦、长泰则被归为"无瘴之县"，这在某种程度上肯定了后者的开发成熟程度。但疫病并没有在漳州界内消失，相关史料记载随处可见：

（龙溪）明道二年（1033），漳州、龙溪疟疾流行。

（福建）时福建奏：自去秋（1475）八月以来，诸郡县疫气蔓延，死者相继，加之水旱盗贼，斗米百钱，民困特甚。④

（福建）成化二十三年（1487）三月，福州等府州县连年灾伤，民饥，疫起。⑤

（龙溪）万历三十六年（1608）自正月至五月，疫作。⑥

（海澄）万历三十六年（1608），正月疫起至五月止，又自三月不

① 沈括：《梦溪笔谈全译》，金良年、胡小静译，上海古籍出版社，2013，第234页。
② 齐豫生、夏于全主编《梦溪笔谈》（《补笔谈三》），延边人民出版社，第177页。
③ 龚胜生：《2000年来中国瘴病分布变迁的初步研究》，《地理学报》1993年第4期。
④ 《明实录》（第168册），《明宪宗实录》卷149成化十二年条，第1~2页。
⑤ 《明实录》（第187册），《明宪宗实录》卷288，第2~3页。
⑥ 吴宜燮：乾隆《龙溪县志》卷20"祥异"，清乾隆二十七年（1762）刻本，第4页。

雨至六月，人凋而米价奇涌。①

（龙溪）崇祯十三年（1640），正月朔日食。是年，郡城火，大疫。②

（龙溪）顺治九年（1652），海寇围城，城内人相食，斗米值钱五十两。围解，收颅骨得七十三万，疫大作，死者无数。③

（海澄）乾隆十八年（1753），疫，民毙，牛马死无数。④

（龙溪）嘉庆二十五年（1820）秋八九月，大疫，男女吐泻暴卒，不可胜数。⑤

（长泰）德宗光绪十四年（1888）六七月，疫始发于城厢，日毙三十余人。旋传染乡村，棺木供不应求，为空前未有浩劫。⑥

（长泰）光绪二十九年（1903），四月鼠疫，城厢死亡甚众。⑦

（华安）自光绪二十六年（1900）至三十二年（1906）间，在华丰、西破、罗溪、草坂、下坂、仙都、龙峰、中圳、招山、岭埔、云山、下林、市后、和春、平东、下垅、福田、日新、宝山、丰山、上坪、黄枣等54个村流行鼠疫，患者数1230人，其中死亡948人，病死率为77.07%。传染来源主要是漳州运骨肥引起新圩发病扩散及漳平赶集引起和春、福田发病。⑧

自古漳州多湿热瘴病，常流行疫病，与其独特的地理环境和气候条件有关，北溪中下游山海交界地带山峦连绵，毒蛇猛兽出没其中；树木高耸、杂草丛生，自生自灭、腐烂发臭。如漳州属县龙溪（包括海澄）西、北、南群山环抱，腹地平原广袤，东南濒临浩瀚的东海和南海；长泰属南

---

① 邓廷祚等：《海澄县志》，台湾成文出版社，1968，第208页。
② 吴宜燮：乾隆《龙溪县志》卷20"祥异"，清乾隆二十七年（1762）刻本，第5页。
③ 吴宜燮：乾隆《龙溪县志》卷20"祥异"，清乾隆二十七年（1762）刻本，第6页。
④ 邓廷祚等：《海澄县志》卷十八"灾祥"，台湾成文出版社，1968，第211页。
⑤ 光绪《新增补龙溪县志》之"祥异"，第83页。
⑥ 上海书店出版社编《中国地方志集成　福建府县志辑32　康熙平和县志·乾隆南靖县志·民国长泰县新志》卷一"大事"，上海书店出版社，2000，第494页。
⑦ 上海书店出版社编《中国地方志集成　福建府县志辑32　康熙平和县志·乾隆南靖县志·民国长泰县新志》卷一"大事"，上海书店出版社，2000，第494页。
⑧ 华安县地方志编纂委员会编《华安县志》，厦门大学出版社，1996，第656页。

亚热带海洋性气候，气候较为温暖，四季如春，雨量充沛。华安属南亚热带向中亚热带过渡段，旱涝灾害频繁发生。① 洪涝灾害漂没田舍，大量人畜伤亡，浮尸遍野，旱灾致使"井泉干涸、种不入土、禾稼无收、赤地弥望、饿殍载道"②，加上经年累月的兵灾战乱引起的死相枕藉、十室九空，这些都是引发疫疠的缘由，也是开发漳州地区避免不了的现实状况。

此外还有漳俗信巫不信医与缺医少药的现实存在。庆历六年（1046），蔡襄《太平圣惠方后序》载，"闽俗左医右巫，疾家依巫索祟，而过医门十才二、三，故医之传益少"③，整个福建医药的传布受到显著影响。南宋梁克家说："庆历中，蔡公襄为守，尤深恶疾家依巫索祟之弊，盖非独古田然也……然不择贵贱，愚者常易惑；不问富贫，弱者常易欺。故风俗至今未能尽革。每一乡率巫妪十数家，奸民与为道地，遇有病者相为表里，既共取其货赀，又使其不得访医问药以死。如是者可痛也。"④ 信巫不信医、有病不先求医也暴露了南方缺医少药，在交通不便的地方尤其如此。就算有少数医师，不仅其医术有限，也难在市场上买到药材。"盖岭外良医甚鲜，凡号为医术者，率皆浅陋。又郡县荒僻，尤乏药材；会府大邦，间有医药，且非高价不售，岂闾阎所能办？况于山谷海屿之民，何从得之？彼既亲戚有疾，无所控告，则不免投诚于鬼，因此而习以成风者也。"⑤

最后，疫病横行与九龙江沿河居民的生产、生活习惯有关。九龙江北溪无疑是当地民众的母亲河，它提供着生产、生活用水。渔民以河为田，以捕获河中鱼虾为生，"贡珠门"的记载即可佐证。"陆事寡而水事众"，民众常在水上、水中或水边与水接触。古代河流除了汇集各河段的泥沙杂

---

① 曾毅凌：《明清闽南疫病流行状况研究》，硕士学位论文，福建中医药大学，2010，第5~7页。

② 林汀水：《明清福建的疫疠》，《中国社会经济史研究》2005年第1期。

③ 《淳熙三山志》卷三九"土俗类一·戒论·勤用医"，纪昀等总纂《景印文渊阁四库全书》第484册，台湾商务印书馆，1983，第465页。

④ 《淳熙三山志》卷九"公庙类三·诸县祠庙"末自注，纪昀等总纂《景印文渊阁四库全书》第484册，台湾商务印书馆，1983，第99页。

⑤ 万历四年（1576）广东布政使邹善重刊时命娄医安道附以八证及李东垣《药性赋》于后，安道按语云："北人初至百粤，及于遐荒绝域之地，其业医者，既鲜且缪。"（邹善《岭南卫生方》"原序"及卷下按语）可见医药在岭表的传布到这时还在许多地方存在不少困难。

物，也承受着民众的生产生活垃圾废物。尽管江河广大，自净能力较强，但生活废弃物日积月累地排入水中，使水受到污染，会造成严重的后果。譬如，受到有血吸虫病的患者所排泄的含有血吸虫卵的粪便的污染，在水畔活动或经过的人就会受到血吸虫病的侵袭。南方先民凿井的历史很早就有，但直到20世纪六七十年代，为数极多的南方民众仍以天然的河流溪泉作为直接饮用水。在北溪浦南一带，古井甚少，只有一两口，且主要是发挥风水而非饮用功能。因此，这也是疫病或早期的瘴气来源之一。

| 第二章 |

唐代北溪中下游蛮荒之地的开辟
与族群结构的演变

第一节　北溪中下游的早期居民及其族群演变

福建地区开发较晚，漳州地区又是闽地中开发最晚的地区之一。尽管汉人入漳较晚，但并不代表漳州在此之前是一片蛮荒。当地少数族群在此间的早期开发及拓展，于北溪流域乃至于整个漳州，具有不可磨灭的贡献。

一　地理位置

漳州初建后在相当长的时间内分属于两个不同的行政区划：北属汉代的冶县，晋、宋的晋安郡，唐代的泉州；南属汉代的南海王国或揭阳县，晋、宋的义安郡，唐代的潮州。唐代陈元光入漳也主要是平潮州寇，且绥安县（包括漳浦、怀恩二县大部）属义安郡即唐潮州，当时漳州大部分属潮州辖地。漳州建州后划归岭南道很长一段时间，同样基于此。可是，无论是潮州还是泉州南端都远离中原，不在任何一条交通要道上。"古代中原通岭南的路线，或从海道直达广州，或从陆路越五岭经韶州（今韶关）趋广州"，"从福建方面来说，古代从中原入闽或经江西通过今在光泽县境的杉关南下，或经浙江通过今在浦城县境的仙霞岭南下，或经浙江通过今在福鼎县境的分水关南下；也可以从海道直达福州"。潮州是岭南地区最偏远荒凉的地方，而泉州南端（漳州）同样是福建境内最偏远荒凉的区域。正是这样的地理特点，使得漳州境域在唐初以前，"山高皇帝远"，中央统治者鞭长莫及，成为南方少数族群"蛮獠"长久聚居的重要根据地。①

二 少数族群聚居地

少数族群聚居在北溪中下游今华安、浦南一带。《舜书·典》载"窜三苗于危"，指的是三苗国躲避华夏族的攻击，逃到高山密林，福建境内的少数族群也是如此。这一带山高林密，气候湿热，且临近福建最大的平原漳州平原。平原和山区交错，可以有效避免雨季洪水的危害，并且野生食物资源丰富，采集、渔猎能够为长期的稻作栽培提供必需的生存保障，②"可耕可退，可渔可猎"是比较理想的早期定居点。据当地人介绍，名称带"仙"字的地方，在过去是少数族群居住、活动的地方。这一带众多的地名都以"仙"字表达，如仙都社、仙字潭、仙岭（今金沙岭）、仙柑浦（今浦林）、仙亭（今松洲）、福清仙（今福林村）等。

浦南金沙村以西十多公里处为九龙江北溪支流汰溪，汰溪中游北岸峭壁上有5处共刻画了20个图形文字，被称为"仙字潭摩崖石刻"（见图2-1-1）。据《太平广记》载，有人摹写这些图形文字去请教唐朝河南令韩愈，韩愈译为"诏赤黑视之鲤鱼天公卑杀牛人壬癸神书急急"，说"详究其义，似上帝责蛟螭之词，今戮其害也"。清嘉庆年间（1796~1820）蔡永兼著《西山杂志》，说仙字潭摩崖石刻是"七闽"石刻古文。1935年广州岭南大学黄仲琴发表《汰溪古文》，认为摩崖石刻"疑即古代蓝雷民族所用，为爨字或苗文之一种"。此后，尽管有许多学者发表各种各样的看法，但迄今无定论。汰溪可通往汰内桃源洞，洞大有水，是古越族人的聚居点，种种迹象说明唐代以前龙溪县二十三四都、二十五都、二十六都（今芗城区浦南、浦林和华安汰内）是少数族群聚居地。③

---

① 谢重光：《陈元光与漳州早期开发史研究》，台湾文史哲出版社，1994，第119~121页。

② 戴天放：《农业环境变迁与生态农业发展——基于鄱阳湖流域的研究》，经济管理出版社，2014，第71页。

③ 杨惠民、王和贵：《浦南史话》，政协芗城区文史资料委员会编《芗城文史资料》（第16辑），2005，第52页。

图 2-1-1　华安仙字潭摩崖石刻①

三　少数族群的种类

一是闽越原始居民，分为山地居民与水上居民两大类型。刘禹锡关于"闽有负海之饶，其民悍而俗鬼，居峒砦、家桴筏者，与华言不通"②的言论中，"居峒砦"者即山地原始居民，"家桴筏"者为水上原始居民。韩愈称岭外十三州的原始居民为"林蛮峒蜑"③，其中"林蛮"是指山地原始居民，"峒蜑"是指水上原始居民。

水上居民在漳州原始居民中不占多数。中唐诗人顾况《酬漳州张九使君》诗言漳州风物，"薜鹿莫徭洞，网鱼卢亭洲（一作舟）"④，卢亭即指白

---

① 本书图片，如无特殊说明，均为笔者摄于田野调查期间。
② 《唐故福建等州都团练观察处置使兼福州刺史兼御史中丞赠左散骑常侍薛公神道碑》，《刘禹锡集》（卷 3），上海人民出版社，1975，第 26 页。
③ 韩愈：《清河郡公房公墓碣铭》，董诰等编《全唐文》（第六卷），中华书局，1983，第5697 页。
④ 《全唐诗》卷 264，上海古籍出版社缩印本，1986，第 658 页。

水郎——滨海水上居民,传说东晋卢循起兵造反,失败后余党逃入海岛,成为蜑民,即所谓卢亭。[1] 然而《太平寰宇记》并未在"漳州风俗"条中指出州有"卢亭"一事,《泉州风俗》却有载,即证漳州水上居民的数量有限。

山地原始居民是漳州原始居民的多数。《漳州三平山广济大师行录》[2] 主要载唐三平祖师事迹,提到平和县三平山有"山鬼""众祟",被收服后,有化为蛇虺者,有大毛人被收为侍者,称作"毛侍者"。诸如"山魈""羊化子""山鬼""众祟""大魅",即对漳州山地原始居民的蔑称。总章年间(668~669)在闽粤之交骚乱的就是属于百越族群中南越一支的"俚人"[3],自古就居住在岭南,退居山地。漳州南部旧属岭南,是俚人的分布地之一。俚人直到元代还保持"黎"的族称。[4]

二是外来少数族群——武陵蛮。武陵蛮为古代荆楚蛮之一种,以分布在秦汉时期武陵郡得名。隋唐以来,这支刀耕火种的游耕族群,受生产方式、生活习惯的制约,又迫于中原汉族外扩的压力,从湘鄂西部交界区域向南迁徙[5],迁徙路途中结合某些少数族群,进入漳州,被称为"莫徭"。武陵蛮迁入漳州的历史不能溯源于陈元光"平蛮",但上溯到中唐是不成问题的。力证之一为中唐诗人顾况《酬漳州张九使君》"薜鹿莫徭洞",即指漳州有很多莫徭。[6] 南宋时武陵蛮已大量迁入漳州,由武陵蛮与闽越原始居民融合而成的畲族形成了。南宋刘克庄《漳州谕畲》曰:"溪峒种类不一:曰蛮、曰猺、曰黎、曰蜑,在漳者曰畲。西畲隶龙溪,犹是龙溪人也。南畲隶漳浦,其地西通潮、梅,北通汀、赣,奸人亡命之所窟穴。"[7]

---

① 刘恂撰,商璧、潘博校补《岭表录异(校补)》,广西民族出版社,1988,第60~61页。

② 该碑现存漳州市平和县三平寺塔殿东壁,题为唐王讽撰,但文字可能有后世增入者。

③ "俚人",自秦汉以来广泛分布在交广地区,始称为"里",南朝时转称为"俚",或"俚獠"连称,唐代仍称为"俚",但中唐以后讹为"黎",其迁到海南岛的部分,发展为今日的黎族。

④ 更周密的考证可见谢重光《陈元光平蛮开漳的历史真相及其对漳州福佬、畲族两族群的深远影响》之"与陈元光对垒的'蛮獠'的民族属性"章节,参见江明修、丘昌泰主编《客家族群与文化再现》,台湾智胜文化事业有限公司,2009,第357~362页。

⑤ 迁徙的路线有两条,西路溯沅水逾越城岭进入岭南,折而东向,辗转到达广东潮州,进而进入漳州;东路经江西溯赣江从赣南折而向东,抵达广东梅州,有的进入汀州、漳州。

⑥ 谢重光:《武陵蛮迁入粤、闽之史迹》,《东南学术》2001年第3期。

⑦ 刘克庄:《后村先生大全诗集》(第四册),北京图书馆出版社,2004,第803页。

"猺"即"徭"，为南迁到赣闽粤边武陵蛮的统称，"西畲""南畲"为武陵蛮进入漳州衍化而成的一个新的族群——畲族。总章年间（668～669）的"蛮獠之乱"，"乱"者主要是"獠"而非"蛮"，长久被认为是"蛮"，甚至被认为是武陵地区南迁至闽粤之交的"盘瓠蛮"或"武陵蛮"，即畲族的先民，确切地说应该是畲族先民中的闽越原始居民部分。①

《福建通志》载六朝以来九龙江两岸尽属"蛮獠"。② 随着中原文化的传播和交通条件的改善，汉族移民增多，少数族群一代一代被同化，有些被迫"上山为畲、下水为蜑"，有些逐渐繁衍而聚居于山间边远地带。如：

> 坪水村位于华安县高安乡西部，海拔 860 多米，背负高山，面临坡地……地势险峻……坪水村有 64 户，户主都姓钟……
>
> 据当地祖辈传说，坪水畲族是从南京迁来的，曾在漳州府的浦南镇、松州村、宏道村、后旁村、茶菁村、州尾村等六村镇住过。从迁到华安到现在已历十三代，经过 300 多年了。……唐总章年间苗自成、雷万兴、蓝奉高、钟大妈曾经起兵反唐，反被陈政、陈元光弹压，畲族受镇压颇多。自此以后，浦南一带畲民不敢自认畲族身份，而自愿同化于汉族，但每年三月三日祭祖，仍供祖先狗头人身的盘弧画像，其传说故事和《后汉书・南蛮传》大致相同。③

武陵蛮入迁漳浦、龙海、华安等县，较多地衍化为福佬人，其中有一部分现在又恢复畲族身份。④ 如引文中提及浦南一带畲民隐瞒自己的畲族身份、原始居民身份，更有甚者转认陈元光或其部属五十八姓为祖，也声称来自中原，融合到福佬人中去。⑤ 至于那些不愿同化、坚持自己族群特

---

① 谢重光：《陈元光平蛮开漳的历史真相及其对漳州福佬、畲族两族群的深远影响》，江明修、丘昌泰主编《客家族群与文化再现》，台湾智胜文化事业有限公司，2009，第 362 页。

② 孙尔准等修《中国地方志集成 省志辑・福建 5 道光重纂福建通志（三）》卷八五"关隘・柳营江把截所"，凤凰出版社等，2011，第 179 页。

③ 钟培秀：《坪水畲族钟氏的现状和来源》，政协华安县文史资料委员会编《华安文史资料》（第 8 辑），1986，第 42、43 页。

④ 谢重光：《漳、泉二州文化形态异同论》，《华侨大学学报》（哲学社会科学版）2006 年第 3 期。

⑤ 参见谢重光《福佬人论略（上）》，《广西民族学院学报》（哲学社会科学版）2001 年第 2 期。

点的畲民，或迁移到闽东和浙南，或转移到更偏僻的深山中，如引文中所述转移到坪水村。这部分畲民自我认同的标志有二，一是盘瓠祖图，《天下郡国利病书》云"汀漳一带的蛮獠，以盘、蓝、雷为姓，信仰盘瓠"，如上文祭祖狗头人身的盘瓠画像；二是都自称祖先曾与陈元光作战，以与陈氏集团的对立作为相互认同的标志。[1] 引文中也有体现后者的相关内容。

畲民的生存空间受挤压，被迫迁徙，偶有留恋不舍归来探望故土的，在浦南一带演变成动人的传说。据说唐贞元二年（786），陈元光骨殖迁葬浦南松洲堡高坡山（今石鼓山），唐朝廷准予为陈元光赐葬立庙，猫仔精修炼的洞穴石头被打下来建松洲威惠庙。猫仔精只得到龙峙山修炼，每年趁着正月十七众神外出巡视，回来看看旧地，把庙里的桌椅踢翻过去。后庙内塑镇殿王（陈政）塑像管家，猫仔精无可奈何了。[2] 另外一些氏族由于生活需要而择地迁居，如浦南镇宏道（宏道，曾名黄渡坑，为钟、曾畲汉两族共居村落）、松洲两村畲族则是明洪武九年（1376）从外地迁到那里定居的。

四　少数族群在历史上扮演的角色

唐高宗总章二年（669），陈政、陈元光父子建立漳州，使漳州从"苗人[3]散处之乡"逐渐变成"民獠杂处"之地。汉族人口大量迁入，携带并逐渐推广先进的生产方式和生产技术，"负耒耜者"皆望九龙山而来。[4] 畲族[5]本身就是个比较重视农业的族群。畲民五六岁学习农事，农事被列为家规族训，风俗习惯对此相当重视，包括"妇女不裹足，勤耕作"。每到一处，"随山种插，去瘠去腴"，凡山间荒地"皆治为陇亩"[6]，有水源的

---

① 谢重光：《陈元光平蛮开漳的历史真相及其对漳州福佬、畲族两族群的深远影响》，江明修、丘昌泰主编《客家族群与文化再现》，台湾智胜文化事业有限公司，2009，第366、367页。

② 芗城区浦南镇民间文学集成编委会：《中国民间文学集成·福建卷·芗城区浦南镇卷》，华安印刷厂印刷，1991，第19页。

③ 南越族也有演变成苗族的。

④ 《畲族简史》编写组编《畲族简史》，福建人民出版社，1980，第18页。

⑤ 采纳谢重光畲族组成多元一体的说法，即畲族族源主要由南迁武陵蛮、闽越原始居民和畲化汉人三部分组成。

⑥ 《畲族简史》编写组编《畲族简史》，福建人民出版社，1980，第95页。

地方还辟为梯田，俨然垦荒大军。勤劳的畲民开发山区农业的成绩是不可低估的。①

在相当长的历史时段中，畲民筚路蓝缕，长期迁徙，在其分布的地理范围内，演绎与其他民族的族际互动，并努力融入主流社会。在浦南一带流传着陈淳（人称陈北溪）教鬼的故事：

> 陈淳受妻子抱怨不教书贴补家用，随口一言"教书？教鬼啦！"谁知，阴间群鬼听到陈北溪大学士要教他们，个个欢欣鼓舞，奔走相告。他们相约着赶到陈北溪家，争着拜他为师。陈北溪看到自己的一句气话居然引来群鬼，也很感动，就收下这群鬼学生。师生间互相切磋，倒也各有长进。②

剔除迷信成分，儒家先进文化对落后文化具有极强的吸引力，"鬼"向学的积极性无疑反映了这点。

除了平时的勤恳劳作、努力向学，也包括不断地反抗斗争，争取生存权和话语权。例如在唐代他们能够长期与唐王朝进行武装斗争，并且最后使集军政大权于一身的陈元光"刀伤而卒"；南宋景定二年（1261），漳州地区爆发了一次大规模的少数族群反抗斗争，由于人多势众，统治者变换手法对畲民进行招抚，宋刘克庄《漳州谕畲》一文就是这样出现的。③ 畲族较为团结，史料记载"獠蛮之蔽，互相引援"④，今天在"坪水畲族人少势孤，每遭土匪抢掠，甚至内裤、木屐都不能保存。当时保甲人员往往用袭击方法潜到坪水滥抓壮丁。坪水地势险峻，依当时民族习惯，男子居家做杂务，耕田全由妇女负责，赶圩也由妇女担任。当保甲人员在田垄间出现时候，畲妇马上入寨报讯，全部男子登时逃入深山不出。一丁被抓，畲民即呼啸而至，手执锄头、木棍、砍刀，实行围攻，非把被抓壮丁抢回不

① 钟建安：《明清时期畲族对闽粤浙赣山区的开发》，《中南民族学院学报》（哲学社会科学版）1991年第4期。
② 芗城区浦南镇民间文学集成编委会：《中国民间文学集成·福建卷·芗城区浦南镇卷》，华安印刷厂印刷，1991，第43、44页。
③ 蒋炳钊：《东南民族研究》（第2集），厦门大学出版社，2013，第524页。
④ 《白石丁氏古谱·懿迹纪》，陈支平主编《闽台族谱汇刊·漳州白石丁氏古谱》（第四十一册），广西师范大学出版社，2009。

肯罢休"。① 文中所描述的场景,似乎再现了当时畲民团结一致反抗唐朝廷统治的情景。

总之,畲族活动空间的变化过程,也是这个族群在该空间历史舞台发挥作用的过程,是整个族群实现自然、社会、政治权力身份统一的过程。②

第二节 陈氏父子启漳与北溪中下游蛮荒之地的开辟

漳州开发史,固然不能忽略当地少数族群的贡献,但更加要注意到陈元光父子开辟漳州的历史功绩。对陈元光的评价,因为评价主体立场不同,汉民族与少数族群之间存在异议;但对其作为一尊神明,则是毫无异议的。陈元光开漳事件所具有的拓荒精神成为构筑北溪早期精神社会的重要组成部分,其影响延续至今。将这股精神发扬光大的,除了已经受到关注的陈元光后人,还有追随陈氏父子的其他开漳将士的后裔,他们在北溪中下游一带肇基繁衍,成为汉民族开发北溪的先声。

一 陈氏开漳与北溪的早期开发

《元和郡县志》、《旧唐书·地理志》、《新唐书·地理志》和宋人吴舆③的《漳州图经序》,是今人所见记载漳州初建的最早文献。《元和郡县志》载:"漳州,本泉州地,垂拱二年析龙溪南界置,因漳水为名。初置于今漳浦县西八十里。"④ 两唐志与此略同。吴舆《漳州图经序》较详:

> 谨按:本州在《禹贡》为扬州之南境,周为七闽之地,秦汉为东南二粤之地。汉武平粤,为东会稽治县,并南海揭阳之地。晋、宋以来为晋安、义安二郡之地。皇唐垂拱二年十二月九日,左玉钤卫翼府

---

① 钟培秀:《坪水畲族钟氏的现状和来源》,政协华安县文史资料委员会编《华安文史资料》(第8辑),1986,第43页。
② 王建红:《融入与适应:明清漳州蓝姓畲族的崛起》,《闽台文化交流》2011年第4期。
③ 吴舆,漳州漳浦人,宋祥符进士、通判。
④ 《四库提要著录丛书·元和郡县志》(《史部》第九六册),卷第二十九,江南道五,福建观察使,北京出版社,2010,第260~264页。

左郎将陈元光平潮州寇，奏置州县，敕割福州西南地置漳州。初在漳浦水北，因水为名。寻以地多瘴疠，吏民苦之，耆寿余恭讷等乞迁他所。开元四年，敕移就李澳川置郡，故废绥安县地也。自初置州隶福州都督府，开元二十二年四月二十二日，敕割隶广州。二十八年，敕复隶福州。州本二县：一曰漳浦，即州治也。二曰怀恩，二十九年十一月二十二日，敕以户口逃亡废之，并入漳浦。①

漳州地区，商周时期因主要有七个族群在此生活，被称为"七闽之地"；战国时期被划入"九州"之一的扬州；秦朝被列入闽中郡，正式进入中央版图；西汉初年实行"分封制"时，被一分为二，北属闽越国，南属南海国，改郡县制后，北属会稽郡治县，南属南海郡揭阳县；东汉末年属侯官县；晋时属晋安郡和义安郡；南朝陈国之时属闽州、丰州；隋朝初期属泉州、建安郡，直到开皇十二年（592），今漳州地区终于结束分属两郡的局面，但漳州地区的县治却在不久后逐渐被撤销；唐初漳州被划入岭南道。"漳州"一词首见于唐。②

唐垂拱二年（686），陈元光为平潮州寇乱入漳屯守，并上书请求在漳州地区设置州县。朝廷割福州西南地置漳州，辖漳浦、怀恩二县。该地瘴疠之害严重，官民不堪其苦。州治迁移多次，唐贞元二年（786），州治迁移到龙溪县，今漳州城区。州治稳定之后，漳州不断扩大管辖范围。元至正十六年（1356），漳州升为漳州路，辖龙溪、漳浦、龙岩、长泰和南靖五个县。明洪武元年（1368），漳州路改为漳州府，隶属福建承宣布政使司。

从某种意义上可以说，漳州开发始于陈政、陈元光父子。陈元光开漳的相关事项在正史中没有记载，关于陈元光父子的家世生平、《龙湖集》的真伪、清代编纂成书《全唐文》所收的《请建州县表》《漳州刺史谢表》的真伪都曾引起争论。③ 笔者接受谢重光在《陈元光与漳州早期开发

---

① 云霄县人大常委会编《开漳祖地·福建云霄　云霄厅志》（点校本），2005，第195页。
② 黄琼：《论月港兴衰对漳州的影响》，硕士学位论文，贵州师范大学，2014。
③ 张耀堂、欧潭生、卢美松根据明清以后编纂的志书、族谱认为陈元光籍贯为河南光州固始，李乔也对其合理性进行论证；谢重光、杨际平对此提出异议，认为应为广东揭阳人，并根据唐代张鷟《朝野佥载》、林宝《元和姓纂》等材料论辩。关于《龙湖集》，何池力主其真，欧潭生、卢美松、汤漳平认为不能判定为伪作，而谢重光、杨际平在证明其伪上不遗余力。

史研究》中的相关考证，对于谢重光明确系伪的史料不予采纳，也不作过多纠缠。

据谢重光考证，陈元光先世为河东（今山西西南部）人，从祖父陈洪任职义安（今广东潮安县治）郡丞，秩满留居潮州，遂为广东揭阳人。《广东通志》载：

> 陈元光，揭阳人。先世家颍川。祖洪，丞义安，因留居焉。父政以武功著，隶广州扬威府。元光明习韬钤，善用兵，有父风，累官鹰扬卫将军。唐高宗仪凤中，崖山剧贼陈谦攻陷冈州城邑，遍掠领左，闽粤惊扰。元光随父政戍闽，父死代为将。潮州刺史常怀德甚倚重之。时高士廉有孙琰嗣封申国公，左迁循州司马。永隆二年，盗起攻南海边鄙。琰受命专征，惟事招慰。乃令元光击降潮州盗，提兵深入，伐山开道，潜袭寇垒，俘馘万计，岭表悉平。还军于漳，奏请创置漳州。①

《广东通志》与唐代陈子昂撰写的《唐故循州司马申国公高君墓志》所载基本情节符合，基本可予采信。陈元光奏置漳州后，本人及子、孙、曾孙皆为漳州刺史，有功于漳州的开发。②

幸运的是，关于漳州九龙江北溪中下游地区的开发史料相当多，陈元光平蛮开漳的事迹也可以在传世《白石丁氏古谱》的《懿迹纪》一文中得到追记。文中有些职官和地理区域使用了唐以后才出现的名称，有人怀疑其亦是伪托假造。但此文历来受治地方史志者看重，黄仲昭《八闽通志》和明清时代漳州府县志多有引录，应有较可靠的史实基础，在相当程度上反映了漳州初创时期的历史，移录如下：

> 始祖唐开漳名宦、军咨祭酒、佐郡别驾九承事郎丁府君讳儒，字学道，一字维贤。先济阳人，徙光州固始。府君童岁举进士于乡，未

---

① 阮元修、陈昌济等：《广东通志》（第一至五册）卷二百九十二列传二十五，商务印书馆，1934，第5027~5028页。
② 谢重光：《〈龙湖集〉的真伪与陈元光的家世和生平》，《福建论坛》（人文社会科学版）1989年第5期。

第。曾镇府以女许之。高宗麟德间甲子,曾以诸卫将军镇闽,府君就闽赘焉。

总章二年戊辰,天子遣将军陈政与曾镇府更代,而曾遂留寓龙江。府君通经术,喜吟咏,练达世务。将军政与语,慕焉,引为军咨祭酒。有所注措,悉与筹划,为莫逆交。政没,子元光代,府君复佐元光平寇开郡,功专帷幄。置郡治漳浦。垂拱间,承诏任佐郡承事郎。

先是,泉潮之间故绥安县地也,负山阻海,林泽荒僻,为獠蛮之薮,互相引援,出没无常,岁为闽广患。且凶顽杂处,势最猖獗,守戍难之。自六朝以来,戍闽者屯兵于泉郡之西,九龙江之首,阻江为险,插柳为营。江当溪海之交,两山夹峙,波涛激涌,与贼势相持者久之。至是府君首议与将军政阴谋,遣人沿溪而北,就上流缓处结筏连渡,从间道袭击之。遂建寨柳营江之西,以为进取,恩威并著,土黎附焉。辖其地为唐化里,而龙江以东之民陆续渡江田之。且战且招,追桀寇于盘陀、梁山之下,尽歼之。愿附者抚而籍之。咸亨四年癸酉,请于朝,移镇漳浦,以拒潮寇。阻盘陀诸山为塞。仪凤之初,抚循既熟,复进屯于梁山之外,而凶顽不敌者率引遁从林邃谷中。犹虞出没,乃募众民得五十八姓,徙云霄地,听自垦田,共为声援。盖辟土开疆,招徕黎庶,府君功称最焉。

未几,将军政没,子光代。府君复赞嗣将军元光,张皇武事,诛首恶,徙顽民,而民始畏威见德云。会有潮寇陈谦者,结土蛮苗(自)成,雷再兴等攻陷潮阳,又佐将军元光讨平之。其西北山峒之黎,林木阴翳不相通,乃开山取道,兴陶铸,通贸易,因土民诱而化之,渐成村落,拓地千里。请置郡漳浦,驻刺史以镇压之,渐成村落。垂拱二年乙酉,诏元光以玉钤卫左郎将为漳州刺史,得专制境内。丁儒以左承事郎佐郡,参理州事。统漳浦、怀恩二邑,至南诏镇。于是劝课农田、惠工通商,财用以阜。其负固未服者,率轻锐捣平之。上下闽广间始得相安故业云。

自平寇开郡,二十余年,府君屡谢事归闲,而其奉檄起任事者不一。后以循行部落,染岚气,卒于外,岁睿宗景云元年庚戌十月初□日也。明年,潮寇与土蛮复作,将军元光殒于战,漳人哀而祠之。有颂述将军父子功者，无不指称佐郡丁承事，其赞襄之力居多也。

府君初卜宅于江东象山之原，盖开屯旧地也。先龙溪为泉属邑，归闲之际，府君募民障海为田，泻卤成淡，而沿江上下暂有耕地，为吾乡永世之利。没之后，与祖妣淑人曾氏合葬丁原坑，去故居数百武。迨开元二十九年辛巳，以漳民逃亡过半，废怀恩悉隶漳浦，而割泉龙溪于漳。至德宗贞元二年，又徙州治于龙溪永宁乡唐化里登高山下桂林村，而龙溪为漳负郭县。此江东丁氏所由始也。前有席宏者，为府君撰行状。四世孙讳祖石其概于寝壁中，二十一世孙维勒谱而订为传，二十四孙世勋①复辑而成文于此。

以上记载概括起来有如下信息：

（1）丁儒，北方人，科场失意，至闽入赘于曾镇府，在军中效力，"通经术、喜吟咏、练达世务"。陈政看重他是个人才，引为军咨祭酒，遇事与之筹划，其后佐元光。丁儒与陈政父子，关系较为熟悉，"以拒潮寇"之言可为依据。

（2）泉潮之间（漳州一带）山高林密，荒凉偏远，成为众多"蛮獠"聚居之所，凶顽猖獗。自六朝以来，戍守这方水土者，只能控制九龙江东侧，以九龙江为天堑，"插柳为营"，相持不下。今天，从浦南一带的古村落渡东、溪园、碧溪都位于九龙江北溪东岸中，颇可见当年"阻江为险，插柳为营"之貌，也说明在相当长时间内九龙江西岸并不太平。

（3）总章二年（669）泉潮之间动乱，陈政便奉命自粤入闽，代替曾镇府戍守。②立脚未定之时遭受人多势众的"蛮獠"的主动攻击，只能"退保九龙山"③，据险以守，建寨于柳营江之西，重陷僵持。丁儒献计"结筏渡溪西"，继而移镇漳浦，得以在九龙江以南形势险要的盘陀山下建立进剿"蛮獠"的要塞，进而立屯于梁山之南。

---

① 丁世勋，字古臣，福建省龙海县人。清顺治年间奉旨特简文贤。传世的《白石丁氏古谱》为其于顺治十三年续修而成。

② 谢重光：《陈元光与漳州早期开发史研究》，台湾文史哲出版社，1994，第106页。

③ 沈定均修、上海书店出版社编《中国地方志集成 福建府县志辑29 光绪漳州府志》卷24"宦绩·陈政"，上海书店出版社，2000，第481页。

（4）陈氏招募英勇善战的龙溪原始居民五十八姓，以募兵弥补镇兵之不足。作为职业军人，不必如府兵轮番更代，通过长期训练和实践锻炼，这些私兵成为其军事中坚力量，是战胜"蛮獠"的重要条件。

（5）陈政建寨柳营江之西时置"唐化里"，吸引九龙江以东的民众陆续渡江开垦。陈政募得"五十八姓"之后，把他们安置在云霄地区，"听自垦田，共为声援"①。在军事推进的同时，也是"辟土开疆，招徕黎庶"的过程。

（6）陈政病殁，未竟事业由其子陈元光继之。陈元光刚代父为将，就逢"潮寇陈谦连结洞蛮苗自成、雷万兴等"的动乱，规模巨大，他人不能制，陈元光临危受命东征西讨，时有战胜。

（7）陈元光基本平定久历年所的"蛮獠"之乱后奏请设置漳州，并任刺史。"奏立行台于四境，时巡逻焉。"② 漳州统漳浦、怀恩二邑。部将丁儒任左承事郎，参理州事。

（8）陈元光继承其父"战耕结合"的方针，辅以"通商惠工"。征讨之时也"开山取道，兴陶铸，通贸易"，军事力量成为开辟农业、手工业、商业道路的前提，而后者亦为军事推进必要的物质保证。同时，区别对待戎首和协从，"诛首恶，徙顽民"，"土民诱而化之"。陈元光实行的一系列有利于民族融合、社会安定、促进漳州经济和文教发展的政策，让他成为开发漳州的功臣。

（9）景云二年（711），仪凤年间牺牲的"蛮獠"领袖雷万兴、苗自成之子，"纠党复起于潮，猝抵岳山"③。陈元光匆忙应战，殒。

（10）丁儒定居龙溪，募民开垦填海为田，兴修水利，变盐碱地为良田。

（11）漳州瘴疠之害严重，丁儒因瘴气染病逝世，州治因此迁移多次，终至"龙溪永宁乡唐化里登高山下桂林村"（今漳州城区）。

---

① 《白石丁氏古谱·懿迹纪》，陈支平主编《闽台族谱汇刊·漳州白石丁氏古谱》（第四十一册），广西师范大学出版社，2009。
② 沈定均修、上海书店出版社编《中国地方志集成　福建府县志辑29　光绪漳州府志》卷24"宦绩·陈元光"，上海书店出版社，2000，第482页。
③ 沈定均修、上海书店出版社编《中国地方志集成　福建府县志辑29　光绪漳州府志》卷24"宦绩·陈元光"，上海书店出版社，2000，第482页。

元光之子陈珦在开元三年（715）"率武勇衔枚缘阻夜袭巢峒，斩蓝奉高首，并俘余党"①，元光曾孙于唐贞元年间（785～805）镇压了闽粤之交较大的一次"蛮獠"起事，陈氏五代与所谓的"蛮獠"长达百年的斗争，以"蛮獠"退出世居之地，收缩到更深险的高山密林中而结束。而以陈氏为先锋，唐朝统治势力进入漳州，并得到不断扩大和巩固。以唐代正规州县的经略模式，建立的四大行台和三十六堡所都以漳州为中心，有力确保了社会稳定。"陈氏父子及其部属一手缔结漳州作为有中原特色的正规州县的最基本的社会结构。"②

除了政治上的作为，经济上陈氏苦心经营，招徕流民，开荒种地，引进中原农业社会各种先进的农耕技术。以丁儒为例，他在江东象山之原，也就是昔日柳营江开屯旧地进行"募民障海为田，泻卤成淡"，按照志书记载，唐时柳营江（今江东）地"当溪之交"，为河口区，北溪潮区界在绿洲潮口（今浦南）一带，③ 可知这一带是盐碱之地，不利于农耕。丁儒此举作为漳州可考最早的围海造田，解决了这一带农垦的大难题，实现了"从蒐狩为生、刀耕火种向使用先进工具，掌握先进技术对大自然挑战的巨大飞跃"。④ 同时也突出地表现了漳州地区，尤其是九龙江北溪中下游生产力的极大进步。

陈氏五代固守漳州，轻徭薄赋，推广士农工商，进行在地化的族群联姻与怀柔政策，带头把家眷安置在漳州。陈元光父子率领而来的兵士也"相率在漳落籍"⑤，携眷落户，长期的生产和生活上的交往，使其与当地居民逐渐融为一体，生儿育女，繁衍子嗣。⑥ 德宗贞元二年（786）漳州州治迁到龙溪，唐政府下令把陈元光坟墓从绥安溪大峙原迁到漳州松洲堡高坡山（今浦南）。陈氏部将后裔纷纷效仿，今浦南一带分布着诸多陈元光

---

① 薛凝度修、云霄县人大常委会编《开漳祖地·福建云霄　云霄厅志》（点校本）卷11，2005，第126页。

② 钟建华、汤漳平：《闽南"开漳圣王信仰"的形成与承续研究》，《东南学术》2013年第5期。

③ 林汀水：《九龙江下游的围垦与影响》，《中国社会经济史研究》1984年第4期。

④ 谢重光：《"开漳圣王"陈元光论略》，《闽粤台民间信仰论丛》，海洋出版社，2012，第175页。

⑤ 朱维幹：《福建史稿》，福建教育出版社，2008，第106页。

⑥ 汤漳平、林瑞峰：《论陈元光的历史地位和影响》，《福建论坛》（经济社会版）1983年第4期。

部将亲属的坟墓。

二 陈元光信仰与北溪早期的精神社会①

陈元光死后，为了纪念他的功绩，漳州人对其进行祭拜，逐渐在漳州一带形成了浓厚的开漳圣王信仰。有关陈元光祠庙的情况，现存最早的记载见于宋代文献。王象之（1163～1230）《舆地纪胜》载："陈元光，《庙碑》云：公姓陈，讳元光。永隆三年（619），盗攻潮州，公击贼，降之。公请泉、潮之间创置一州。垂拱二年（686），遂敕置漳州，委公镇抚。久之，蛮贼复啸聚。公讨之，战殁，因庙食于漳。"② 陈元光死后"庙食于漳"被清楚地写进宋代漳州威惠庙的碑中。另《舆地纪胜》卷九十一"朱翌威惠庙记"载："陈元光……后以战殁，漳人哭之恸，立祠于径山。有《纪功碑》、《灵应录》见于庙云。"③ 陈元光庙乃陈元光死后，漳州人为纪念他而立，最早的一座庙立于云霄径山。唐代最早建陈元光祠的地方，据考查为云霄县下营村。④ 开元四年（716）州治迁到漳浦县李澳川，云霄陈元光庙也迁建到漳浦县。

漳州陈元光信仰起源于唐朝这是没有疑义的，问题在于漳州府治、龙溪县何时建有奉祀陈元光的祠庙，也是唐朝吗？宋朝的史料并没有提及，而明代地方治史者与民众倾向于此，并将视线直指浦南松洲威惠庙。

今看松洲威惠庙与松洲书院在建筑上合为一体，前庙后学，倚石鼓山坐北向南，占地面积 5 亩许。⑤ 中殿基座殿堂祀陈元光塑像，另有两个偏殿，东殿祀马仁、李茹和陈元光的三位夫人，西殿祀许天正、李伯瑶和钟

---

① 因为这个问题关系到浦南一带甚至龙溪地区在唐朝时期的信仰状况，较为重要。此处考证主要借鉴蔡惠茹的研究成果，蔡惠茹在考证唐宋时期陈元光信仰时涉及松洲威惠庙，较为零散地分布在文中，故对其集中概括并进行补充。参见蔡惠茹《唐宋时期漳州陈元光信仰考述》，《闽台文化研究》2013 年第 4 期。

② 王象之：《舆地纪胜（七）》卷一百三十一"漳州"，四川大学出版社，2005，第 4159 页。

③ 王象之：《舆地纪胜（六）》卷九十一"广南东路·循州·古迹·威惠庙"，四川大学出版社，2005，第 3169～3170 页。

④ 汤毓贤：《下营庙是唐首祀开漳圣王的官庙》，《福建史志》1999 年第 4 期。

⑤ 陈珦登科及办松洲书院教化士民的问题关系到漳州初建时期的文教状况，谢重光经过严谨周密考证，断定二者皆属伪造，笔者认可此说。具体可参见谢重光《〈龙湖集〉的真伪与陈元光的家世和生平》，《福建论坛》（人文社会科学版）1989 年第 5 期；谢重光《陈元光与漳州早期开发史研究》，台湾文史哲出版社，1994，第 129～131 页。

氏祖先钟发兴。

松洲威惠庙的记载始于明朝万历初年的方志。万历癸酉《漳州府志》记载："松洲威惠庙在城北二十余里。初，唐将军元光战殁于阵，葬于绥安之大崎原。贞元间，州治徙龙溪，奉敕改葬于松洲堡之苏坑。遂立庙于松洲石鼓山下。"① 该志书将建于松洲堡石鼓山下的威惠庙作为漳州府治最早奉祀陈元光的祠庙，且为"奉敕"立庙。以陈元光对漳州的深远影响来说，在州治迁移的时候，民众将陈元光墓迁到州治所在的龙溪县，达到便于官方供奉的目的，似乎也无可厚非。即使在万历年间松洲堡之石鼓山已无威惠庙的现实情况下，万历癸丑《漳州府志》的编修者仍然认同此说，还进行补充解释："今松洲有庙而石鼓山无之，近石鼓有苏坑山石，马羊兽累累犹存，土人呼将军墓。岂即此地而前志未之详耶?"②

明代修志者不仅认为唐代已经建有松洲石鼓山下威惠庙，而且认为它始建即为官庙："岁时官往致祭"，"宋宣和二年，赐威惠庙额"，"建炎四年，以庙离城远，官往祭不便，乃立庙于北门外"。松洲庙仍然保留，由"庙祭乃乡民举之。原有附庙石鼓山、香山、厚山租钱一十二贯以充祭费"。③ 这些记载貌似将北庙的兴建原因、过程及后续交代清楚了，但早在《宋会要辑稿》中已明确记载赐威惠庙额的时间，并不是上面提到的宣和二年（1120）而是政和三年（1113），赐额对象也并不是松洲石鼓山之庙，而是漳浦陈元光祠。④ 如果北庙是由松洲石鼓山迁建，为什么官员非要迟迟等到 100 多年以后才致春秋二祭?⑤

---

① 《漳州府志》（万历癸酉）卷十二"漳州府·杂志·古迹"，第367页。同书第622页卷十八"龙溪县·杂志·冢墓"也载："唐将军陈元光墓，在城北二十里松洲堡苏坑。元光战殁于绥安溪之大崎原，遂埋葬焉。贞元二年，州治徙龙溪，奉敕改葬于此。因立庙于石鼓山下。"

② 闵梦得修《漳州府志》（万历癸丑）卷三十一"古迹下·塚墓·陈将军墓"，厦门大学出版社，2012，第2097页。

③ 罗青霄修纂《漳州府志》卷十二"漳州府·杂志·古迹"，厦门大学出版社，2010，第367页。

④ 徐松辑《宋会要辑稿》礼二〇"陈元光祠"，《续修四库全书·史部政书类》第775册，上海古籍出版社，1996，第872页。

⑤ 罗青霄修纂《漳州府志》卷二"漳州府·规制志·坛庙"，厦门大学出版社，2010，第60页。

况且，在浦南一带的民间传说中，龙溪县大小官员举行春秋二祭最早的地方亦非松洲威惠庙，而是浦西大庙（见图2-2-1）。此庙位于靠近揭鸿军营、受过蓝雷骚扰的浦西保（今华安县丰山乡后壁沟），与松洲威惠庙隔着九龙江。松洲大庙建成之后，县官仍旧到浦西大庙举行春秋二祭。岂料这年船行至江心不是左右摇摆，就是上浪峰下波谷，据说是因为陈元光不乐意隔江坐镇生气了。官员吓坏了，祭过陈将军后，隔年的春秋二祭改在松洲大庙。① 事情并没有结束。据说这年秋祭，一个县官为逞威风，骑着高头大马，沿途鸣锣开道。陈元光要惩戒这个县官，在其过石板桥的时候，派神兵打断马蹄，把县官摔下马，致其满身泥土，大煞其风光，更有甚者说其因此丧命。此桥因此得名"跌马桥"。过后，县官在漳州城北建了威惠庙，曰"北庙"。② 当地百姓还有一种说法，龙溪县举行春秋二祭的地点，变换始末为浦西大庙—浦头大庙—松洲大庙—北庙。其中浦头大庙③（见图2-2-2）在今浦南渡口，据说此处屡遭大水，官员跪拜之时极易弄脏官服，因而春秋二祭再改他地。此为无稽之谈，浦头大庙供奉的其实是"三公大帝"——大公、二公、三公，与陈元光何关？

当然，我们不仅要看到民间传说生动的一面，更要注意其"集体记忆"的表达功能。如果将龙溪县威惠庙春秋二祭地址变更的传说与开头所讲的云霄径山之庙随着州治迁至李澳川也迁于建漳浦治西的历史互相对照，就可以发现它们惊人地相似，简直就是后者"记忆"的再移植。

另外，万历癸酉、癸丑两部《漳州府志》虽在"古迹"部分记载松洲的陈元光墓与石鼓山下之庙，却仅仅记载"嗣圣中建庙于漳浦之云霄"，④

<hr>

① 芗城区浦南镇民间文学集成编委会：《中国民间文学集成·福建卷·芗城区浦南镇卷》，华安印刷厂印刷，1991，第27、28页。
② 芗城区浦南镇民间文学集成编委会：《中国民间文学集成·福建卷·芗城区浦南镇卷》，华安印刷厂印刷，1991，第29页。
③ 笔者结合光绪二十二年（1896）《重修慈济祖宫碑记》所载的募资名录"银塘慈济宫""北溪赤桥社""溪园奇富宫""北溪水潮宫""碧云宫""浦南龙安庙"等语及浦南当地供奉保生大帝的宫庙实际情况推测，浦头大庙的原名应该就是"龙安庙"。
④ 罗青霄修纂《漳州府志》卷二"漳州府·规制志·坛庙"，厦门大学出版社，2010，第60页。

图 2 - 2 - 1　浦西大庙

图 2 - 2 - 2　浦头大庙今貌

"威惠庙，祀唐侯也，先在漳浦之云霄，今庙在郡城北门外"，[①] "唐将军陈元光庙建于嗣圣间在云霄县"，[②] 而只字不提陈元光墓迁葬龙溪及松洲堡建威惠庙之事。如果真的像癸酉《漳州府志》记载的那样，先"奉敕改葬"陈元光墓于松洲堡，然后在不远处建威惠庙。既是"奉敕"的官方行为，万历之前的诸志书便没有不记载的道理。

且据现存最早的正德《漳州府志》记载，威惠庙最早建于漳浦县，而漳州府城北门外的威惠庙建于南宋建炎四年（1130），丝毫未提及唐代石

---

① 闵梦得修《漳州府志》（万历癸丑）卷六"祀典志上·秩祀·威惠庙"，厦门大学出版社，2012，第415页。
② 闵梦得修《漳州府志》（万历癸丑）卷六"祀典志上·秩祀·威惠庙"，厦门大学出版社，2012，第415页。

鼓山下之威惠庙①；嘉靖十四年（1535）刊刻的《龙溪县志》也说，"威惠庙，城北门外，祀唐将军陈公元光……庙初建漳浦县，建炎四年始建今所"。② 唐代漳州府治虽有不少民众奉祀陈元光，但直到南宋建炎四年才兴建第一座威惠庙。

这座府志所载"城北二十余里"、位于松洲堡苏坑的松洲威惠庙，据近年来的考古发现，其始建于宋代，并非石鼓山下唐代的威惠庙。③ 惜无更多确切的史料来断定松洲威惠庙修建的具体时间。幸有南宋龙溪人陈淳（1159~1223）④ 在《上赵寺丞论淫祀》一文中涉及对威惠庙的讨论：在"礼法施于民，则祀之；以死勤事，则祀之；以劳定国，则祀之；能御大灾，则祀之；能捍大患，则祀之"的原则下，威惠庙原本归属正祀，"惟威惠一庙为死事捍患于此邦，国朝之所封锡，应礼合制，号曰忠臣义士之祠，邦人之所仰。然既载在公家祀典，则春秋荐享常仪，盖有司之事。必肃其坛宇，严其户钥，岁时禁人闲杂来往，止于朔望启钥与民庶瞻礼，乃为得事神严恭之道"。⑤ 事实上却被扭曲成与淫祀无异，"今帐御僭越既不度庙貌丛杂不肃；而又恣群小为此等妖妄媟渎之举，是虽号曰正祠，亦不免均于淫祀而已耳"。此种现象应与其所处的具体状况有关，关于陈淳出生的具体地点，还存在争议，有人说他是游仙乡龙州里（今龙文区朝阳镇石井蓬洲社）人，有人说他是浦南香州社（今溪园社旁有一个古社，已废，留有香州桥遗址）人。无论孰是孰非，这两个地点都与松洲威惠庙距离相当接近。虽未具体提及"松洲威惠庙"字眼，所做讨论也不可能避开当地现象。龙溪县浦南一带的陈元光信仰在此时非常繁盛，"庙号丛杂又不肃"，几乎与淫祀无异。现在松洲威惠庙内中殿门口古井石沿还镌刻"宝祐戊午（1258），朝王会造"的字样，据说是当年威惠庙举行大祭（俗

---

① 陈洪谟修、政协漳州市委员会编《大明漳州府志》（正德），厦门大学出版社，2012，第687页。

② 林魁、李恺纂修嘉靖《龙溪县志》卷三"祠祀"，第1~2页。

③ 福建省人民政府颁布的《福建省人民政府关于公布第六批省级文物保护单位及其保护范围的通知》（闽政文〔2005〕164号）。

④ 陈淳生卒自高宗绍兴二十九年（1159）至宁宗嘉定十四年（1221），具体考证参见李蕙如《陈淳研究》，海峡文艺出版社，2014，第11页。

⑤ 《北溪大全集》卷四三"上赵寺丞论淫祀"。

称 "王醮") 时开凿的，中殿内莲花石座还刻有会首名单。陈淳《上赵寺丞论淫祀》一文写于嘉定四年（1211）至嘉定十二年（1219）。① 两者相互映照，松洲威惠庙的建造时间至迟到南宋宝祐六年（1258），极有可能在嘉定年间（1208～1224）或之前修建完成并且香火旺盛，但不早于建炎四年（1130）。故松洲威惠庙的修建时间在建炎四年至宝祐六年（1130～1258），并可大胆将年限缩短到建炎四年至嘉定十二年（1130～1219），当然后者有赖于更多的史料来佐证。

为什么偏偏是松洲威惠庙进入明代地方治史者视线，被增补为漳州最早的威惠庙呢？据笔者分析，原因可能有以下几方面。首先，关于松洲威惠庙神明灵验的故事非常多②；其次，陈政采纳丁儒计策结筏渡溪西之后从揭鸿岭行进，此为开漳事件中成败攸关的重要节点，松洲威惠庙位居两者之中，"由溪西直上三里许，则唐将军威惠庙在焉。古所谓苦草镇松洲堡是也。徐坪缩入其北，历浦南、福清、仙柑浦而上，为后林，为金沙（揭鸿岭所在地）"③；这一带有众多陈元光及其部将亲属的墓葬，众多后裔亦在此居住，形成了共同利益集团的推崇宣传。④

松洲威惠庙被修志者增补为漳州最早的威惠庙并不是偶然的。除了民众对州治迁址导致的威惠庙迁建集体记忆的再现，修志者误以传说为历史，以古迹附会，并载入史书外，包括松洲陈元光墓及威惠庙在内的记载更多的是修史者有意为之。笔者推测原因可能在于建炎四年（1130），陈元光被加封为 "忠泽显佑公"，此时州治龙溪县才建成第一座奉祀陈元光的庙宇，而此庙建成时间比漳浦县威惠庙迟了400多年。州治龙溪县的陈元光庙历史并非最悠久，这必然影响其地位，且随着陈元光信仰在龙溪的

---

① 嘉定四年（1211），赵汝谠守南漳。嘉定十二年（1219），傅壅知漳州府。陈淳先后呈递《上赵寺丞论淫祀》《上傅寺丞论淫戏》《上傅寺丞论民间利病六条》等一系列针砭时弊的文章，以资当政。具体可参见许哲娜《朱熹与陈淳在漳州的移风易俗活动》，陈支平、叶明义主编《朱熹陈淳研究》，厦门大学出版社，2014，第266页。

② 参见黄艺娜《从松洲威惠庙诸神传说看陈元光部将亲属的神职功能》，厦门市陈元光学术研究会的博客，http://blog.sina.com.cn/s/blog_ad6be90c0102vwm6.html，2015年10月22日。

③ 政协芗城区文史资料委员会编《芗城文史资料》（第16辑），2005，第73页。

④ 杨惠民：《开漳刺史陈元光及部将在浦南诸墓》，政协芗城区文史资料委员会编《漳州芗城文史资料》（第4辑），1994，第79～81页。

影响日益增大，当地人必定不能接受此事实，如此便开始了乡民口中松洲威惠庙的"历史建构"。

第三节 "北溪四乔木"与开漳将士后裔肇基考

唐初，漳州僻野之地为原始居民越人所控，九龙江"两岸尽属蛮獠"①，以陈元光集团为代表的"开漳"行为②，是漳州开发进程的一个里程碑。随陈氏父子入漳的开漳将士家族及其后裔，在军事活动结束之后，纷纷落籍。这些汉民在初期可能因为生计，无暇考虑居住空间或祖先坟茔的吉凶问题。但随着在地繁衍的家族逐渐认同移住地乡土，汉人传统风水观念、信仰等的影响在日常生活中逐渐凸显出来。这些汉民学会了适应地域生态环境，与自然环境进行良性互动，并利用风水这一文化符号加强生存竞争力并彰显其文明。③"北溪四乔木"即属此例。

一 "北溪四乔木"

"北溪四乔木"有两种解释，一为笔者所下之定义——九龙江北溪漳州浦南一带开漳将士后裔形成的门第高贵、世代为官的四个大家族，一为当地民众所做的介绍——风水大师黄妙应在浦南一带为前者所做的四门风水。

这"四乔木"具体指溪园村林家、水流村宋家、渡东村李家、碧溪村杨家，分别是开漳将士林孔著、宋用、李伯瑶、杨统的后裔。黄妙应是否做过"北溪四乔木"的风水，关系到开漳将士的后裔定居浦南一带的时间界定，因此有必要深究。

首先，对人物进行简单的爬梳。

黄妙应其人，据《莆阳碧溪黄氏族谱》载，"妙应禅师（821～898），

---

① 孙尔准等修《中国地方志集成 省志辑·福建5 道光重纂福建通志（三）》卷八五"关隘·柳营江把截所"，凤凰出版社等，2011，第179页。

② 开漳史事、开漳圣王信仰等内容的研究，对陈元光本人的研究较多，而极少论及其他开漳先贤。可以说，对陈氏部将僚佐的相关研究寥若晨星。

③ 陈进国：《信仰、仪式与乡土社会：风水的历史人类学探索》，中国社会科学出版社，2005，第96页。

名文矩，字子熏，别号涅槃、慧日"，"朝命封妙应禅师"，"宋道原《景德传灯录》、普济《五灯会元》皆有其传"。① 宋崇宁三年（1104），加封圆智大师。该谱不能尽信，如佛教正传《五灯会元》仅载"闽王礼重，创院以居之"，而不见"妙应禅师"封号之说，此封号可能为后世伪作。但该谱对黄妙应的生活年代及特征的记载具有重要的价值。《八闽通志》针对黄妙应偈谶灵验"僧黄涅槃生于唐末，出言成谶"② 的相关记载，与之相符。

林孔著（642～722），字秉序，谥鼎峙。唐总章二年（669）林孔著随陈政入漳平蛮，林孔著足智多谋，在平"蛮獠啸乱"中屡立战功，受封军职校尉、军咨祭酒。陈政去世后，林孔著辅佐妻弟陈元光讨平广潮诸蛮。垂拱二年（686）漳州建州，因建树殊功受封为经略都护、嘉议大夫。绍兴二十年（1150），被追封为"竭忠谋国将军"。③

李伯瑶（612～672），总章二年随陈政出镇泉潮间，任前锋分营将，袭卫国公，卒赠定远将军，谥武惠。宋追封殿前都点检、威武辅胜将军。④

宋用，随陈政入闽平乱，驻松洲堡行台。⑤

杨统，唐高宗显庆年间（656～661），奉朝命佐陈政将军戍闽，出镇泉潮间。⑥

其次，四座坟墓的大致情况如下。

溪园林孔著墓（见图2-3-1），位于浦南龙峙山三片石下，占地面积700多平方米，原墓碑是由三块花岗岩组成的半月形状。墓前有望柱一对，高6米。陵墓坐庚向甲，穴名"渴马饮泉"，又名"飞凤衔书"。⑦

渡东李伯瑶墓（见图2-3-2），位于浦南镇渡东村的虎形（仔）山

---

① 王炳庆：《黄妙应与〈博山篇〉》，《泉州师范学院学报》（社会科学版）2007年第3期。
② 黄仲昭修纂《八闽通志》，福建人民出版社，1990，第1437页。
③ 政协芗城区文史资料委员编《芗城文史资料——古村落专辑》（第25辑），2014，第254页。
④ 《漳州渡东陇西李氏族谱》编委会编《漳州渡东陇西李氏族谱》，2005年12月修，第62页。
⑤ 《宋氏族谱》（丰山镇芹霞社），光绪二十七年（1901）修，第11页。
⑥ 《碧溪杨氏家谱》，1996年修，第84页。
⑦ 政协芗城区文史资料委员会编《芗城文史资料——古村落专辑》（第25辑），2014，第250页。

图 2 - 3 - 1　溪园林孔著墓

西侧，坐东面西，墓丘呈龟背形，号曰"乔木世家"。明、清和现代均有修整，墓碑为青花岗岩，上用楷书写"陇西大唐卫国公辅胜将军李公墓"。1999 年 1 月 12 日重修告竣，举行立碑隆仪。重修后的墓丘高 1.5 米，宽3.5 米，长 4 米；墓埕分上、中、下三层，下层呈半圆形。[①]

图 2 - 3 - 2　渡东李伯瑶墓

水流宋用墓。贞元年间，骨殖奉敕葬石鼓山南。后迁葬石鼓山北，地名

---

① 政协芗城区文史资料委员会编《芗城文史资料——古村落专辑》（第 25 辑），2014，第263 页。

猴坑，穴号"猴王坐殿"，墓名"水流破军"。水潮社因此改名水流社。①

碧溪杨耸汉墓为合葬墓，在碧溪村杨氏祖山尹垅尾檬林，其形制坐庚向甲，开大阳沟，为简单的坟土堆，无墓碑，虽不用灰石砌筑，但坟墩高阔，七百余年如故。昌山前拱，石鼓山左峙，三台山右耸为双童讲书案。穴名"天灯蜡烛"，谶曰"牙笏满床"葬。②

这些墓葬风水虽以黄妙应扬名，被北溪人民引以为豪，田野调查也明显可见风水师的痕迹，这四座坟墓中迁葬的有三座，皆靠近北溪边上，其中两座甚至在古渡口旁，只有杨耸汉之墓没有迁葬，位于一片丘陵深处，且"北溪四乔木"的四家族谱都有明确记载，似乎言之凿凿。但据笔者考证，"北溪四乔木"的风水与黄妙应没有直接关系，以下笔者将详述之。

二 族谱叙事中有关"北溪四乔木"的记载

"北溪四乔木"作为开漳将士的坟墓风水，关系到开漳将士对漳州的经略史实，以及其后裔在漳州浦南肇基的时间断代，尤其后者是本书着力解决的主要问题之一。黄妙应是活跃于唐朝末年的一个真实具体的历史人物，考证"四乔木"与黄妙应的关系对于我们的研究至关重要。

笔者翻阅林、宋、李、杨这四家的族谱，发现"北溪四乔木"与黄妙应是捆绑的关系。

（一）溪园林家

漳州建置后，晚年林孔著隐于山林，居住在今江东桥北角美镇吴宅村，唐开元十年（722）去世后葬于该地。"宋黄妙应禅师于绍兴三年（1133）为之改葬"，"改迁葬于溪西品字形三片石下，坐庚向甲，为四乔木之第一。穴号'渴马饮泉'，又号'飞凤衔书'"。③

族谱记载"宋黄妙应"，宋绍兴三年（1133）迁葬，该时间段与黄妙应的生卒年不相符，明显有误。但是该谱称此坟为"四乔木之第一"，却在其他三家族谱中得到确认或默认。林孔著墓迁葬于溪园渡口此条，暂且

---

① 杨惠民：《开漳刺史陈元光及部将在浦南诸墓》，政协漳州市芗城区文史资料委员会编《漳州芗城文史资料》（第4辑），1994，第81页。

② 《碧溪杨氏家谱》（第1册），清乾隆三十五年（1770）刊本，第65~66页。

③ 《溪环社崇本堂林氏族谱》，明弘治元年修，咸丰十一年（1861）续修，第12页。

采信之。因此，溪园林孔著墓与黄妙应没有关系。

林孔著之所以迁葬此地与溪园村林氏家族的肇基相关。溪园村奉林承美为肇基祖，"孔著……娶将军之第九女，生六子，第三子承美生三子"，林承美是林孔著的第三子。据说他在"贞元二年（786）从州治龙溪遂居于漳二十里许，北溪香江居焉，后移址溪环（溪园），设祖置业"。该处记载有点问题，贞元二年距林孔著（642~722）生辰相隔144年，即使林承美出生于其父林孔著70岁高龄（712）时，迁居当年林承美也已经74岁，与一般在青壮年时主持迁居有所出入。在如此高龄之际，本是颐养天年之时，怎么可能先迁香江继而迁居溪园呢？何况两地的距离不是那么接近。所以，要么开基溪园林家的另有其人，只是奉林承美为开基祖，要么就是族谱中将开基溪园的时间有意提前。

（二）水流宋家

《漳州芹霞宋氏源流本支记》记载：

> 将军陈政平闽有功，奉敕葬在石鼓山南。而我祖劳绩有年，亦锡予祭田八十亩，载租一百二十石。迨宋朝，幸得堪舆先生黄妙应，送北来家，历北溪山明水秀，议欲迁葬石鼓山北，维时诸子及孙未敢从事，独我五世祖母黄氏，素性鸿慈，深爱子孙，垂休后裔，独信黄妙应先生。其言指示曰："水流破军，百子千孙，一家欢庆，共成其事。"六房五世早生百子，诸孙环住其所。因坟名"水流破军"，故名其地曰"水流"，因营建宋氏统宗祠于水流社，众议每逢冬至祭坟并祭宗祠。①

《水流破军墓记》记载：

> 宋氏祖坟名曰"水流破军"者，何也？本坟盖坐丁而向癸也，丁山按《洛书》（《洪范》）五行属金也，金库居丑也，库者谓墓库也，墓库即破军也。丁坟属金，而库居丑，不放丑水而放癸为破军者，何也？盖云丑、癸本同宫也，且经云水放天干，不放地支，坟坐丁宜，

---

① 《宋氏族谱》（丰山镇芹霞社），光绪二十七年（1901）修，第8~9页。

放天干癸水，名曰"水流破军"者，取天财归库立义也。……黄氏妙应每成一坟，必立谶也。时抵北溪作四坟，我"水流破军"是其一也。北溪多讪谤者，故黄氏立论以解顽愚之惑也。[1]

另有《宋氏水流破军墓志碑文》：

> 宋氏用公者，来自江南南楚之后裔也。肇基漳北，北溪之始祖也，当英年而仕，官至郎中队正，唐室勋臣，上古之仕者。及仙逝而葬坟在城北浦南"水流破军"，神人所葬也。嗟嗟！一宦之身，而丕承前数十世者，启后年六儿之胤，而五世生一百子者，代传千孙，至其绵支四省之外，分派八闽之内。公卿大夫，既耀于前朝，科甲秀士，偏荣于外郡，所谓年少而功高。盛世有其祖，德厚而流光，近今有是裔，故闻其风者，思其人，沐其勋者，慕其名，均称启漳硕德，咸颂靖海戎功。迄今考唐室将相之派，百世而见水源。从古列北溪姓氏之乔，千孙永言木本，应光前若森树，崇本绵支木自乔，宜裕后如巨川，弘源分派水流长。敬祝宗功与祖德，愿祈子肖及孙贤。[2]

首先还是黄妙应的问题，该谱提及黄妙应"抵北溪作四坟"，认可其他三坟。但"迄宋朝，幸得堪舆先生黄妙应"的叙述同属错误。根据族谱的记载，宋用之墓由石鼓山南迁至石鼓山北。

接着是水流村的肇基问题。宋用被奉为水流社的开基祖。这与他生前"驻松洲堡行台"有关。然此处记载亦有问题。宋用墓前碑文——《唐开漳圣王陈元光随将翊府郎中队正什伍宋用公家谱》记录："宋用公娶东厢涛堂壶范周氏生六子，房号为礼、乐、射、御、书、数。长子萃江，字应涛，房号礼，娶林氏端淑生五子，长子本诇分祖住松洲，次子本杰分祖住竺沙，三子本涌分祖住篮里，四子本焰分祖住山兜，五子本培分祖住芹霞社，萃江公世袭父职……"宋用五子本培开基芹霞社，但《宋氏族谱》（丰山镇芹霞社）声称，芹霞村由水流社迁居的时间为洪武十

① 《宋氏族谱》（丰山镇芹霞社），光绪二十七年（1901）修，第9～10页。
② 《宋氏族谱》（丰山镇芹霞社），光绪二十七年（1901）修，第11页。

图 2 - 3 - 3　水流宋用墓

九年（1386），难道宋用父子之间竟相隔数百年？虽然疑窦丛生，不过宋用"驻松洲堡行台"，他的子孙零星散居于此应该是可能的，但该处一直未能形成村落。

（三）渡东李家

渡东①李氏的族谱中收录一则唐代韩愈（768～824）所作的《唐武惠圣侯碑记——唐钦剑印大军师主谋开漳辅胜将军圣侯武惠李伯瑶公碑文》，其中写道：

> （李伯瑶）享寿六十，终于咸亨三年三月之晨，赐谥武惠。及上元二年（675），葬于（漳浦）北山之麓。后得妙应黄公之来，择吉于北溪也。渡水而东，迁葬在虎形，号曰"乔木世家"。元和元年（806）漳人请纪功勒石，节度使题奏，皇帝允之，命启臣韩愈为记。赠之曰：……"虎形如山，真隐仙峤"。②

此碑文不堪推敲，应为后人托伪之作。元和元年（806）漳人因为"迁葬在虎形，号曰'乔木世家'"，此时黄妙应（821～898）还未出生。

---

① 渡东村东邻长泰县古农农场，与浦南镇松洲村隔江相望，南连浦南镇溪园村，北与华安县和睦村相接壤，已建成的浦南大桥从此穿行而过。

② 《漳州渡东陇西李氏族谱》编委会：《漳州渡东陇西李氏族谱》，2005年12月修，第34～35页。

如果说前面林、宋两家是将黄妙应生活的时代往后推,那么李家则是将其往前拉。但同样,渡东李家与黄妙应也没有直接关系。《芗城文史资料》介绍李伯瑶墓迁葬的时间为宋绍兴三年,与溪园林孔著墓迁葬时间一致。[1] 暂且采纳此说。

关于渡东村开基情形的记载:

> 自唐宋间,即有零星李氏散居于此(渡东),发展至明,扶摇李氏徙此,始成村落。李伯瑶后裔,莆田举人李元勋,崇祯四年(1631)任长泰县教谕、后升任浙江省严州同知为肇基始祖,其后裔定居渡东,遂成李姓聚居地。[2]

该谱奉李元勋为渡东村的开基始祖,族谱明确记载开基时间迟至明中后期,与溪园村、水流村还有后面要讨论的碧溪村相比,都属于比较晚的。

(四)碧溪杨家

《碧溪杨氏家谱》(第八卷"世系录")记载:

> 碧溪开基始祖讳耸汉,号十五公,世居霞城东北隅,崇宁间(1102~1106),迁北溪之滨,距城三十里许,地名碧溪,以长子汝南贵,敕封从政郎,葬本处尹垅尾檬林山,坐庚向甲,配蔡氏合葬于左,生子四:福(改名汝南)、权、荫、党。坟系黄叠胖先生所扦,号曰"牙笏满床"。叠胖精于堪舆,所谶多验,人呼为"妙应先生"云。[3]

该门风水没有提及迁葬一说,这与其他三家有所区别。族谱记载杨耸汉墓(见图2-3-4)的风水也是"妙应先生"黄妙应所扦,且有具体名字"叠胖"。但由于在崇宁年间(1102~1106),因此排除与黄妙应的直接

---

① 政协漳州市芗城区学习文史委员会编《芗城文史资料——古村落专辑》(第25辑),2014,第263页。

② 《漳州渡东陇西李氏族谱》编委会:《漳州渡东陇西李氏族谱》,2005年12月修,谱序第2页。

③ 《碧溪杨氏家谱》(第2册),清乾隆三十五年(1770)刊本,第44页。

关系。其实宋家族谱所记"堪舆先生黄妙应"、李家族谱记"妙应黄公"均有不妥之处，妙应禅师作为僧人，应称为"妙应大师黄涅槃"之类，而不应被称为"堪舆先生"或"公"。行文至此，"北溪四乔木"与黄妙应的"绑定"也已经可以解除。

图 2 - 3 - 4　碧溪杨耸汉墓

细看上文还可有另一种解释，这位黄叠胖先生精于堪舆，水平高超，北溪民众将其奉为与"黄妙应"相提并论之人。就像包拯"包青天"之后，民众将不同姓氏的清官称为"某青天"一般。北溪四乔木的风水师应该就是《碧溪杨氏家谱》中提及的名叫黄叠胖的人，与黄妙应同姓，被人们所附会。毕竟利用出名风水师提高家族在地方的社会地位的例子不胜枚举。至于选择妙应禅师，则是因为他作为福建谶言灵验的名僧，在谶语预测与风水信仰叠加在一起时，被风水界附会成风水名流。家族对风水信仰的热衷，在杜撰黄妙应风水故事的浪潮中不断推进。①

碧溪村的开基问题。开基祖杨耸汉所属杨氏家族的渊源：杨统公，有唐入闽开漳始祖，官河东左翊府玉钤卫昭信校尉，在唐高宗显庆年间，奉朝命佐陈政将军戍闽，出镇泉潮间；细秀公，讳永，字符杰，唐高宗仪凤三年（678）随陈元光戍闽，授府兵校尉，寇平，留屯漳、潮之间为开创地；仕休公，宋赵匡胤时科中进士，官拜殿中承，因忠孝两全，965 年回漳开基长太县陶塘洋；耸汉公，回漳始祖仕休公的四世孙，官从政郎，开

---

① 金政：《妙应禅师考》，《金山》2012 年第 9 期。

基碧溪村。① 耸汉公长子杨汝南墓也在不远处。杨汝南，南宋绍兴十五年（1145）进士，可见碧溪族谱记载开基于北宋崇宁年间（1102～1106）基本可信。

"北溪四乔木"涉及四个村落的开基时间，确切可考的应是碧溪村，为最早。根据族谱记载开基最迟的村落应属渡东村。除碧溪杨家外，其他三家的族谱皆有自唐代就居于此处的暗示，如水流村奉宋用公为开基祖，溪园村奉孔著公三子承美公为开基祖，渡东村虽承认迟至明代开基，却言"自唐宋间，即有零星李氏散居于此（渡东）"。事实是否如此，由于缺乏更多史料佐证，不好妄下断言。但可以肯定的是，有唐一代，浦南一带开漳将士及后裔定居的人数稀少，而集中在石美、江东沿海平原一带。② 自宋朝崇宁年间始有开漳将士后裔开基于浦南一带。

三　口耳相传中有关"北溪四乔木"的风水故事

虽然我们已经考证了"北溪四乔木"与黄妙应没有直接关系，只是几个家族为提高社会地位而强行附会，但这并不妨碍"四乔木"风水传说依然可作为观察漳州地方社会变迁和开漳将士家族社会生活策略的一个重要维度。

"北溪四乔木"广为流传，颇受漳州人称道，这与传说背后保存着开漳将士在漳州浦南一带长期经营的生动丰富的历史信息相关。"北溪四乔木"传说，被收录在《中国民间文学集成·福建卷·芗城区浦南镇卷》。因原文较长，笔者简要概括如下：

（一）溪园林家

溪园林氏祖上是开漳圣王陈元光的姐夫。一户林氏人家有兄弟三人，娶妻生子，同住在祖上留下的一座小院落里，守着祖上留下的几亩薄田，生活艰难。特别是二房英年早逝，只留孤儿寡母。

黄妙应首先见到老大，老大殷勤招待。黄妙应说明自己身份，问

---

① 《碧溪村杨氏族谱》，手抄本，1996，第84页。

② 由南宋淳熙二年（1175）官港水利上通柳营江（经查考，柳营江乃由柳营旧地名而来，为漳州市九龙江下游西溪与北溪的交汇处一带名称，即今漳州市龙文区与龙海市榜山镇交界处一带）、下达石美港，以及丁儒家族定居江东等情况可推断。

起祖辈生辰忌日、兄弟几人等问题。老大因为老二已死，不愿让二房富起来，便撒谎兄弟二人。黄妙应带着老大和老三，来到村外的马形山上，指定三片石，让兄弟二人从石下挖，说在六天时间能挖多深，福分就有多深，挖完后他再做安排。

第六天，黄妙应在偶然的情况下，与二房媳妇及其儿子聊天，发现被老大、老三欺骗，非常生气。黄妙应告诉二房媳妇先前所做的风水只对大房三房有利，他想重新改风水："你是愿意三房都好，还是愿意单你们二房好？"二房媳妇想也没想就回答："既是兄弟，就三房都好吧。"黄妙应深受感动，表示会让二房比大房、三房都好。

后来，林家果然慢慢富裕起来，二房的传人中还有中举的，果然好风水。①

（二）水流宋家

水流村有一寡妇，年少丧夫，吃尽苦头把独子拉扯长大。谁知黄妙应前来告知寡妇，宋家又将面临灾难。他愿重做一门风水，但阻止不住凶兆来临，问其愿"先吉后凶"，还是"先凶后吉"？寡妇选择"先凶后吉"。黄妙应将宋家风水做在水流村后的石鼓山北的猴坑，待放入金斗后，他自言自语："水流破军，虎咬新婚，日后百子千孙。"

寡妇的儿子在新婚当晚，半夜如厕，竟被老虎拖走，应了"虎咬新婚"。媳妇改嫁长泰戴墘村一个员外的儿子。转眼十八年过，黄妙应算到水流宋家凶期已满，于是找到寡妇，告诉她：她的媳妇带着两个月的身孕改嫁，长泰戴墘戴家的双生子是宋家骨肉，两人已中进士，今天正在树旗拜祖。黄妙应领着寡妇到戴员外家，在黄妙应的周旋下，一个孙子留在戴家，一个回到宋家延续香火。

自此，宋家渡尽劫难，以后一代更比一代兴旺发达，据说，宋家后人还出现过一位丞相呢。②

---

① 芗城区浦南镇民间文学集成编委会：《中国民间文学集成·福建卷·芗城区浦南镇卷》，华安印刷厂印刷，1991年11月，第68~71页。

② 芗城区浦南镇民间文学集成编委会：《中国民间文学集成·福建卷·芗城区浦南镇卷》，华安印刷厂印刷，1991年11月，第72~74页。

（三）渡东李家

渡东村历代李氏家族，都遵循"普度众生，建船摆渡，与人方便"的祖训，指定一人从事横渡于虎形山下至西岸来往运送过渡客人，称"过渡船仔"。黄妙应在观察虎形山风水宝地的日子里，听人说起这个有良心、善于助人为乐的"过渡船仔"。黄妙应前来坐渡船证实果然如此，心想"福地福人居"，遂决定将虎形山的好风水送给他。

过渡船仔在"快点富"与"慢点富"中选择前者，黄妙应告诫他"快"易招祸端。迁葬好祖墓的当天晚上，过渡船仔还锄头的时候用力一扔，砸死一个小孩，吓得他连夜逃跑。过渡船仔逃跑途中，遇一小姐既给他扔装满金银财宝的包裹，又紧追其后，原来是小姐与他人相约私奔。两人将错就错结为夫妻，到了新居建房挖地基又得到从前有钱人埋下的无主金银财宝，富甲一乡。

过渡船仔发财后，乐善好施，丁财两旺。他的不知第几代孙李光地中进士，官至朝议大夫，回渡东村祭祖，拜过祖先李伯瑶和姚氏一品夫人。[①]

（四）碧溪杨家

碧溪一户姓杨人家赶来找黄妙应，说是老母亲新近死亡，请黄妙应做一门风水，黄妙应应允下来。可杨家的风水却不好做。因为杨家有两个女儿，其中一个是抱养的，杨母对其呵责有加。养女怨恨地抱怨：待老母死后，但愿让她倒埋到地里，死后不得安宁。

说来也巧，黄妙应找到的地理，穴名"天灯蜡烛"，需将死者头朝下脚朝上放入穴中，子孙后代方可显赫。养女很开心，亲生女儿却不依。放金斗那天，两人吵得不可开交。黄妙应在旁边静静地看了一顿饭的工夫，说："时辰已过。"飘然而去，从此不知去向。[②]

---

① 芗城区浦南镇民间文学集成编委会：《中国民间文学集成·福建卷·芗城区浦南镇卷》，华安印刷厂印刷，1991，第 74~77 页。

② 芗城区浦南镇民间文学集成编委会：《中国民间文学集成·福建卷·芗城区浦南镇卷》，华安印刷厂印刷，1991，第 77~78 页。

"北溪四乔木"的风水故事与其他风水故事的共同点在于"福地福人居"的教化作用，得到"福地"者，都是心地善良、待人真诚、憨厚老实的人。传说中"北溪四乔木"中的溪园林家、水流宋家、渡东李家，原来都是较为贫穷困苦的人家，溪园林家、水流宋家甚至都是孤儿寡母，可以说风水改变了他们的命运，从更深层次讲，是否暗示着远离中原故土的开漳将士家族，最初移居北溪浦南的不易？

在生产力十分低下、科技卫生知识贫乏的情况下，开垦的工作一般只能局限于自然条件较好的一些聚落，至于离州治和主要村落较远之处，则基本尚未被开发。浦南一带虽位处平地，居于水路交通要塞，但四周山高林密，被称为"苦草镇"，草木腐烂之后容易引发瘴疠，北溪流域未经开发，荒凉偏远。明代天启年间陈天定《北溪纪胜》中提到"稍上为溪西，人居稀少。然北人出入郡者，必于此为埠"，历来洪患灾害频繁、瘴气瘟疫严重。唐朝时为众多"蛮獠"聚居之所，中唐德宗贞元年间诗人顾况作诗《酬漳州张九使君》为故人张登出任漳州刺史饯行时，其中一句"薜鹿莫徭洞"说明当时漳州在州治之外到处是莫徭的山洞，莫徭即诗人对"蛮獠"的称呼。自六朝以来，戍守这方水土者，只能控制九龙江东侧，以九龙江为天堑，"插柳为营"，与"蛮獠"相持不下。从林孔著墓和李伯瑶墓隔着北溪相对，都位于渡口附近的情况来看，可以大胆猜测，与其生前的军事生涯有关，因为经略九龙江北溪浦南地带的这些渡口是必经之地，或可更直接地认为与"陈政渡溪西"等历史事件的集体记忆相关。今天，从古村落渡东、溪园、碧溪都位于九龙江北溪东岸，颇可见当年"阻江为险，插柳为营"之貌，这与陈政建寨柳营江（九龙江）之西时置"唐化里"相符合。而位于九龙江北溪西岸的水流村，出现"虎咬新婚"的风水故事，也说明九龙江西岸在相当长时间内并不太平，西岸此时应该还是"蛮獠"聚居之所。虽有松洲堡行台制约，为安全之计，不是开漳将士移民的首选。

开漳将士家族单靠一人之力，甚至一家之力，都不易生存，举全族之力，方能安居乐业。所以他们只能聚族而居，并热衷于将风水作为改变命运的机会选择。甚至可能单靠一族之力都还不够。溪园林孔著墓的风水被公认为"四乔木"之首，可见这四大家族之间彼此承认，进一步可知，直至北宋末年、南宋初年，"北溪四乔木"家族尚不存在激烈的竞争关系。由于同属"乔木世家"，位置相近，笔者有理由相信，在他们之间可能存在婚姻网络。这有待于进一步的考察。

北溪将士后裔由于祖辈军功得田，如水流宋家的族谱记载"我祖劳绩有年，亦锡予祭田八十亩，载租一百二十石"，在传说中，后辈也能"守着祖上留下的几亩薄田"。在唐宋时期的九龙江北溪流域，社会经济未能得到充分的开发和发展。田为农耕社会之本，仍以军功为主导的开漳将士家族后裔，既有祖辈军功之名，又有现实农田之本，再加上借用"北溪四乔木"风水传说的解释，在北溪浦南这片土地上重新树立自身的威望，并进一步向耕读社会转型。

"北溪四乔木"的风水故事结尾"慢慢富裕起来""二房的传人中还有中举的""中进士""出过丞相""丁财两旺"等，也又一次说明追逐风水的实用功利性，如丁财两旺、科举功名。碧溪开基祖耸汉公墓穴的谶语"牙笏满床"。"牙笏满床"预意杨家得科举功名者众。如杨汝南，绍兴十五年（1145）进士；杨绍，正统十三年（1448）进士；杨衡，宣德七年（1432）举人。如族谱所说的"推官地"，成为杨姓一族科举兴旺发达的一种风水解释。神秘的解释，能够增强家族的文化自信。但碧溪杨家的风水故事与族谱记载出入极大，在风水故事中黄妙应最终未能做成这门风水，这可能是人们出于对"推官地"好风水的嫉妒而编撰的，但是在某种程度上它预示着碧溪杨家的衰落，当然这是后话了。

回到"北溪四乔木"本身的风水来看，其应该是形法派风水师所为。形法派的风水思想以强调"山龙落脉形势"为主，因传播地始于江西，故又称"江西派"。其堪舆术以动物或事物描述并比喻地形，称为"喝形"，如上文的"渴马饮泉""飞凤衔书""乔木世家""猴王坐殿""天灯蜡烛"等。以日常生活器物的形态如"天灯蜡烛"来"喝形"，真实地反映农耕社会自给自足的乡土生活之自然本色；以飞禽走兽的活动情态如"渴马饮泉""飞凤衔书""猴王坐殿"为喝形重点，符合中国东南地区民间对吉祥动物如"凤"的崇拜心态，可能也包含着某些图腾崇拜的因素。形法派理论的这种"喝形"特征，从一个侧面反映了北溪浦南这片土地从一开始作为军事建置中心向农耕社会生活转型的真实图景和民众的诗性智慧。①

"北溪四乔木"及其家族的兴旺发达、社会空间秩序、地方的开发与发展乃至家族内部个人的锦绣前程，都是乡土社会民众在故乡吾境面前、在风水故事中构设浪漫梦想和未来宏图的真实反映。"北溪四乔木"的风水传说是观察地方社会变迁和家族集体行为的窗口。在漳州地方社会的开发过程中，开漳将士家族将风水作为重要象征资本，进行生存竞争、社会空间争夺，力求得到最大的效益和最有效的资源调配权利。开漳将士家族的社会生活策略，在于利用风水扩充家族势力，强化自我认同，把持地方秩序，维护地域利益。这也是对"北溪四乔木"传说解读、考证的意义所在。

终有唐一代，在北溪中下游山海交界地带几乎没有肇基村落的开漳将士及其后裔，甚至连过往人烟都很稀少——"九龙潭上路，同去客应稀"。② 就算有零散的开漳将士后裔在此活动，估计也只是守墓的，而且通常入乡随俗——这一带更多地聚居着"蛮獠"——以狩猎、捕鱼、采集为生，③ 被"畲化"也是很正常的事。先进生产力的代表开漳将士及其后裔，他们更多地分布在石美、江东沿海平原一带。而宋代"北溪四乔木"之传说，或可视为汉民族开发北溪中下游地区之先声，在此四则传说中，都出现了家庭困顿、迁葬或改易风水之后才得以发家的现象，表明早期的北溪汉族居民是由其他地区的底层民众迁徙而来。在抛开四者身上所谓的开漳将士后裔身份之后，我们可以发现，这些家族的发迹史与在北方、在中原的其他汉人家族并无不同。在早期积累的阶段，由于生产力低下，人口密度低，这些家族选择以神秘的、不可知的力量，诸如风水，以及神化早期的创业始祖来团结家族，并为原始积累做合法化的修饰。这不仅表明这一时期的北溪社会仍处于比较自然原始、开发不足的状态，亦表明一股蓬勃的变革浪潮即将到来。

---

① 陈进国：《信仰、仪式与乡土社会：风水的历史人类学探索》，中国社会科学出版社，2005，第190页。

② 李竹深辑录、政协漳州市文史资料委员会编《漳州诗存·唐宋卷——漳州文史资料特辑》，2000，第57页。

③ 《汉书·地理志》云："江南地广，或火耕而水耨，民食鱼稻，以渔猎山伐为业，果蓏蠃蛤，食物常足。"这说明当时南方地区，渔业和狩猎业在整个经济结构中占有非常重要的地位，是当地居民维持生计的重要手段，捕鱼、狩猎、采集是经济生活中的重要活动。

|第三章|

宋代北溪中下游地区的开发与文化

第一节　宋代北溪中下游地区的自然开发与人文科举
——以碧溪杨氏为例

在经历唐代远征军及其后裔的初步开发之后，漳州逐步摆脱了原始而蛮荒的形态，但北溪流域的人文社会环境仍处于较为落后的境地，这一状况在宋代才逐渐得到改变。

一　宋代北溪中下游地区的开发程度

人口增加、劳动力增长是区域社会经济增长的基本要素之一。唐以前，福建的劳动力不足，大都处于火耕水耨的粗放经营时代，亩产量较低。唐元和年间（806～820）福建仅有74467户，[①] 北宋太平兴国年间（976～984）增至467815户，[②] 元丰初年（1078～1080）增至1043859户，[③]

---

①　《四库提要著录丛书·元和郡县志》（《史部》第九六册），卷二十九，江南道五，福建观察使，北京出版社，2010，第260～264页。

②　《四库提要著录丛书·太平寰宇记》（《史部》第九六册），卷一百至一百二，江南东道十二至十四，北京出版社，2010，第479～496页。

③　王存撰《中国古代地理总志丛刊元丰九域志（全二册）》卷九"福建路"，中华书局，1984，第399～407页。

南宋绍兴三十二年（1162）户数为1390566、口数为2803851，[①] 嘉定十六年（1223）户数为1599214、口数为3330578。[②] 在增加的户口中，北方移民占多数。尤其是南宋初期，金兵频繁南侵，江、浙、赣地区的人民大批涌入福建，移民入闽达到新的高潮。人民为逃避时断时续的宋金战争不断进入福建。[③] 北方移民南下，这些熟练劳动力带来先进的农业与手工业技术。唐宋之际，大规模的围海造田、兴修水利等工程在福建地区如火如荼地进行。

福建人口分布不均、人稠地狭[④]，主要的解决方法就是人口迁移。早在皇祐二年（1050），宋仁宗"诏京西转运司晓告益、梓、利、夔、福建路民，愿徙者听之"。[⑤] 从北宋后期持续到明清，尤其是南宋（1127～1279）以来，由于河谷丘陵开辟殆尽，福建农民遂向较高的山地寻找新耕地。[⑥] 福州、泉州、兴化军等地人们自发向建州、漳州、汀州、邵武军等山区、丘陵地区迁移。加之唐代灌钢技术成熟，人们把"钢"作为征服自然的利器，用它打制工具与农具，然后穿越巨大的岩石修建水渠，伐去茂密的树林、纠葛的藤萝开发山林。[⑦] 相较于有组织的人口外迁、移民屯田戍边，民众的自发迁移规模更大、持续时间更久。[⑧]

据学者统计，漳州在唐中期到北宋中期的人口增长幅度大于1000%。[⑨] 南宋嘉定《清漳志》序云："中兴以来，生齿日繁，漳之事物，益非昔比。"依此，南宋间，漳州人口增长速度明显加快。人口的增加为农业的生产提供了大量劳动力，漳州开发大大加快，许多荒地被开垦为农田，以

---

① 梁方仲：《中国历代户口、田地、田赋统计》，上海人民出版社，1980，第162页。
② 梁方仲：《中国历代户口、田地、田赋统计》，上海人民出版社，1980，第162页。
③ 陈衍德：《宋代福建人口问题》，《人口与经济》1988年第3期。
④ 所谓人稠地狭，指的是由于每平方公里的可耕地承载的人口数量过多而出现的人均耕地过少，存在大量无地少地人口这种现象。福建是宋代人稠地狭最严重的地区，早在北宋后期已开始出现。
⑤ 李焘：《续资治通鉴长编》，中华书局，1990，第4048页。
⑥ 吴松弟：《宋代福建人口研究》，《中国史研究》1995年第2期。
⑦ 徐晓望：《论宋代福建经济文化的历史地位》，《东南学术》2002年第2期。
⑧ 王丽歌：《宋代福建地区人地矛盾及其调节》，《古今农业》2011年第1期。
⑨ 〔美〕彼得·J. 戈雷斯、李辅斌：《宋代乡村的面貌》，《中国历史地理论丛》1990年第2期。

九龙江下游及河口地带成效最为显著。谨以《白石丁氏古谱》收录的两首诗为例分析九龙江下游漳州平原的开发状况：

冬日到泉郡进次九龙江与诸公唱和十三韵①

迢递千重险，崎岖一路通。山深迷白日，林尽豁苍穹。

正值严冬际，浑如春昼中。泉醴开名郡，江清稳卧龙。

天涯寒不至，地角气偏融。橘列丹青树，槿抽锦绣丛。

秋余甘菊艳，岁迫丽春红。麦陇披蓝远，榕庄拔翠雄。

减衣游别坞，赤脚走村童。日出喧鸟鹊，沙晴落雁鸿。

池渐含晚照，岭黛彻寒空。风景无终始，乾坤有异同。

但思乡国迥，薄暮起心忡。

归闲二十韵②

漳北遥开郡，泉南久罢屯。归寻初旅寓，喜作旧乡邻。

好鸟鸣檐竹，村黎爱幕臣。土音今听惯，民俗始知淳。

烽火无传警，江山已净尘。天开一岁暖，花发四时春。

杂卉三冬绿，嘉禾两度新。俚歌声靡曼，秫酒味温醇。

锦花来丹荔，清波出素鳞。芭蕉金剖润，龙眼玉生津。

蜜取花间露，柑藏树上珍。醉宜薯蔗沥，睡稳木棉茵。

茉莉香篱落，榕阴浃里闉。雪霜偏避地，风景独推闽。

辞国来诸属，于兹缔六亲。追随情语好，问馈岁时频。

相访朝和夕，浑忘越与秦。功成在炎域，事定有闲身。

词赋聊酬和，才名任隐沦。呼童多种植，长是此方人。③

丁儒定居于"江东象山之原"④，位于今靠近江东桥处。丁氏后裔所作

---

① 《冬日到泉郡进次九龙江与诸公唱和十三韵》，《闽台族谱汇刊·漳州白石丁氏古谱》（第四十一册），广西师范大学出版社，2009。

② 《归闲二十韵》，《闽台族谱汇刊·漳州白石丁氏古谱》（第四十一册），广西师范大学出版社，2009。

③ 傅宗文从闽南史地背景及相关农作物栽培历史的角度对《冬日》《归闲》二诗进行考证，确定二诗为宋诗，二诗作者为宋人。

④ 《白石丁氏古谱·懿迹纪》，《闽台族谱汇刊·漳州白石丁氏古谱》（第四十一册），广西师范大学出版社，2009。

的《冬日》《归闲》二诗中的景观也主要涉及九龙江流域江东一带。应该说二诗从多方位、多角度描述宋代漳州平原开发及其典型的乡间景色：柑橘、甘菊、丽春花、麦子、翠榕、别坞、鸟鹊、鸿雁、池塘、水稻、俚歌、秫酒、荔枝、芭蕉、龙眼、蜂蜜、薯蔗（甘蔗）、棉花、茉莉……风和日丽、鸟语花香、硕果累累，一片乐土。

"麦陇披蓝远"，此番田野美景始于漳州实行稻麦连作制。随着气温下降、北人南迁，五代、北宋的大麦、小麦南移且扎根南方。农民勤耕细作，粮食作物有很大发展，除水稻、麦外，粟、豆、芋等北方作物的栽种日益增多。①

"茉莉香篱落"，自印度东传我国的茉莉，香味溢满九龙江流域江东一带的篱笆。彼时随着社会商品经济的发展，当地广植茉莉花田。茉莉花不仅是最基本的观赏盆栽，还常见于女子的发饰编织、蒸油合香之中，相关物品在海舶之间转贩。

"睡稳木棉茵"，宋代漳州手工业蓬勃发展，纺织业相当发达，葛布的生产非常普遍，也开始有了棉纺业，纺织的棉布称吉贝布，吉贝是梵语karpasa的译音，兼指木棉与草棉。木棉在入宋以后，种植渐多，产量渐丰，花色渐繁，尤其在朱熹等人的倡导下，木棉的种植进一步推广。"南北走百价"② 在国内畅销，在海外紧俏。

"嘉禾两度新"，入宋之后随着复种技术成熟、漳州地区人口增长速度较快，粮食产量的客观需要不断加强，双季水稻种植为大势所趋。据已故的中国农业科学院院长丁颖的研究，双季稻对气温的要求是一年有七八个月月平均气温在10℃以上，同期总平均气温在20℃以上。荔枝也需要较高气温。宋代双季稻和荔枝种植的北限都是福州地区，因而诗中能够出现"锦花来丹荔"的美景。③

在宋代，北溪中下游地区已开始生产陶瓷。《瑶山杨氏族谱》之"修

① 陈自强：《略论陈元光开漳之功与唐宋时期漳州的开发》，《泉漳集》，国际华文出版社，2004，第236页。
② 朱松等撰《四部丛刊续编集部 韦斋集》卷三"吉贝"，上海书店出版社，1934，第106页。
③ 傅宗文：《丁儒龙溪诗篇与宋代漳州平原农业》，《古今农业》1991年第3期。

谱序"记载："瑶山大宗杨氏自宋开基以来，繁衍生息，营陶为业，距今已有七百多年。"① 瑶山即扶摇，位于今龙文区郭坑镇扶摇村，又称磁窑，宋归属龙溪县游仙乡龙州里二十三四都磁窑社，清乾隆间为二十三四都磁窑保。

宋代稍早述及漳州风物的是王安石的《送李宣叔倅漳州》②：

> 闽山到漳穷，地与南越错。山川郁雾毒，瘴疠春冬作。
> 荒茅篁竹间，蔽亏有城郭。居人特鲜少，市井宜萧索。
> 野花开无时，蛮酒持可酌。穷年不值客，谁与分杯杓。
> 朝廷尚贤俊，磊砢充台阁。君能喜节行，文艺又该博。
> 超然万里去，识者为不乐。予闻君子居，自可救民瘼。
> 苟能御外物，得地无美恶。似闻最南方，北客今勿药。
> 林麓换风气，兽蛇涸毒蓋。如漳犹近州，气冷又销铄。

该篇提到的毒雾、瘴疠、野花、蛮酒、兽蛇等，给人蛮荒萧索的感觉。傅宗文认为是王安石不了解漳州的实际情况，造成《送李宣叔倅漳州》以讹传讹的描述。笔者倒认为，此间差距分明与宋代漳州社会经济发展不平衡有关。《冬日》《归闲》二诗所描绘的是漳州地区富饶、先进的部分，而彼时落后的九龙江北溪中下游山海交界地带，如下文即将论及的碧溪村未尝不是这般几近蛮荒的景致。正是富饶、先进地区的示范效应，落后地区才缓慢地发展起来。

二 碧溪杨氏崇宁开基及其渊源

崇宁年间（1102~1106），杨氏开基碧溪。碧溪村，宋时名为长泰县碧溪乡，明属长泰县龙渊保，清隶龙溪县二十五都游仙乡九龙里浦西保，今属华安县丰山镇，位于华安县东南部，九龙江北溪江畔，东与长泰县古农农场接壤，西与玉兰村相连，南与芗城区浦南镇渡东村临界，北与芹板

---

① 《瑶山杨氏族谱》，2006年修，序页。
② 李竹深辑录、政协漳州市文史资料委员会编《漳州诗存·唐宋卷——漳州文史资料特辑》，2000，第314页。

村连接，是漳州冲积平原的一部分。

　　源自董凤、梁岗，历大帽、小帽穿田而过，为水分流，山逶迤起伏，由赤山岩过涂门巷，挺为寨山，经洪坑岭，过陈道山，束而下为虎过仑，耸而峙为石鼓山，笑星束而起，分为三台山。社建其下，乡号游仙里，标九龙社，名碧溪（见图3-1-1），内分四隅曰青云顶，曰珠湖，曰龙坞，曰璁田。[①]

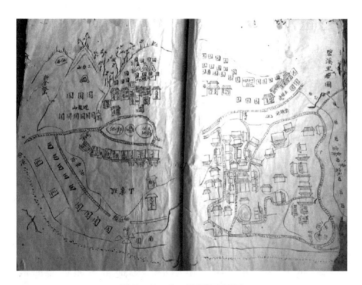

图3-1-1　碧溪里居图

资料来源：《碧溪杨氏家谱》（第1册），清乾隆三十五年（1770）刊本，第23页。

　　碧溪村依山傍水、绿草如茵、风景秀丽、土壤肥沃。文人雅士曾对它赞不绝口：

碧溪行贺参溪采芹词[②]

（明）菁城贡士傅名世

虎渡迤北达龙潭，山见巍峨水色蓝。

泻洲钜儒此中出，紫阳座间位置一。

---

① 《碧溪杨氏家谱》（第1册），清乾隆三十五年（1770）刊本，第14页。
② 《碧溪杨氏家谱》（第4册），清乾隆三十五年（1770）刊本，第41页。

继兹豪俊日挺生，屈指难穷宋与明。

是唯地气多灵异，舞凤蟠龙饶苍翠。

碧溪形胜正居中，背水面山势更雄。

梁岗支派最奇辟，分来恰作贤人宅。

杨氏处此代有声，快然居士早著名。

无禄中间遭变乱，登楼独自哀王粲。

书诗礼乐岂终烬，司徒继起家复振。

自此流传百许年，踵武唯愿子孙贤。

舜阶立志佳不惑，道自南来学在北。

为文直欲驾子云，上稽五典参三坟。

率祖攸行真不愧，数奇每落下和泪。

今日知己获王良，冀北之野腾龙骧。

会见鹏博从此始，扶摇直上九万里。

寿迟斋诗①

（明）西源知县郑复

碧溪有仙迹，仙源一何深。迟翁山中人，仙子相追寻。

弃官如脱屣，携友来高吟。春草池边梦，良稼原上收。

玄猿隐深树，白鹤横中洲。今日为君寿，寿寿如陵邱。

图 3-1-2　碧溪"春草池边梦，良稼原上收。玄猿隐深树，白鹤横中洲"今貌

---

① 《碧溪杨氏家谱》（第 4 册），清乾隆三十五年（1770）刊本，第 37 页。

以上诗词皆为时人赴碧溪游玩时所作。虽说诗词作者身处明代，但所描述碧溪的自然形胜与宋代之时应无太大的出入。诗中提及"杨氏处此代有声"，地灵还需人杰，因此，有必要先对碧溪杨氏的渊源进行了解。

（一）开漳始祖

杨氏开漳始祖杨统，"河南光州固始县人，官河东左翊府玉钤卫昭信校尉，唐高宗显庆年间，奉朝命佐陈政将军戍闽，出镇泉潮间。时有崖山陈谦结'诸蛮'作乱，攻陷潮阳，闽粤震动。咸亨三年（672），统奉令以将代帅，率领一支劲旅讨伐广东流寇陈谦，在战场中这股劲旅之师，摧坚拉朽、势如破竹，但因后援迟继，敌众我寡，中敌毒箭，殉职遇难。唐王朝为褒奖为国牺牲将官，敕封杨统为'靖节将军'，子孙世袭职。因择于霞城（漳州别称）永宁桂林村芝山之东北隅定居（即今之霞城接官亭地）也"。[①]

自杨统至杨守固十一世谱帙残缺，大致为：统—承—朝—新—命—程—子斌—唐—快—愿—英—守固。难以详考。

杨守固，"统公之十一世孙也"，家住霞城，在刺史卫门供军职。后晋开运三年（946），"值永春留从效作乱，公以卑职弱兵，为主帅程斌出拒，不克，罗其族，杀，存子一，重卿"。泉州散兵指挥使留从效袭泉州刺史王继勋，权领军府事，南唐鞭长莫及，只得任命从效为泉州刺史。他得势之后，虎视眈眈于漳州，同时举兵犯境。当时漳州归顺南唐，新任刺史林继尧上任不久，州之军府卫门，兵微将寡。在林继尧与军府卫主帅程斌鼓动下，守固公挂戴"漳城协守"之冠，领兵阻拒留从效。在万松关双方进行厮杀鏖战，守固终因后继无援，光荣殉职。城破后其家族也受到杀害，在建宁郡（今云南省）为官的杨重卿是唯一幸存者。杨重卿，"守固公子。官建宁郡属邑薄，与郡守蜀人伟公会有同宗之谊。从效作难，公在建宁获免，闻宗族被诛，孤特无助，不敢回漳。且虞留氏有不轨之谋，乃随郡守伟入蜀，立贯于山西之潞州黎城县，生子触"。杨重卿跟随同宗同僚杨伟避难躲进四川落籍，生子杨触。"触公"，周时官防御使，世宗时官昭武军

---

① 《碧溪村杨氏族谱》，手抄本，1996，第9～10页。

节度使,生子杨仕休。

(二) 回漳始祖

回漳始祖杨仕休, "北宋太祖 (匡胤) 时登进士第,官拜殿中丞"。 "天圣元年 (1023) 回籍 (漳),葬长泰陶塘洋 (今长泰陈巷镇雪美村) 之浮山。"① "生子三:令闻、令绪、令望。" 始祖杨仕休兄弟三人:仕蒙往广东百侯创业繁衍;仕正旅居台湾发展。

杨令闻 (962~1038),仕休长子。登北宋太宗淳化壬辰三年 (992) 第一甲进士,历职方员。宋咸平、景德年间,北方契丹、党项常犯兵边境,动荡不安。杨令闻心系国难,上疏《御边安邦》,深受朝廷赏识,调任防御史,率军驻防甘肃等处要害边境。外侮入侵疆土,杨令闻于边疆布防,巧妙运用剿抚策略,边患尽除,奏凯回朝。又升宣奉大夫、上柱国镇守黎城。尔后看透当政时弊,灰心倦政,急流勇退,三上疏,乞归故土。天圣元年 (1023),杨令闻奉旨告老还乡,与父杨仕休,弟杨令绪、杨令望由四川黎城回漳定居。朝廷赐玺书,授予杨令闻光禄大夫,食邑五百户。居漳一载,全家迁移定居长泰县陶塘洋。杨令闻重视对族人后代的教育,族人多有登科。

(三) 碧溪开基祖

杨令望,仕休三子。字子振,文学、节行推重于世,志不愿仕。郡守方公慎从延教州校,门人林曼等十二人联登进士榜。嘉祐丙申年 (1055),安抚使李启勉以教育有功,奏。越明年丁酉,封泰岳先生。卒年七十二,葬长泰彰信里之洪山,坐乾向巽,生子光璧。

杨光璧,令望长子,由陶塘洋徙居霞城 (漳州)。英宗治平丙午 (1066),试明经,科第十三,调宁州节推,改判常州,致仕,享寿六十有六,生子耸汉。

杨耸汉, "号十五公,世居霞城东北隅。崇宁间 (1102~1106),迁北溪之滨,距城三十里许,地名碧溪。以长子汝南,贵敕封从政郎", "生子

---

① 杨仕休与妻胡氏合葬墓,今位于陈巷古农村寨仔山,墓堆长 13.67 米,宽 8 米,高 1.8 米。墓保存完好,列为县级文物保护单位。

四，福、权、荫、党"。杨耸汉为碧溪开基祖。

我们先梳理一下碧溪杨氏迁居的路线：咸亨三年（672），杨统后裔定居霞城永宁桂林村芝山之东北隅（今漳州接官亭地）；后晋开运三年（946），杨重卿避难四川黎城；天圣元年（1023），杨仕休与子杨令闻等回漳城定居；天圣二年（1024），杨仕休与子全家迁移定居长泰县陶塘洋；某年不详，杨光璧由陶塘洋徙居霞城；崇宁年间（1102～1106），杨耸汉迁北溪之滨，距城三十里许，地名碧溪。

由族谱直接可见的迁居原因是躲避战乱，如杨重卿避难四川，待漳州安定后，杨仕休等回漳定居。杨氏一族在霞城、陶塘洋之间辗转，原因不详。今日陶塘洋杨氏亦前来碧溪祭祖，陶塘洋是碧溪的祖地，于情理不通。据陶塘洋杨氏介绍，他们曾为了躲避瘟疫举族迁来碧溪，后再返回长泰。联系漳州州治躲避瘴气而进行的迁移，会有助于理解。如果说杨氏从陶塘洋迁走是为了躲避瘟疫，那么崇宁年间（1102～1106）迁离霞城，开基碧溪，最大的可能性就是漳州城区已经没有足够的可耕之地。

如果说两宋之交，漳州地区犹有"地未尽辟"，用来指北溪中下游山海交界这一带是最确切不过的。杨氏一族沿江上溯，来到山海交界的碧溪村。唐朝北溪的潮区界在绿洲潮口（今浦南一带）。[①] 海潮随着潮汐起落进入九龙江下游及河口地带与之交汇，沿岸居民虽便于采捕丰富海产品，却不得不头疼"障海为田"的相关事宜，外障海潮，内蓄淡源，修建大型水利设施，如"官港"，基本上要在地方官府的主持下进行。[②] 但九龙江北溪山海交界这一带，畲民较多，不易管理，成为行政上的"盲区"，更别提修建水利。现潮区界逐渐东移，今日九龙江潮区界继续向东后退：北溪大潮至郭坑篁渡铁桥，枯水期只能上溯到江东桥。[③] 海潮之害逐渐远离，这对于该区沿江两岸的开发，无疑是一利好消息。杨氏向九龙江北溪中下游山海交界处拓展、寻求生存空间成为唯一且可行的路径。

---

① 林汀水：《九龙江下游的围垦与影响》，《中国社会经济史研究》1984 年第 4 期。

② 苏惠苹：《以海为伴：唐宋以降月港区域的初步发展》，《漳州师范学院学报》（哲学社会科学版）2013 年第 3 期。

③ 李智君、殷秀云：《近 500 年来九龙江口的环境演变及其民众与海争田》，《中国社会经济史研究》2012 年第 2 期。

三 碧溪杨氏耕读传家、科举发迹的开发举措

杨氏一族在碧溪村开基之后，与颜、邹、刘、郑、梅等其他姓氏杂居一村，族人零星杂处。

> 然而社非一姓，与杨平分者，前后两颜，与杨杂处者，有邹与刘，而□前山之□郑、后山之郑、东山边之梅亦皆瓜分一隅，自成氏族，其余附居散处是不一姓，此吾家先人所以或分住于回龙山、新仓、尹垅，或散居于东洋、水吼、油车后也。……（按：明清时期）里居屋舍统归我杨□，有异族附居首尾寥。①

碧溪杨氏最早的居住地水吼、油车后两地皆在山脚下的溪流小涧边：

> 里，随龙之水，分东西两条。东条从水分流山后而出，历石龟、东洋下至坛头、吴陂二坑，转为水港，入于吴前坑分两支，汇于东井窟，经九曲港至相会港，与龙安、水吼、水磨坑等诸小涧合流，出港口桥，达于溪。西条从水分流社前而出，历乌岩、陂头、芹霞，至于后塘，过鹊桥，沿马坂至油车后、狗骨巷下出达于溪。

至于回龙山即今长巷上杉仔山下一片园地，新仓、尹垅在明清时期已经悉为坟山，并非都紧挨着九龙江。碧溪村碧云宫碑文（图 3-1-3）介绍：

> 碧之乡纪胜者四，其迤西北而居，最上曰云顶，中面北而汇清涧曰珠湖，自湖转东而下曰璁田，其南濒龙江曰龙坞。
>
> 云顶、珠湖衡宇相望，璁田、龙坞屋舍连翩。②

上文坑、窟、港、池（珠湖又称"宝珠池"），虽有风水的意味，但更多的还是小型的水利设施。至于"龙坞"此种以"坞"为地名的聚落几乎都地处山脚地带的小谷中。这种"坞"的地形，是定居初期因为水利管理比较容易而被选定的。它的起源可上溯至唐代，可见北溪中下游地区民众

---

① 《碧溪杨氏家谱》（第1册），清乾隆三十五年（1770）刊本，第14页。
② 《碧溪杨氏家谱》（第1册），清乾隆三十五年（1770）刊本，第14页。

图 3 - 1 - 3　碧云宫碑记

的定居地点呈由山脚地带向低平地带转移的趋势。①

关于杂姓村如何发展为单姓杨氏村，族谱并没有过多记载，令人遗憾。幸运的是，笔者在《朝阳村杨氏族谱》中找到了碧溪杨氏在宋理宗宝庆三年（1227）外迁开基的相关记载，可解疑惑之一二：

> 宋末天圣三年（1025），朝阳社原是由林、郭、陈、罗四姓掌握全社，被称为"杂姓之社"。以南宋末、成吉思汗二十年（1206 - 1227）由始祖杨国栋之次子杨德茂从华安县丰山镇碧溪村赶来一群约有百只左右的母鸭，由浦南溪下流经北溪内林港口进入朝阳社（原杂姓社）下面厝内居住。起先用竹棚为房。朝阳社第一世开基祖先杨德茂经过几年的辛勤开荒、种作，杨姓开始兴旺发达，并且财丁两旺。

---

① 〔日〕山田贤：《移民的秩序：清代四川地域社会史研究》，曲建文译，中央编译出版社，2011，第5页。

据传说，每只母鸭子每晚都生产两个蛋（本社郭姓饲养的母鸭子到杨氏住处觅食并产下鸭蛋）。从此，四姓财丁逐年衰败，几年后，相继移迁外地，至明洪武十九年（1386）四姓人口只剩下几人。杨氏子孙昌盛，人口逐年增加，已有三百多人分布在全社各个角落，从此改为朝阳社。①

此类传说颇具趣味性，耐人寻味。杨氏饲养的鸭子相较于其他姓氏有着双倍的蛋产量一说，实际上将不同姓氏之间抽象物质财富积累速度的差别具体化了。由此可见，无论何时何地，经济实力都是生存的根本。无独有偶，在笔者进行田野访谈的时候，搜集到一则"松洲钟氏族人开基故事"与此颇为类似：

明洪武九年（1376），钟氏族人赶着鸭子自汀州—江西—兴化—海澄，顺着九龙江沿岸上溯到了松洲。那时松洲村址在九龙江畔，后遇洪患才迁至今址，而松洲村民大部分姓陈。钟氏祖先在江边捡到一条破船就定居下来，过着一边摆渡，一边养鸭子的生活。钟氏族人在江边定居的地方叫白沙，现在每年农历七月十六日，钟氏族人还会到白沙的土地庙祭拜。据说现在江边还有一些基址存在，就在今浦南大桥桥墩下。

在传说中，民众在江边、池塘、田间、山塘边等地搭筑简易的棚屋寮舍饲养鸭子，以此作为最初生计来源，就北溪中下游地区的情况而言，此类传说具有很大的可信度。畜禽养殖业在当时的社会经济生活中占有重要地位。但是否因为以畜禽养殖业发家对于后来科举发迹的家族来说不是那么上得了台面，而被碧溪杨氏刻意忽略不提呢？我们不得而知，但不可否认的是，碧溪杨氏自开基以来，披荆斩棘，开垦无主荒地，勤奋劳作，进一步促使村落规模化。

关于生存空间的竞争，从来没有温情脉脉一说，而是相当惨烈地争夺。就算是单姓村也不能掉以轻心，更别说这是一个杂姓村，村落内部存

---

① 《朝阳村杨氏族谱》，2002，第 2 页。

在各姓之间的竞争。与碧溪相距不远有个类似的地方叫绿江，就有一例：

> 北溪绿江地处北溪与龙津江交汇处，土址肥活，水源丰富，地势低，经常受洪水之灾。由于土肥水丰，也是夷族（按：当地少数族群）争夺之处。元朝至正间即公元 1351 年曾一度被夷族所占据，又遭受洪水之灾所侵袭……移居长泰甘棠。①

纵观碧溪渊源，我们很容易发现杨氏一族"文治武功"的生存策略，即视国家安定与否而做出反应。唐至北宋初年，杨氏以战功先后获得官位：杨统为"靖节将军"，杨触为"昭武军节度使"，杨令闻为"宣奉大夫""光禄大夫，食邑五百户"。

"重文教，轻武事"是宋朝的基本国策。杨氏一族眼光敏锐，以杨令闻为转折点，杨氏一族走上科举之道。杨令闻登淳化壬辰（992）第一甲进士，注重对族人的教育；杨令望不愿入仕，以教育为业，门下有林曼等十二人联登进士榜，被封泰岳先生；杨光璧，"试明经，科第十三"。碧溪杨氏尤以杨汝南为著：

> 杨汝南，字彦侯，龙溪人也，擢绍兴十五年进士第。初郡守李弥逊奇其材，勉就宏词科，中书以其文崛奇不署。至是登第，初调赣州教授，改广州，仍前职。其文变入雅淳，以《六经》为法，往往变化有态度，尝摭《诗》《春秋》《中庸》要旨，著《经说》三十篇以授学者，仍表进于朝，祭酒杨椿览之曰："真今之师范也！"用荐改知古田县，以教化为先务，修学舍、置学田，日谒学考，德励业务，臻成效用。是古田学者入试南宫，与对大廷，多居首选。县有安福桥，汝南造之。君子谓其得为政之体，惜其官止于古田，其施未究也。汝南有志学古者，初筮以廉、平、公、勤为四字符而佩服行之，故随所至而皆有声。尝与高东溪相友善，间尝扁其所居堂曰："不欺"，又自号"快然居士"。盖人惟不欺则仰不愧俯不怍，心自快然。此其学为有本也，其文章亦称重于时，平居不出，户外履常满焉，如傅侍郎、颜尚

① 漳州市龙文区檀林陈氏族谱编委会：《漳州市龙文区檀林陈氏族谱》，2006，第 9 页。

书皆尝授业。门人邱审象尝裒次于文成集，留丞相正为之序云，孙承祖自有传。①

图 3-1-4 杨汝南墓

杨耸汉长子杨汝南，登南宋绍兴十五年（1145）"刘章榜"进士。杨汝南先后当过赣州、广州学官和古田县知县，弃官返家之后，以举办教育为首务，创办学堂，摘录《诗》《春秋》《中庸》精华内容，编成三十篇《经说》作为课本教授学生。杨承祖作为杨汝南之孙，以祖荫入仕，做过安溪、惠州、新州、梅州等地知县。科举入仕有力地推动家族的发展，碧溪杨姓成为当地的望族。

碧溪杨氏科举业的发展显然得益于家族的维持和发展。诚如王定保所说："三百年来，科第之设，草泽望之起家，簪绂望之继世。孤寒失之，其族馁矣；世禄失之，其族绝矣。"② 尽管族谱对于这方面没有明确的记载，但"为把子弟造就成登科入仕之材，家族组织采取种种措施。许多家族不惜花费物力、财力开办族塾。一般的家族，或利用族田、族产收入，或通过族人集资的办法开办族学。少数经济基础好的富家大户则自设塾学，督促子弟发愤苦读。对于那些有望考科入选的家族子弟，提供各种优裕条件，给予重点扶持或资助，使他们能够在接受族塾教育后，进入更高层次的学校学习，受进一步的教育，进而参加科举，获得功名，步入士绅

---

① 《碧溪杨氏家谱》（第4册），清乾隆三十五年（1770）刊本，第4页。
② 王定保：《唐摭言》卷九"好及第恶登科"，上海古籍出版社，1978，第97页。

阶层，成为本家族的政治人才。家族组织物质上的支持和精神上的激励，对一些经济条件不太好的家族子弟踏上科举之途，无疑有促进作用"[1]，已成为人们的共识。

勤劳勇敢的精神自然是开拓所必需的，而族人的登科入仕，更能给家族带来政治上的权势，使整个家族得到光耀门楣的显赫社会地位，对于巩固在地方的势力更是事半功倍。要想更好地守护住自己的家园，"耕读传家"在当时不失为最好的方法。

宋代时碧溪杨氏就已经拥有固定的族产，由于年代久远，保存下来的记载只有两则："快然居士祭田：一。苗田一段，坐落八都月港泥尾庵等处，受种三石，年科租谷四十石，令各房子孙轮取。今废。"[2] "真儒公尝园：一。垦园四段大小坵数不等，坐落本山狮形前、寨山、洪坑岭等处，年科租钱一千二百八十文，为大宗冬至祭费。"[3]

碧溪杨氏开基100多年之后，在南宋己酉年（1129）建立祠堂世恩堂（图3-1-5），距今已有近900年历史。宗祠占地面积为900平方米，奉祀杨氏高曾列祖及各代祖宗。宗祠建造模式为两进带东西厢四合院式格局。檐口梁两端各雕一个男子扛大梁，体现杨氏子孙勇挑重担。[4]

图3-1-5 碧溪世恩堂

① 王日根、李弘祺主编《闽南书院与教育》，福建人民出版社，2007，第16页。
② 《碧溪杨氏家谱》（第1册），清乾隆三十五年（1770）刊本，第41页。
③ 《碧溪杨氏家谱》（第1册），清乾隆三十五年（1770）刊本，第43页。
④ 丰山中心小学杨惠娟、宋志波整理《碧溪杨氏"世恩堂"》，宋志波主编《华安县丰山镇中心小学校本教材》，第8页。

杨氏在碧溪站稳脚跟，繁衍至今。今载在族谱内的族山包括苍下山、三台山、石鼓山、新仓林山、寨山、虎场垅山、流井桥山、油鞍山、洪坑岭山、龙女仙山、狮子毯山、用林山、东洋山、尹垅山、狮母山、坛头山、应坑山、全奎山、东坂也山、阮仔山、官坑山、螃蟹垅山、狗窟垅山、东山、浦仔山、宋岁山、乌石垅山、宋林山、蛇仔头山、东洋山、班占垅山、石崎山、举人山、御史岭等，共计30余座山林。而这些成果，都离不开碧溪杨氏耕读传家的开发举措。

我们可以发现宋代漳州北溪中下游地区的开发集中于下游地带，呈溯江而上的趋势。唐代、北宋年间，民众仍集中于柳营江一带。到两宋之际、南宋中前期，民众已经在浦南周边开基定居，南宋末年赵氏开基地点进一步上溯银塘。沿着九龙江北溪，总体呈现由沿海到内地、由平原到山林的开发趋势。

第二节　南宋漳州北溪中下游地区的理学与民间信仰

以杨氏为首的北溪家族在完成了早期的原始积累之后，逐渐采取耕读传家的策略，致力于将家族打造成书香门第、科举世家。这一策略在整个北溪地区得到了扩散，并进一步影响了当地的人文环境，在南宋这一时代背景以及科举兴盛的人文背景之下，表现出的特征是理学氛围渐趋浓厚。然而，好巫尚鬼的民间传统仍然在发挥强大的作用，理学思潮与民间信仰相互交织，构成了这一阶段北溪的精神社会。

一　宋代北溪理学环境的形成

（一）北溪中下游地区的科举氛围

北溪中下游地区在宋代得到一定的开发，这在前文已经有所涉及，不再赘述。漳州在北宋时期考中进士83人、南宋时期考中进士185人，计268人。可以说漳州教育的发展，很大程度上是在科举制的直接带动下而取得的。① 如官

---

① 王日根、李弘祺主编《闽南书院与教育》，福建人民出版社，2007，第13页。

学的建立意味着漳州人从此可以通过科举进入王朝的政治系统，能极大地带动漳州人投入教育的积极性。① 当地有陈元光在漳州设立州学之说，但并无确凿的史料记载，暂不予采信。据载漳州州学始建于庆历二年（1042），其后龙溪、龙岩及长泰诸县县学相继建立，而漳浦县学早在天圣三年（1025）便已建成。② 迄至朱熹任漳州知州，"笃志学校，提倡儒学"，"每旬之二日必领属官下州学，视诸生，讲《小学》，为其正义；六日下县，亦如之"，想方设法扩大州学。南宋时期，漳州州学不断扩充，宋绍熙三年（1192）建宾贤馆，"以延耆儒"，建受成斋，"以训武士"。③ 以后历任州官危稹、赵汝谠、郑昉、章大任等人也对教育有所建树。④ 整体上漳州地区经济相对落后，且处于边沿地带，在文化方面处于弱势，教育的落后状况还是没有改变。宋代福建书院计 16 所，福州府占了 11 所，漳州只有 2 所——龙江书院、观澜书院。⑤

科举制度推动文化教育的发展和普及，促进民间重学风气的形成。伴随着越来越多的人及第入官，漳州的政治地位渐趋改变。⑥ 人们逐渐把应举放在重要位置，普遍重视子弟的读书和受教育。社会通过各种形式，大力宣扬"满朝朱紫贵，皆是读书人"，祖宗富贵皆从读书来等观念，奉劝后人"励志科举，不当从门荫"。⑦ 如出生在宋绍兴二十九年（1159）正月十五日，北溪中下游地区淳朴、本分的农家家庭的陈淳，他的父母也希望他走科举的道路。陈淳晚年在给与他往来最密切的门人陈沂（字伯澡）的信中谈到当时漳州"学而优则仕"的社会风气：

> 大抵今之读书为儒者，通一世皆是学举业之人。自儿童学语，便教以属对，既而少长，虽次第读《孝经》《论》《孟》《诗》《书》经，莫非为举业之具。越十五成童，至于二十成人，所谓举业语言，已盈

① 王日根、李弘祺主编《闽南书院与教育》，福建人民出版社，2007，第 3 页。
② 施伟青、徐泓主编《闽南区域发展史》，福建人民出版社，2007，第 128 页。
③ 邱季端主编《福建古代历史文化博览》，福建教育出版社，2007，第 288 页。
④ 徐晓望：《宋代福建史新编》，线装书局，2013，第 500 页。
⑤ 王日根、李弘祺主编《闽南书院与教育》，福建人民出版社，2007，第 30、31 页。
⑥ 王日根、李弘祺主编《闽南书院与教育》，福建人民出版社，2007，第 13 页。
⑦ 王日根、李弘祺主编《闽南书院与教育》，福建人民出版社，2007，第 15 页。

耳充腹，缠肌致骨。①

（二）北溪中下游地区的社会思潮

朱子学（闽学或考亭学派）产生之前，北宋闽地先有"海滨四先生"倡导理学，后又有杨时、游酢南传洛学（"道南学派"）。朱子学传入漳州之前的本地思想家主要有漳浦蔡元鼎、龙溪（青礁）颜慥、漳浦高登等。

> 蔡元鼎，漳浦人，五季衰乱，隐居不仕，以文章自娱，宋初屡征不就，讲学大帽山，生徒至者千人。

朱子称道之曰：

> 元鼎独潜心六经，著《大学中庸解》、《语孟讲义》，何其择术之正与！②

颜慥（1009～1077），博学多才，善于诗文，其文章及德行皆优。颜慥与蔡襄为金石交。③"时海滨文教未兴，慥倡明道学，教授生徒，人皆化之。"④ 颜慥常读书于西湖白莲院。蔡襄为群幕，以诗文会友唱和，来往颇多。庆历中任漳州教授，提倡道学，教化学子。

黄学臬，习习之，南宋绍兴年间出生，龙溪人。博通经史，尤长《诗》《书》《春秋》。朱熹守漳，与同乡宋闻礼均以稚年轮讲。嘉定十六年（1223）进士。初任番禺主簿，后转任鄱阳承。曾被推荐校勘朱熹《续语录》。官终泉察推。年七十余归里，手不释卷。著有《评语》《补注东坡》各一部。

随着宋代文化重心的逐渐南移，漳州地区文化发展迅速，两宋进士及第者72科达268人。其中，高登作为漳州学人中出色的一位代表，他的政绩、人格和学问都为乡人所景仰。

---

① 陈淳：《北溪大全集》卷二六"答陈伯澡"之一〇，《文渊阁四库全书》本，第1168册，第709～710页。
② 沈定均修、上海书店出版社编《中国地方志集成 福建府县志辑29 光绪漳州府志》卷二十八"人物一·蔡元鼎"，上海书店出版社，2000，第568页。
③ 详见陈自强《蔡襄在漳州》，《泉漳集》，国际华文出版社，2004，第239～242页。
④ 沈定均修、上海书店出版社编《中国地方志集成 福建府县志辑29 光绪漳州府志》卷二十八"人物一·颜慥"，上海书店出版社，2000，第551页。

高登（1104~1159），字彦先，号东溪，漳浦县杜浔乡宅兜村人，南宋耿直廉洁的爱国者，词人。宣和间为太学生，七年（1125）金兵犯京师，他与太学生陈东等联名上书，请诛蔡京等六贼，名震天下。绍兴二年（1132）进士。授富川主簿，迁古田县令。后以事忤秦桧，编管漳州。① 其学以慎独为本，李清馥《闽中理学渊源考》云："漳江之学，至北溪得紫阳之传而递衍繁盛，然在靖康间，时有东溪高先生者以忠言志节著声。朱子莅漳，曾新其祠宇，又为之记，言：'先生学博行高，志节卓然，有顽廉懦立之操。其有功于世教，岂可与隐忍回护、以济其私而自托于孔子之中行者同日语哉！'按东溪之学，亦一时倡起之师也。"②

高登被谪居家，又在家中兴学授徒，执经问学者达数百人之多。弟子有林宗臣、杨汝南等。③ 他的学生在当地也大都有一定的影响，在漳州形成"高东溪学派"。此时的漳州理学已有一定的基础。

（三）朱熹知漳与陈淳受道

在科举之风兴盛，求贤访道氛围浓厚的环境下，漳州地区终于诞生了本土最为重要的理学大师与思想家——陈淳。陈淳（1159~1223），字安卿，号北溪，世称"北溪先生"。他一生未应科举，亦未曾做官，是朱熹晚年的得意门生，一直从事教育，并致力于朱子学研究和传播，是朱子理学思想的重要继承者和阐发者。陈淳死后，谥文安，在雍正二年（1724）配祀孔庙。④ 这一殊荣意味着陈淳的思想及著作等对延续道统的贡献，受到后世学人和统治者在仪式及制度上的承认。

绍熙元年（1190），朱熹以花甲之年知漳州，不仅将理学发展的最新信息直接带到漳州，而且由此追随朱熹而来漳州的学人也为数不少。据日本学者田中谦二和美籍华裔学者陈荣捷等先生的研究，除漳州本地学者之外，前来求学的还有泉州晋江县的杨履正、杨至、赵唐卿，莆田县的郑可

---

① 宋代官吏得罪，谪放远方州郡，编入该地户籍，并由地方官吏加以管束，谓之"编管"。
② 李清馥撰、徐公喜点校《闽中理学渊源考》，凤凰出版社，2011，第225页。
③ 沈定均修、上海书店出版社编《中国地方志集成 福建府县志辑29 光绪漳州府志》卷二十八"人物一·高登"，上海书店出版社，2000，第562页。
④ 孙尔准等修《中国地方志集成 省志辑·福建9 道光重纂福建通志（七）》卷二百七十一"祥异"，凤凰出版社等，2011，第304页。

学，福州长乐县的刘砥，福州瓯宁县的童伯羽，建州浦城县的杨藤、杨道夫，南康军建昌县的周谟，温州永嘉徐宇等，学术风气异常活跃，漳州一时间成了理学的中心。① 师友相互交流切磋，陈淳受益匪浅。

朱熹知漳时期，漳州地方存在很多弊端，如贩卖私盐、宰杀耕牛、赌博财物、传习魔教、民风健讼。以"婚嫁丧祭，民务浮侈，殊不仿礼制"②为例，具体表现是"娶妇之家必大集邻里亲戚，多至数百人，椎牛行酒，仍分彩帛钱银，然后以为成礼；女之嫁也，以妆奁厚薄外人不得见，必有随车钱，大率多者千缗，少者不下数百贯……丧葬之家，必广为斋设以待宾客，继用荤酒而散物帛"。这些婚丧礼仪在漳州已成定制，可谓民俗奢靡，无力承担丧葬嫁娶的巨大开支又顾忌俗论的人家，"男女以修道为名私创庵寺""女不嫁而入空门""停丧在家及攒寄寺院"，既非其本意又有违人性，容易造成社会问题，如"寺院民间以礼佛传经为名，聚集男女昼夜混杂""（男女）本非妻妾而公然同室""不待媒聘而潜相奔诱"等。另外丧亲不下葬或"服丧期间身着吉服，饮酒食肉，夫妻同室"皆不符合"慎终追远"的理学家关于"孝"的理念。

这些现象的出现，朱熹认为是"此邦僻远，声教未洽""俗未知礼"造成的。他颁布《谕俗文》、《晓谕居丧持服遵礼律事》和《劝女道还俗榜》等宣明教化，敦厉风俗。如传说"塔口庵的来历"可相印证：破坏引起伤风败俗的风水，朱熹在北桥庙的井上建起小石塔，封闭"美人穴"的井口。朱熹还倡议漳州百姓订制"竹隔仔"（竹帘）挂在大门口，女子上街戴"文公巾"不抛头露面，挂"文公拐"打登徒浪子。③ "传经会一禁而尽""女人空门者都还俗"。朱熹还有力地矫正当时漳州地方人伦乱、婚俗杂的情况。

另外，朱熹知漳一年，整顿学校，培育士人、士风，社会效果良好。朱熹和其门人散居福建各地，多为立书院以教，著书立说，对福建尤其对漳州的思想意识和风俗习惯有着深远的影响。

---

① 张加才：《陈淳早期思想进路之检讨》，漳州市北溪书院编《陈淳研究论集》，海峡文艺出版社，2014，第185页。
② 廖刚：《高峰文集》卷五"奏状"之《漳州到任条具民间利病条五事奏状》。
③ 漳州市民间文学集成编委会：《中国民间故事集成·福建卷·漳州分卷》（二），1992，第85～103页。

晦庵朱文公以道学鸣天下，漳为过化之邦也。龙溪邑附廓，公尝车临学宫，进诸生，讲理学，士风由是翕然，若北溪陈淳安卿、东湖王遇、王合出其门；又能以文公之学鸣于乡、鸣于邦也。邑有学尚矣！①

"约馈、宽赋、简役、劝农、办学、善政"是朱熹知漳的政略。漳州社风民俗日上，借故敛财者销声匿迹，民讼不敢饰虚词，奸宄畏法不敢复出。一些纠纷"相解而自止"，有力地冲击了漳郡陋俗，歪风邪气得到整肃。朱熹离任后，陈淳描述他的这段经历说：

先生在临漳，首尾仅及一期，以南陬敝陋之俗，骤承道德正大之化，始虽有欣然慕而亦有谔然疑，哗然毁者。越半年后，人心方肃然以定。僚属厉志节而不敢恣所欲；仕族奉绳检而不敢干以私；胥徒易虑而不敢行奸；豪猾敛踪而不敢冒法。平时习浮屠为传经礼塔朝岳之会者，在在皆为之屏息；平时附鬼为妖，迎游于街衢而掠抄于闾巷，亦皆相视敛戢，不敢辄举。良家子女从空门者，各闭精庐，或复人道之常。四境狗偷之民，亦望风奔遁，改复生业。至是及期，正尔安习，先生之化。②

朱熹的社会管理思想具有深远的历史影响，并不像现代有的学者所怀疑的："这都是暂时的，一到朱熹离任北去，一切又向旧态复归了。"③ 漳州子民对于朱熹颁谕的礼教"遵若金科玉律，遗教越数百载"，"龙溪自晦翁过化以来，民知冠婚丧祭之礼；士习尧舜周孔之学……天下称之"。漳人无不以"朱熹过化"而豪。此后，漳州地区世代被称为"朱子过化之乡"，逐渐由"俗未知礼"，而成为"礼义之邦""海滨邹鲁"。④ 朱熹所建构的民间社会组织与礼俗，如乡族组织、家族制度、婚丧节日礼仪等，在

---

① 孙尔准等修《中国地方志集成 省志辑·福建4 道光重纂福建通志（二）》卷六四"学校·龙溪县"，凤凰出版社等，2011，第515页。

② 朱熹：《朱子诸子语类》，上海古籍出版社，1992，第242页。

③ 束景南：《朱子大传》，福建教育出版社，1992，第814页。

④ 郭上人：《朱熹治漳政略》，政协芗城区文史资料委员会编《漳州芗城文史资料合订本》（第5卷），2009，第3630页。

漳州今日依然处处可见。①

对于丧葬嫁娶风俗，朱熹的劝谕效果较为明显，但对于佛、道、巫及民间信仰所造成的社会现象，则不尽然。时漳州号称"佛国"，"为庙宇者何啻数百所"，寺庙有以"劝缘""修庙"为名，各有迎神之礼，随月迭为迎神之会，"互凑诸乡保作淫戏"，"城乡以禳灾祈福为名，敛掠财物，装弄傀儡"造成"荒民本业事游观，弟子玩物丧恭谨"。这些问题遗留给理学传人陈淳甚至今人。

二 从陈淳文章看南宋漳州北溪中下游地区的民间信仰

陈淳所作的《上赵寺丞论淫祀》②《上傅寺丞论民间利病六条》③《上傅寺丞论淫戏》等名篇，是研究南宋漳州北溪中下游地区农村迎神赛会（见图3-2-1）④等民间信仰的珍贵史料，移录如下：

---

① 陈支平：《略论朱熹社会管理思想在同安、漳州的形成与实践》，《朱熹陈淳研究》（第2辑），第316页。

② 淫祀与正祀的区分：一般认为宋代祠神信仰分为正祀和淫祀两类，只有那些列入国家祀典或获得国家封赐者方为正祀。其他的尤其是不合国家政策的则属于淫祀。皮庆生在《宋人的正祀、淫祀观》中分析：正祀是获得国家承认的祠祀，包括列入国家祀典和获得国家封赐的祠祀；淫祀是不合法的民众祠神信仰，即信众以不恰当的方式祭祀不合适的神灵，信仰者、祠神及崇奉行为三者中任何一者不合法都可能导致祠神信仰整体的非法。但在当时大部分人心中，正祀和淫祀之间有一个广阔的中间地带，民众祠神信仰的大部分介于合法与非法之间，不是非此即彼，虽然未必合法，但也未必是非法的。如北溪中下游地区的开漳圣王信仰，本是受国家承认的祠祀，"惟威惠一庙……今帐御僭越，既不度庙貌丛杂不肃，而又恣群小为此等妖妄媟黩之举，是虽号曰正祠，亦不免均于淫祀而已耳"。即当时的威惠王庙建得过于堂皇，很不严肃，庙内的活动也完全不符合儒家规范，有巫术的色彩。

③ 涉及地方问题：健讼之风、折合之风、屠牛盗贼之风、僧寺豪横之风、乡税扰民之风、流棍勒索之风。

④ 甘满堂：《闽侯县傅筑泰山宫迎神赛会调查》，《民俗研究》2004年第2期。迎神赛会：中国传统社会中民间借娱神行乐的一种集体性活动，集宗教信仰、民俗与娱乐活动于一身。迎神赛会通常由村庙组织出面举办，时间选择在春季或秋季，取"春祈秋报"之意。春季迎神主要是增加春节的喜庆气氛，祈祷本年度风调雨顺，万事兴旺；而秋季迎神，通常是在村庙主神诞辰之日进行，意在庆贺丰收，感谢神灵庇护。林江珠、段凌平、王煌彬在《闽台民间信仰传统文化遗产资源调查》第311～313页中认为：迎神赛会，目的就在于为当地禳灾祈福。在年节或神诞日期间，乡民抬着"神像"出来巡走，所绕之境有特定的区域和界线，"迎神"强调的是抬神像巡游整个社区的过程中各区域进行"迎接"的环节，有送祟祈福和接受祝贺的意味。

图 3-2-1　北溪中下游地区迎神赛会一瞥

　　某窃以南人好尚淫祀，而此邦之俗尤甚。自城邑至村墟，淫鬼之名号者至不一，而所以为庙宇者，亦何啻数百所。逐庙各有迎神之礼，随月送为迎神之会。自入春首便措置排办迎神财物事例。或装土偶，名曰"舍人"，群呵队从，撞入人家，迫胁题疏。多者索至十千，少者亦不下一千。或装土偶，名曰"急脚"，立于通衢，拦街觅钱，担夫贩妇，拖拽攘夺，真如白昼行劫，无一空过者。或印百钱小榜，随门抑取，严于官租，单丁寡妇无能逃者。阴阳人鬼不同途，鬼有何说，欲人之必迎？人有何见，知鬼之必欲迎？凡此皆游手无赖好生事之徒假托此以刮掠钱物，凭借使用。内利其烹羔击豕之乐，而外唱以禳灾祈福之名。如必挽乡秩之尊者为签都劝缘之衔以率之，既又挟群宗室为羽翼，谓之劝首，而豪胥猾吏又相与为之爪牙，谓之会干。愚民无知，迷惑陷溺畏祸惧谴，皆黾勉倾囊舍施，或解质举贷以从之。今月甲庙未偿，后月乙庙又至，又后月丙庙丁庙复张颐接踵于其后。废塞向墐户之用，以为装严祠宇之需；辍仰事俯育之恩，以为养哺土偶之给。至罄其室、桷其庐、冻馁其父母、褴褛其妻孥，有所不恤。钱既裒集富衍，遂恣为无忌惮。既塑其正鬼之夫妇，被以衣裳冠帔；又塑鬼之父母，曰圣考圣妣；又塑鬼之子孙，曰皇子皇孙。一庙之迎，动以十数像，群舆于街中，且黄其伞龙其辇黼其座，又装御直班以导于前，僭拟逾越恬不为怪。四境闻风鼓动复为优戏相胜以应之，人各全身新制罗帛金翠以悦神。或阴策其马而纵之，谓之神走马；或阴驱其轿而奔之，谓之神走轿，以污罔百姓。男女聚观、淫奔酗斗。夫不暇及耕，妇不暇及织，而一惟淫鬼之玩；子不暇及孝，弟不暇及恭，而一惟淫鬼之敬。废人事之常职，崇鬼道之妖仪。一岁之中，若是者凡几庙，民之被扰者凡几番？不惟在城皆然，而诸乡下邑莫非同此一习。①

陈淳在《上傅寺丞论民间利病六条》中所指的漳州乡税扰民即是淫祀拜鬼而私下征收香火钱税。

此间有所谓乡税，扰民甚于官租，官租犹时有定目，乡税则不可以一目计之，而又无时之能已也。何谓乡税扰民之甚？如诸庙之率敛民财其一也。盖此间民俗尚淫祀，多以他乡非鬼立庙，其植祸深、其流殃蔓。今未暇细论，姑以目前粗扰者言之。一般浮浪不检之人，托鬼神图衣食趋。庙中会首，每装土偶，如将校衣冠，名曰舍人，或曰太保。时骑马街道，号为出队。群不逞十数辈，拥旌旗鸣钲鼓随之，擎疏头，假签士，居尊秩，名衔为都劝缘，继以宗室列其后，入人家抄题钱物，托名修庙，或托名迎神禳灾，胁以祸福，不分贵贱贫富，必足数而后去。虽肩担背负，小夫亦必索百文五十为香钱，连日自朝至暮，遍匝城市，无一户得免者。其实所抄题钱，大概皆是会首入己自用，为醉饱计，为肥妻孥计，于鬼神何有计？阛城诸祠似此类假托者不知其几，庙一岁间自春徂冬人户遭此等扰聒者不知其几！盖愚民无知畏鬼诛谴，割仰事俯育之具为无用不切之输，不胜其苦，此乡税之至横者。②

民间与迎神相配合的活动往往是赛会演戏（见图3-2-2）。陈淳认为，赛会演戏也对群众社会生活产生不良影响。

某窃以此邦陋俗，常秋收之后，优人互凑诸乡保作淫戏，号乞

① 陈淳：《北溪大全集》卷四三"上赵寺丞论淫祀"。
② 陈淳：《北溪大全集》卷四七"上傅寺丞论民间利病六条"。

冬。群不逞少年遂接集浮浪无图数十辈，共相唱率号曰戏头，逐家哀敛钱物豢优人作戏，或弄傀儡筑棚于居民丛萃之地、四通八达之郊，以广会观者，至市廛近地四门之外，亦争为之不顾忌。今秋自七八月以来乡下诸村正当其时。此风在在滋炽，其名若曰戏乐，其实所关利害甚大。一无故剥民膏为妄费，二荒民本业事游观，三鼓簧人家子弟玩物丧恭谨之志，四诱惑深闺妇女出外动邪僻之思，五贪夫萌抢夺之奸，六后生逞斗殴之忿，七旷夫怨女邂逅为淫奔之丑，八州县一庭纷纷起狱讼之繁，甚至有假托报私仇击杀人无所惮者。其胎殃产祸如此，若漠然不之禁，则人心波流风靡无由而止，岂不为仕人君子德政之累！①

图3-2-2 北溪中下游地区演戏酬神

考虑到作为理学传人的陈淳对于祭祀或淫祀的态度，解读陈淳的著作，应注意甄别有些夸大和极端的叙述。从上述引文可以得知南宋漳州北溪中下游地区迎神赛会的盛况、角色群体、步骤、百姓热衷程度等重要信息。

（一）迎神赛会的盛况

宋代漳州的宫庙数量急遽增加，多以百计，"某窃以南人好尚淫祀，而此邦之俗尤甚。自城邑至村墟，淫鬼之名号者至不一，而所以为庙宇

---

① 陈淳：《北溪大全集》卷四七"上傅寺丞论淫戏"。

者，亦何啻数百所"。"江淮以南，自古多淫祀……上而州县，下至闾巷村落，无不各有神祠。"①

表 3-2-1　北溪中下游地区现存有宋开基村落的宫庙神明状况

次序	宫庙名称	宫庙地址	主祀神	陪祀神
1	水朝宫	浦南水流	中坛元帅（哪吒）	九龙大公、保生大帝、头家疮、九龙大妈、九龙二妈、九龙三妈、仙姑夫人、三绪夫人、土地公、伽蓝公
2	松洲威惠庙	松洲村	陈元光	陈政、许天正、李伯瑶、钟发兴、马仁、李茹、大夫人、二夫人、三夫人、捐缘公、土地公
3	奇富庵	溪园村	保生大帝	康王爷、当境王、法主公、送子娘娘、哪吒、高妈娘娘、十八关将、蔡妈夫人、玄天上帝、佛公、石头佛公、北溪先生、土地公、伽蓝公
4	碧云宫	碧溪	清水祖师	保生大帝、高陈二王、观音佛祖、送子娘娘、妈祖、三宝佛、关帝、周仓关平、大人公、上帝爷、仙姑妈、伽蓝公、土地公

注：银塘赵氏开基于 1226 年，因处南宋末年，暂不予列入考虑范围。

从表 3-2-1 中可看出，保存至今的各个村落，村村有宫庙，并且供奉着诸多的神明，每个神明都有神诞日，单此一项就足够忙活的了。因时代久远，宫庙供奉的神明很难断定确切时间，故全部收录。

在漳数百座庙宇，每个庙都有"迎神之会"，"逐庙各有迎神之礼，随月迭为迎神之会"。每年入春以后，筹办迎神赛会是人们的重要活动。宗教祭祀活动往往伴随着戏剧的演出，俗信要获得神灵的欢心和庇佑，除了献上丰盛的祭品和虔诚礼拜外，还要"演戏酬神""演戏媚神""演戏娱神"。宋代漳州的城市乡村，"以禳灾祈福为名，聚敛财物，装弄傀儡"（朱熹语），盛行百戏，蔚然成风。民众在迎神赛会上花费较多，陈淳将"诸庙之率敛民财"称为"乡税"，将其与"官租"（即国家赋税）相比较，"扰民甚于官租"。由于神灵众多，与神诞等相联系的祭祀活动、迎神赛会等宗教活动比较频繁，造成民众负担沉重，并影响到国家赋税的征收。

----

① 陈淳：《北溪字义》卷下"鬼神"。

这种现象极为普遍，它成为漳州北溪中下游地区社会生活的一种秩序。

（二）迎神赛会的角色群体

整个赛会的主持者是一名称作"会首"的人，此人可能有妻子家室，且居住于庙中，陈淳怀疑征集的钱物"大概皆是会首入己自用，为醉饱计，为肥妻孥计"，而最底层的办事人员则很可能是一些无业人员，所以被陈淳斥为"游手无赖之徒"或"浮浪不检之人"。列衔参与组织的人员包括由"乡秩之尊者"或"土居尊秩"者组成的"都劝缘"，"宗室"组成的"劝首"，"豪胥猾吏"构成的"会干"。① 这几类人在迎神赛会中扮演的身份角色各异。

首先是祠庙社会的首领。祠庙社会的发起者和组织者称为"会首"。他们都是"游手无赖好生事之徒""一般浮浪不检人""里中破荡无生产者"，总揽全局，负责整个祠庙社会的组织及运作，包括筹集资金、修缮庙宇、装饰神像和主持赛会仪式等。在祠庙社会中还有其他一些职衔，其他人员都是在其领导之下各司其职。

都劝缘，日常的身份为"乡秩之尊者"或"土居尊秩"者，都是神祠所在地的长期居民，他们对地方社会具有相当的影响力，其"尊"位的获得信托于"乡秩""土居"，也就是地缘关系或宗族等级秩序，当然，也可能来自财富、知识等因素。会首为了确保祠庙社会的顺利进行，往往会请在当地居住的品级较高的官员任都劝缘，借助其在地方社会的影响力，劝率信众积极参与。"率之"二字的意味殊堪玩味，说明他们可能是赛会钱物筹备得以顺利进行的最重要群体，所以他们也有"都劝缘"之名。

劝首，主要是那些寓居漳州的宗室成员。他们是赛会组织者中的"羽翼"，所谓"劝首"很可能是名誉上的称号。漳州是宗室聚集的地区之一，宗室成员对地方社会有一定的影响力，但其能被会首那样的浮浪之人挟持为羽翼，出任祠庙社会的劝首，可推知其实际已没有太高的地位，只能凭借"天潢贵胄"的身份在祠庙社会组织中招摇；但他们毕竟是皇室的延伸，他们的介入可能象征意味多一些，暗示着神会得到朝廷的支持。

---

① 谭景玉：《宋代乡村组织研究》，山东大学出版社，2010，第354~358页。

会干，其身份本为州县的"豪胥猾吏"，也就是"财豪乡里者"，凭借其在地方官府中的势力和地方上的影响力"相与为之爪牙"，为会首张目。会干代表了地方政府对赛会的支持。"爪牙"二字甚为精当，这些胥吏往往是当地人士，在地方官府中担任一些下层职务，地方政府征收赋税、维持治安以及法律诉讼等都需要靠他们出面才能办妥，他们是地方士绅与朝廷派驻地方的官员之间的联系纽带，也是官民之间的中介，他们的参与对于赛会的正常举行十分重要。①

> 一般说来，主祀神诞辰的庆典仪式，由村庙董事或头人、福首统一组织，其有关费用由全体村民分摊；角落神诞辰的庆典仪式，由各角落自行组织，其有关费用也在角落内分摊。至于普通陪神的诞辰，一般不举办庆典仪式，只是临时增添几样供品而已。在元宵绕境巡游时，除了坐镇本庙的社公社妈之外，主祀神和角落神通常都要出巡，而普通陪神则不参加巡游。……"总出游"和主祀神的神诞庆典仪式，由佑圣观董事会主持，其经费大多来自私人捐款，如有不足则按全村人口摊派。②

（三）迎神赛会的步骤

大致可分以下几个步骤。

一是筹集资金。会首"自入春首，便措置排办迎神财物事例"，他们的手段也多种多样："或装土偶，名曰'舍人'，群呵队从，撞入人家，迫胁题疏，多者索至十千，少者亦不下一千。或装土偶，名曰'急脚'，立于通衢，拦街觅钱，担夫贩妇，拖拽攘夺，真如白昼行劫，无一空过者。或印百钱小榜，随门抑取，严于官租，单丁寡妇无能逃者。"会首为筹集经费，或成群结队上门收取（见图3－2－3），或于要闹之处劝人施舍。

二是塑饰神像。"钱既裒集富衍，遂恣为无忌惮。既塑其正鬼之夫妇，被以衣裳冠帔；又塑鬼之父母，曰圣考圣妣；又塑鬼之子孙，曰皇子皇

---

① 皮庆生：《宋代民众祠神信仰研究》，上海古籍出版社，2008，第117~119页。
② 郑振满：《神庙祭典与社会空间秩序——莆田江口平原的例证》，王铭铭、王斯福主编《乡土社会的秩序、公正与权威》，中国政法大学出版社，1997，第189~190页。

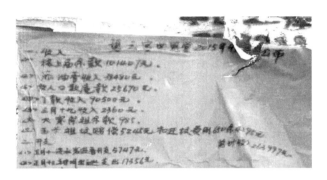

图 3 - 2 - 3　碧溪碧云宫收取人口数庵款

孙。"资金到位即可修神庙、塑神像，为神像做衣服等。

三是进行迎神赛会（图 3 - 2 - 4）。"一庙之迎动以十数像，群舆于街中，且黄其伞龙其辇麟其座，又装御直班以导于前，僭拟逾越恬不为怪。四境闻风鼓动复为优戏相胜以应之，人各全身新制罗帛金翠以悦神。"一座神庙举办赛会，要把周围许多神庙里的神祇都迎来供奉烟火，迎神动辄几十座。迎神赛会需将祠庙中的神像抬出来，模仿民间的皇家，为神明做出行的辇车，配备伞罗，施以金翠，辅以各种仪仗和娱乐队伍，"务以悦神"，巡游祠庙影响所及的社区。

图 3 - 2 - 4　迎神赛会进行时

（四）百姓热衷迎神赛会

百姓热衷于民间信仰活动。一方面，许多人从事巫觋职业，另一方面，百姓信仰神鬼十分虔诚，慷慨乐捐钱物。"皆黾勉倾囊舍施，或解质举贷以从之"，千方百计满足神庙提出的要求。哪怕家徒四壁，妻儿老小遭受冻馁褴褛之苦也在所不惜。民众捐资参与迎神赛会活动在很大程度上是出于自愿，大多数是为了祈福避祸。

一年四季迎神赛会不断，尽管拜神使百姓支出钱财很多，但是民众很欢迎游神，每逢游神之际，"一庙之迎……夫不暇及耕，妇不暇及织，而一惟淫鬼之玩；子不暇及孝，弟不暇及恭，而一惟淫鬼之敬"。他们饮酒欢呼，嬉闹通宵，陶醉于快乐之中，而不管频繁的迎神活动已经影响到正常生活和生产劳动。这不仅仅是为了报答和感谢神灵的活动，更是百姓的集体性娱乐活动，由民众的积极参与程度也可反映出民众的自愿性。

因为宋代漳州北溪中下游地区的民间信仰活动十分普遍，难以管理，官方对迎神赛会活动大都听之任之，更有部分官吏融入其中，"张帷幕以观之，谓之与民同乐，且赏钱赐酒"，结果"推波助澜"。① 其实此举不乏明智之处，迎神赛会等信俗活动靠行政命令是无法消除的，无数的历史经验证明了这一点。正如业师的观点：游神赛会是百姓生活的重要组成部分，其形式是集体狂欢，其核心价值是族群认同，其社会作用是维护正常的社会秩序。② 赵世瑜在对华北地区的传统庙会进行研究后认为："这种精神具有原始性、全民性、反规范性的特征。庙会具有心理调节器、社会控制安全阀以及维系社会组织、增进群体凝聚力的良性功能。"③ 两者观点相互印证。迎神赛会固然有某些弊端，如浪费钱财精力、人群聚集易引起社会治安问题，但由于能够满足民众情感的集体需求，近千年来从未彻底淡出人们视线。

（五）古傩遗存

陈淳在其《与赵寺丞论淫祀书》中指出，"自入春首，便措置排办迎神财物事例"，他们的手段也多种多样，"或装土偶，名曰'舍人'，群呵队从，撞入人家，迫胁题疏，多者索至十千，少者亦不下一千。或装土偶，名曰'急脚'，立于通衢，拦街觅钱"，乍看所谓"舍人""急脚"似乎完全成为

---

① 段凌平：《闽南与台湾民间神明庙宇源流》，九州出版社，2012，第24~26页。
② 林国平：《闽台民间信俗的文化内涵与现代价值》，福建师范大学海峡两岸文化发展协同创新中心编《两岸视域中的传统文化与文化传统第一届两岸文化发展论坛文集》，人民出版社，2014，第126页。
③ 赵世瑜：《中国庙会中的狂欢精神》，《中国社会科学》1996年第1期。

打家劫舍或拦路抢劫者，与驱疫无关。这其实是陈淳在行文中故意隐去此类活动的宗教与娱乐性质。① 陈淳所讲是漳州巫傩事。"舍人""急脚"正是沿门逐疫的傩人。"急脚"是一种以降利邀利、戴面具作态的神职人员。

> 傩以逐疫，一人朱衣花冠，雉尾执旗，俗名"急脚子"。众鸣锣随之，比户致祝，皆《荆楚岁时》之遗也。②

> 沔俗五月节作"急脚子"会，三十六人蒙面具，朱碧辉煌，形状诡异，执旗鸣金，遍走城乡，仿古傩礼之遗。③

"急脚—马马子—祃角—马脚—教马子—马氏神"等均是宋后数百年流行于南方和故楚地的傩祭活动，其影响远达秦、晋等地。"急脚"是"马氏神"的俗称，"急脚子"是南方傩仪中的重要角色，源于唐宋的傩祭形式，④ 但不可否认，有些地方的沿门逐疫者恰如陈淳所写的那般，确有过多强调行乞目的，淡化娱乐、驱疫的倾向。这一类的傩仪最不受群众欢迎。

"急脚"和"舍人"在北溪中下游地区并没有消亡，今天展现在民众面前的是国家级非物质文化遗产——浦南古傩。浦南古傩又名浦南"大神尪"（大型神像），原只有七品官和书童两种形象，后又增财神爷、招财、进宝三尊。⑤ 其以竹条为制作材料，用经纬线编成鼓形竹筐，外穿绣有精

---

① 康保成：《傩戏艺术源流》，广东高等教育出版社，2005，第32页。
② 丁世良、赵放主编《中国地方志民俗资料汇编中南卷上》，书目文献出版社，1990，第382页。
③ 江苏古籍出版社编选《中国地方志集成 湖北府县志辑47 光绪沔阳州志》卷二"地舆风俗"，江苏古籍出版社，2001，第57页。
④ 胡健国：《巫傩与巫术》，海南出版社，1993，第180～183页。
⑤ 2004年8月，在漳州市文化与出版局组织的民族民间文化重点项目普查活动中，发现了两尊"大神尪"，将其列为重点保护对象，引起各级政府的重视，浦南"大神尪"的保护工作从此上了一个新的台阶。2005年底，浦南"大神尪"（申报名为浦南古傩）文化入选首批省级非物质文化遗产名录。2010年5月又成功列入第三批国家级非物质文化遗产名录推荐项目，2010年7月两尊浦南古傩受邀前往上海世博会"福建园"演出，2011年，列入第三批国家级非物质文化遗产名录。但浦南古傩现有的研究成果较少，包括：黄午妍《浦南古傩舞社会功能的多元化》，《浙江艺术职业学院学报》2013年第1期；郑玉玲《漳州浦南"大神尪"傩舞文化研究》，《漳州师范学院学报》（哲学社会科学版）2012年第3期。前期成果主要关注其艺术价值，也涉及闽台神尪文化，都未能联系到陈淳所写有关民间信仰的文章，但二者明显有关系。

美图案的官服。面具格外巨大，不是直接戴在表演者的头上，而是顶在竹筐顶，"傩"显得体形庞大，迥异于人。浦南"大神尪"面具最原始的做法是用整块木头直接雕刻成形，最后装上帽子和须发，但此种方法做出的头部较粗糙且过于沉重，很快被取代。① 人们把供奉的神像制成高于人体成倍的巨大立体身躯作为外罩，出巡绕境时由舞尪人置于其中扛起（头部顶在筐顶，肩扛躯干）代为行走的巡安阵头表演形式，俗称"弄大尪"。②

　　浦南"大神尪"（图3-2-5）最早是当地居民迎神赛会、驱逐疫鬼的一种仪式，与傩有着极为相似的表演形式和功能，中国的"傩"由巫术发展而来，可以说浦南"大神尪"是古代傩的演变与延伸。在随后的发展过程中浦南"大神尪"慢慢增加了迎祥祈福、酬神纳吉的功能，从带有浓厚的宗教色彩，演变为传统的民俗活动，渗透到百姓的日常生活中。抗日战争期间，浦南周边地区出现瘟疫，夺去许多人的生命。当时，浦南的百姓纷纷与"大尪"一起巡夜，燃放鞭炮，因为浦南没有发现瘟疫，之后许多乡镇纷纷邀请"大尪"前去驱魔逐疫，浦南"大尪"一时名声大噪。

图3-2-5　浦南"弄大尪"

　　在2015年、2016年浦南墟的迎神赛会活动中，浦南"大神尪"在队

---

① 漳州市芗城区办公室：《漳州市芗城区古傩国家非物质遗产名录项目申请书》，2007年3月。
② 郑玉玲：《闽台"大神尪"傩舞的文化人类学阐释》，《福建师范大学》（哲学社会科学版）2013年第2期。

伍最前列，而"大头娃娃"在"大神尪"的最前面。"大头娃娃"作为浦南古傩的主要形象之一，比较特别，由表演者身着黄缎衣服、头戴笑脸娃娃、脚着便靴而成，其身高与常人相同，在浦南古傩表演过程中，"大头娃娃"扮演驱鬼除妖的角色，类似巫师一角，其要求表演者具有很好的功夫底子和灵活应变能力，一般来说，"大头娃娃"表演时站在五尊"大神尪"的最前面，右手拿扇，蹦蹦跳跳，配合"大神尪"演出。

不过，其驱疫的主角由官员担任，这在全国其他地方尚未发现。浦南民间流传着这么一种说法：

> 每年到七月十九，总有水鬼上来抓"交替"，小孩子遇害的情况尤其多。民众报告知府，知府就下来查看。每当知府出来时，地方总是平安无事。次数一多，知府不可能每次都过来。于是知府发话了："多烧些钱给水鬼拿去花啦！"后来再发生这类事情时，群众就模仿知府形态，财神爷形态的古傩由此得来。七月十九恰好是王爷做醮的日子，是否巧合不得而知。

王爷信仰、傩的存在都与北溪中下游地区的自然环境有关。当地洪涝灾害频繁，瘟疫横行，民众恐慌，靠自身的力量又无法战胜这些灾害，只能寄希望于神秘力量。不管是"王爷醮"还是"傩"，伴随着鞭炮齐鸣，硝烟弥漫和香烟缭绕，温度升高进而起到杀菌的作用，加上迎神赛会往往要进行卫生大扫除，一定程度上遏制了病菌蔓延。这进一步加深了民众信仰的虔诚度。

终宋一代，漳州北溪中下游地区得到进一步开发，但总体进度不快，开发程度不高。开漳部将后裔"北溪四乔木"之碧溪杨姓，作为开发北溪的典型代表，落籍漳州，并通过军功向农业的成功转型，确定了耕读传家的生存策略，为开发北溪中下游地区做出不可磨灭的贡献。陈元光等开漳人物用军事手段将北溪中下游地区纳入官方正规州县，并设置诸如"唐化里"等经济建设基地。军事上的征服，经济上的扩张，引来北溪中下游地区当地原始居民及少数族群的反抗。为尽量避免上述的这种困扰，唯有发挥中华文化非凡的向心力与融合力。科举文化将汉民族与少数族群都吸引到官方既定秩序圈子。在科举"雅文化"这场无形的杀伐中，汉民族由于自身原先较高的综合素质，取得决定性的胜利，当地原始居民和少数族群逐渐失声；而在民间信仰"俗文化"的博弈中，官方有区别地对待"正祀"、"淫祀"和"封神造神"等举措，既有扶持，也有打压，在一定程度上达到了控制地方秩序的目的。但在交流的过程中地域本身"好巫尚鬼"的民间信仰文化因子被汉民族有机地吸收和融合。总之，在汉民族农耕经济向周边扩展时，中国文化的包容性使之与地域文化相辅相成，渐趋融合。

第四章

明代北溪中下游地区家族社会的
强化与经营空间的变迁

——以银塘赵氏为例

第一节　银塘赵氏家族经营述略

银塘在今华安丰山乡境内，北溪绕村而过，村子位于北溪东岸，漳州平原的北部边缘，适合山耕农作。银塘村东边沿甲子埔南伸的亚埔山，隔江对着金沙岭。从北溪放流而下至龙溪县治（漳城），水程短，交通方便。

银塘村址主体由北而南，布局成"木筏形"。全村分顶、下、内三角片区，顶角片在北有顶楼、新楼、新村、磹口等四个自然村；下角片在南有大路、东学边等两个自然村；内角片在西有下楼、长轩（厢）、九班等三个自然村。全村划分为 18 个村民小组，现有人口 700 多户 2700 多人。在银塘村民的口中，村落分为四个角落：磹口、顶角、内角、大路。每个角落都有自身的神圣空间。据当地村民介绍，大路角是银塘村民最早定居的地方。

一　银塘赵氏源流及开基

定居此处的村民基本都是赵姓。溯银塘赵氏渊源，《银塘赵氏族谱》称其乃是宋太祖第四子秦王德芳之后。北宋时设宗正司管理皇族事务，后皇族子孙日盛，又置南外宗正司于南京（今河南商丘）、西外宗正司于西京（今河南洛阳），高宗南渡，先徙诸宗室于江淮，移大宗正司于江宁（今江苏南京），移南外宗正司于镇江（今属江苏），移西外宗正司于扬州（今属江苏），后来又多次迁徙，最后设西外宗正司于福州，设南外宗正司于泉州。自是宗室散居江苏、浙江、福建、广东等地，遍布江南。与此同时，银塘的宗支也随之南移入闽迁漳。

《赵氏族谱》载：太祖传下八世孙赵伯述由汴京护宋南渡，居临安（今杭州）。其子师诰在北骑蹂躏中原之秋，于宋宁宗朝（约为1195～1222），奉朝命携眷由临安入闽迁漳，师诰次子希商后迁居莆田，而长子希庠（银塘先祖）在当时见元愈猖獗，宋日削弱，欲为存祀宁家之计，乃带其子与仿于宋理宗宝庆二年丙戌（1226）择居东北溪九龙里的银塘，时与仿甫八岁。因其父希庠生、娶、墓、卒不详，乃立与仿为银塘肇居始祖。

据赵氏族谱记载，赵希庠每逢初一、十五焚香祷告于列祖列宗。一日得梦"欲昌欲盛，北向'竹扫塘'可也"。其即从漳州北向沿途多次寻找，最后离城四十里见一处肥沃万顷，有一池塘翠竹丛生，突然一阵狂风，竹梢低垂，塘面随风飘拂，其景巧如竹扫池塘，顿悟祖宗预示——此处就是卜居之地，于是举家迁移。"银塘"，顾名思义，自古以来就池塘甚多。风水的选择更容易让人接受和理解，而透过风水传说的解读，亦不难探究更深层次的原因。该地东隔九龙江，西向肥沃万顷，北靠高耸云霄玳瑁岭，南至漳州四十余里，是依山傍水、可耕可读的世外桃源，也是便于避乱的隐蔽山庄。公即为子孙长久计，于理宗宝庆二年（1226）申牒占北溪银塘籍，携八岁儿子与仿公，定居山清水秀的北溪银塘。[①]

靖康二年（1127），金人占领北宋首都开封，尽俘赵氏宗室，中原人民深受战乱流离之苦。在"元愈猖獗，宋日削弱"的社会背景下，"欲为存祀宁家之计"，地理环境成为关键因素。古代漳州是江浙通往广东的必经之地，西北、西南部山高林密，关山要隘阻隔，真正属于"山高皇帝

---

① 赵子来编纂《银塘赵氏宗谱·宗藩庆系录》，2015。抄录南外宗正司所掌三祖玉牒编成谱，帙命名为《天源汇谱》。

远"的地方。同时，漳州背山靠海，有海有陆，可藏可守又容易退，是一个理想的定居（避难）之所。

尽管经过几次中原移民的辛勤开发，两宋时期的漳州还是仅有漳浦、龙溪、龙岩、长泰四个县，而且地理位置比较偏远、地广人稀、山高林密、经济不发达，但保密性比较有保证，非常适合隐居避难。对中原来说，闽越与岭南都算得上天涯海角，是流放犯人之地，或是逃难避世之所。元兵在泉州等一些发达地区的布控较为严格，但对漳州这类偏僻的地方，还无法完全控制，这让逃难的赵宋皇族"有空可钻"。

况且，当时漳州拥有较为安定的社会环境，又很适合生活。银塘村依托富饶的漳州平原，九龙江北溪绕村而过，背靠险峻的天宝大山，"北靠玳瑁岭，是深山密林，南距漳州，远隔四十里，东临九龙江，受一水阻隔，西向旷野"，村子背靠崇山峻岭、深山密林的险要地带，面向山区中的平原、河流的冲积地，是一片沃土，真正是有山有园有田有水，平时，可耕可钓、营生自得，如遇到战乱，能够马上躲入深山中避难，"无事可以养生，有事亦堪避乱"。

银塘一地的发现，对于逃难的赵氏族人极其难得，当时的赵氏族人就在北溪边上搭起草寮，繁衍生息。银塘村枕九龙江而建，有一道天然的屏障，村中的寨墙已不见，只能从老人的记忆和厚重的家谱中去找寻，但散布在几个角落的角楼提示着昔日寨墙（见图4-1-1）的边界。①

时隔五十年，果然不出银塘赵氏先祖所料，当景炎二年（1277）元将唆都由泉州入侵漳州时，在漳赵氏横遭其害。至元十七年（1280），"因元贼首陈桂龙，挟赵氏作乱袭漳州，元遣元帅唆都讨之，桂龙透入畲洞，唆都尽屠赵氏族，又徙赵氏于上都"。陈吊眼、陈桂龙起兵抗元，八月十五日攻陷漳州，杀招讨使傅全、万户府知事阚文兴。后元唆都元帅入漳，义军撤离漳州，留在漳州城的赵氏族人遭殃了，被杀无数，运气较好的被迁徙到上都（即内蒙古草原）。而银塘赵氏一族，因"僻处村落，变易姓名，匿迹山林"，幸免其祸。

---

① 谭刚毅：《两宋时期的中国民居与居住形态》，东南大学出版社，2008，第265页。

图 4 - 1 - 1　银塘村日新楼寨墙

二　敬宗收族，家族庶兴

在银塘定居之后，通过赵氏族人的苦心经营，家族不断繁衍壮大，历代以来总有杰出族人以尊祖敬宗收族为宗旨，重视置产业、扩烝尝、定家规、建祖祠、修族谱，这些举措有效地保证了家族的扩张。

（一）置产业，扩烝尝

历代族人辛勤耕耘，训督农力，因势增垦，广置产业，创业守业，祖业不断扩大，经济不断发展，笔者择取其族谱中相关事迹，疏列如下：

16 世名远（1357 ~ 1429），仁孙之子，讳行，号述事。公识超才，广置产业，立烝尝①，庶乎光前裕后者。②

16 世茂荣（1365 ~ 1435），顺官次子，讳宗伯，朴叟其别号也。

---

① 客家地区往昔把先祖留下的各房共有的产业称为"尝产"，俗称"烝尝"。"烝尝"一词源自《小雅·天保》的"周代宗庙祭祀，春祭曰祠，夏祭曰禘，秋祭曰尝，冬祭曰烝"。"烝尝"通常指耕地：祖业大的"烝尝"除耕地（包括奖励优秀学子的"学田"）外，还有山林、果园、店铺或校产等。现在经常被写成"蒸尝"。

② 赵子来编纂《银塘赵氏宗谱·宗藩庆系录》，2015，第 445 页。

……晦迹山林，开垦田园，置产业，为儿孙作温饱计。①

17世举皋（1358～1423），茂荣长子。讳虞赋，性朴直，行端方，亲戚内外，咸爱慕之。开置产业多在潭口，至今祖关文契多系举皋公名字。②

17世宇理（1381～1439），绍荣长子，讳章，号隐山。性敏行庄，拮据治生，前人有遗业在大坑，公因势增垦，晚岁家产有加，席绪而增式廓云。③

18世昌训（1403～？），参才长子，讳兴，号野翁，性行坦直，造履端方，杜门敛迹，训督农务，和乡睦族，与人无间。④

19世宜健（1432～1499），昌训次子，讳勇，号敦齐。赋性坦易，勤务农业以积，善课儿孙以敦睦，联乡族达家四里许，有湖隔后塘杨家所居也。公因变置产业，在彼开创而成族于其间。⑤

19世宜绍（1436～1515），昌训三子，讳孙，号遁叟……又有祖妣填茔在下鞍，前有旷地荒积，茔域被遮。公倡议欲关，房长金名立字原付永远耕种受业。戊而，众多后言，公脱然以园归之众，而还昔日金立之字，毫无芥蒂，人咸以公之劳力未花户有，为不平。生子一，文慧。⑥

20世文慧（1467～1503），宜绍之子，讳聪，号确轩，赋性温醇雅确，以鲜兄弟故，弗营勤俭，所置产业，亲先世有加焉。其家斗秤较一乡为最平，商贩鬻卖多以为准。性好植蔬果，家之员眼树，古树数多，皆公所手植也。家积谷蓄而能散乡，有称贷辄与之。适收成时，天未明即到其家，人尚未能物色为公也，偿其谷曰好早来。少倾，文慧将至矣。公候偿讫笑答曰：岂有文慧之谷，独不须偿哉？贷者愧屈。时初从之，亲散处他乡，公安住祖居复建造房屋，规制甲一

---

① 赵子来编纂《银塘赵氏宗谱·宗藩庆系录》，2015，第445页。
② 赵子来编纂《银塘赵氏宗谱·宗藩庆系录》，2015，第446页。
③ 赵子来编纂《银塘赵氏宗谱·宗藩庆系录》，2015，第446页。
④ 赵子来编纂《银塘赵氏宗谱·宗藩庆系录》，2015，第450页。
⑤ 赵子来编纂《银塘赵氏宗谱·宗藩庆系录》，2015，第456页。
⑥ 赵子来编纂《银塘赵氏宗谱·宗藩庆系录》，2015，第456页。

乡。生子一景星。①

20世悦文（1477～1558），丕亮次子，讳显，号简斋。公壮岁食贫，后乃垂裕，虽以勤俭成家，而有豪致。性嗜芋，好骑马，每出辄怀芋于马上，饥则啖之。偕妣曾氏广置烝业，迄今享祀不忒，皆公遗也。当讳日之祭馔，必具芋盖思其所嗜之意耳。②

21世启用（1495～1590），讳进，号质庵，敦朴质直，安分力农，宠辱不加，毫非有犯，年将灌百，矍犹类少壮时也。见族之子孙，每加钟爱，乡邻姻戚，恩意缪密。尝语人曰："吾生平未尝与人交关一券，然吾抹山钓水得鱼换酒亦足自乐！"③

21世景星（1498～1540），讳奎，号东郊，文慧遗产业，可三百余金，景星充拓之，仅以千计，建屋二所，田舍一所，二子娶妇，一女于归，时为一乡称首。于东山之东，违家仅里许，有田数十顷，遂经营别墅，为耕辍坐憩之所。晨兴省母毕，即葛巾芒履造其所，登山临水，品竹题梅，日入，徐徐吟弄而归，初不知身在天地之中抑天地在身之外也。生子三，德首、德美、德懋。④

21世珍用，生卒失记，无嗣，以所有田园充为简斋公烝尝，而配享马公。⑤

22世光聚（1544～1623），珍俊次子，公敦厚力本，教子耕读，积善贻谋，以垂厥后。⑥

24世准心（1567～1632），期衍长子，字希素，号昙玄，勤苦力学，补龙邑弟子员。乡族子弟凡有造者，多出公之教诲。家素清，能勤俭居积，自致丰裕。⑦

24世希碧（1596～1657），号尚彬，公守先人基业，以义方教子，

---

① 赵子来编纂《银塘赵氏宗谱·宗藩庆系录》，2015，第466页。
② 赵子来编纂《银塘赵氏宗谱·宗藩庆系录》，2015，第462页。
③ 赵子来编纂《银塘赵氏宗谱·宗藩庆系录》，2015，第482～483页。
④ 赵子来编纂《银塘赵氏宗谱·宗藩庆系录》，2015，第482页。
⑤ 赵子来编纂《银塘赵氏宗谱·宗藩庆系录》，2015，第475页。
⑥ 赵子来编纂《银塘赵氏宗谱·宗藩庆系录》，2015，第495页。
⑦ 赵子来编纂《银塘赵氏宗谱·宗藩庆系录》，2015，第605页。

承先启后，两无所愧。①

24世希赐（1601～1653），期国次子，字衷若，号志贡。公长齐清心寡欲，坦直接人，□□□□，务守职分，以勤俭成家。②

24世希自（1634～1683），无置室而有产业。③

24世希阅，号而闻公，悉捐己业为明山公烝尝，众议而请配享焉。④

如前所述，赵氏族人所置产业，很多捐作烝尝。所谓烝尝，本指秋冬二祭，后泛指祭祀。石娠公关于烝尝所定的家规为："家之有烝尝，以为祖宗春秋庙祭坟祭等费，犹古圭田之意也，人或有坐收其利，啬吝苟且以了祀事，或本族占耕，悭负祖额，以致废祀，或贪渔侵欺，私自典卖，以断血食，罪有轻重，其不孝均也。若岁收有余羡，众当公积，举有孝心执正老实者收贮，以时登记日清号簿，互相稽核，以备祖宗不时之需，毋致花销私饱。"⑤ 烝尝，即祭祀主要的经济来源——祭田，族谱中明确规定加以保护。"祭田，以供春秋二祭，清明祭扫祖坟，三房轮办，各仪，仪式甚觉微薄，原置山园田段，望将来，岁收子粒续创再加从厚，如子孙私自典卖及贪图微利侵欺者，罪与不孝同，其田园山地，佃与他姓，不许本族子孙占耕负租，以致废祀。"⑥ 族范中谴责族人侵占祭田的行为，认为此为"不孝"，为避免这种行为，将田园山地租给外姓人家，避免被本族后人占用并拖欠、拒绝交租，导致出现祭祀废弃的情况；鼓励族人扩大族产，明确要求推举"孝心执正老实者"管理，以便更好地保护族产收入，"以备祖宗不时之需，毋致花销私饱"。

如此之多的赵氏族人能够将产业、田地等捐献给家族，除了各人"勤俭居积，自致丰裕"的因素外，还与赵氏族人先进的价值观密不可分。

银塘赵氏是科举世家，但并不完全崇尚自给自足的小农经济。银塘赵

---

① 赵子来编纂《银塘赵氏宗谱·宗藩庆系录》，2015，第574页。
② 赵子来编纂《银塘赵氏宗谱·宗藩庆系录》，2015，第610页。
③ 赵子来编纂《银塘赵氏宗谱·宗藩庆系录》，2015，第565页。
④ 赵子来编纂《银塘赵氏宗谱·宗藩庆系录》，2015，第573页。
⑤ 赵潮初主编《银塘赵氏族谱》，2004，第423页。
⑥ 赵潮初主编《银塘赵氏族谱》，2004，第414页。

氏族谱《家规》条称："人家闭户而为生之具以足，吾未之尝闻，未蔬果之蓄，园场之所产也，鸡豚之善，埘圈之所生也，爰及栋宇器械，樵苏脂烛，莫非种植之物也，不勤不俭，吾恐其家之无盐井，大略必自衣食始，人亦有言，片衣蚕千命。复云人以食为天，尊之曰天。曰命，俱敬戒之称，可侈靡妄费乎。"[1] 语出《颜氏家训》："生民之本，要当稼穑而食，桑麻以衣。蔬果之畜，园场之所产；鸡豚之善，埘圈之所生。爰及栋宇器械，樵苏脂烛，莫非种植之物也。至能守其业者，闭门而为生之具以足，但家无盐井耳。"《颜氏家训》指的是：老百姓要想生存，吃的食物来源于庄稼，穿的衣服来源于桑麻，蔬菜果类是园子里生产的，鸡猪等畜类是圈养的。至于住的房屋和使用的工具，以及燃料和照明所用灯烛，无一不是劳动经营所得。所以，能守住家业的人，即使不出门，生存所需的东西也都有了，只是家中没有盐井而已。可以看出反映的是自给自足的小农经济。但银塘赵氏族谱《家规》条，"人家闭户而为生之具以足，吾未之尝闻"，暗示了此时男耕女织这种封闭、落后的小农经济已经不能满足时代的要求。

> 族人的分工是保持宗族稳定发展的重要途径。明清时期，由于人口过剩、耕地不足，客观上已很难继续维持自给自足的自然经济局面。与此相适应，家族内部的产业结构，出现了多样化的趋向，族人往往同时从事着农、工、商、贸等多种职业，单一的农业经济已经十分罕见。即使在各个家庭内部，其成员也往往形成了士农工商的合理分工和有机结合。[2]

银塘赵氏以诗书传家，"子弟七岁入学，十岁就外傅，二十以上无成者，令其作家理财、向学有进者不拘，如不能理财，令耕田经商"。子孙自七岁入学学习文字、音韵等，十岁外出就学。若年至二十岁，还未能在学业上有所成就的，令其学习治家理财。学业一向有上进的不拘于此。如果不会治理财物，就令其耕田经商。可见，经商已经处于和耕田并列的

---

① 赵潮初主编《银塘赵氏族谱》，2004，第 421 页。
② 陈支平主编《福建历史文化简明读本》，厦门大学出版社，2013，第 28 页。

地位。

在《务学》条进一步阐释家族观点：

> 人生在世，会当有业，耻涉农商工伎，则务学为贵，苟醉饱消日，年登婚宦，暴慢自恣，求第则顾人答策，公燕则假手赋书，及有吉凶大事，众论得失，蒙然张口，如坐云雾，公私宴集，谈古论今，塞默低头欠伸而已。有识旁观，代其入地，何惜数年勤学，长受一生愧辱哉。夫明六经之旨，涉百家之书，纵不能增益德行，敦厉风俗，犹为一艺得以自资，即至学业不成，士农工商何族无之，各尽其职，夫谁得而笑我，奈何沦落下流，坏名灾己，辱先丧家为哉。①

以"农商工伎"为耻是错误的，"士农工商何族无之，各尽其职，夫谁得而笑我"。正是基于这种价值观，银塘赵氏族人发挥各自的才能，做到了"三百六十行，行行出状元"。下文以医师和风水师为例说明。

1. 医师

明代医师的地位极其低下。以李时珍（1518～1593）为例，他曾被父亲督促参与科举，而非从事家传的医学，这便很能说明问题。但治病救人的医师之能，被详尽地书写在银塘赵氏的族谱上，丝毫不以族人晓医道为耻，反颇以为豪。如：

> 22世光攉（1537～1600），讳遵，号穆安，仪宇不凡，胆力绝伦。嘉靖间，群盗掠境，公与遇，刺杀数人。后贼党聚营社庙。公乘夜潜入庙中，至贼卧所时，贼明灯以睡，取其马及兵械而归，贼惧宵遁。卿间赖以安堵，尤嗜逐兽。壮时尝击毙一虎，至暮年复遇一虎，公奋击之误中木石。虎咬其肩，公扭虎放声叱之。虎惊走，其勇力如此。善疮科采药以疗，人鲜不效者。②
>
> 23世宗甲（1560～1619），德懋次子。字师训，号从云。郡庠生。席父兄之庇，生平罕与外事，而笃意内修。亲亲长，与兄及弟同获荐

---

① 赵潮初主编《银塘赵氏族谱》，2004，第422页。
② 赵子来编纂《银塘赵氏宗谱·宗藩庆系录》，2015，第492页。

誉。详见孝友录。初年以儿女多痘疹，因究其道，颇以其长。济世流名，至癸犹闻有念赵从云者，后其从侄集融亦以此道鸣溪北，盖得公之遗也。①

24世准心（1570～1632），期衍长子，字希素，号昙玄，勤苦力学，补龙邑弟子员。乡族子弟凡有造者，多出公之教诲。家素清，能勤俭居积，自致丰裕。以身多病，会解药饵自疗，因辩五苦六辛，以齐水火。族党之病疾扶持，医公是赖。质性真朴，家之公业，出入公手者，公私判然，毫无染指，人咸叹为莫及。②

25世与郁（1617～1693），学济四子。公平颜，晓医道，乡里亲朋常有赖焉。③

在自然灾害频发、战乱不断的北溪社会，疫病横行，不知有多少名门望族的村落在瘟疫过后沦为废墟，银塘赵氏人丁在明代的繁衍如此迅猛，与几乎每个世代皆有医师不无关系。

2. 风水师

风水对于封建家族的重要性不言而喻，但在"九流"④的诸多分类中，风水师的位次还排在医生之后。在田野调查中，笔者到银塘，当地民众骄傲地向笔者介绍，无论是以前还是现在，银塘赵氏族人关于祖先坟冢都有诸多讲究，特别是今天的赵氏祖坟（见图4-1-2），将一世、二世、三世、五世、十世、十一世、十二世的祖坟迁到一处，以"龟形"的风水理念，与崇本堂"鼋（与龟相似）形"的风水理念相呼应。

其实，银塘赵氏早就将族人相关的风水故事作为家族团结的典型事例载入族谱：

21世启亮（1485～1552），唐辅长子，讳新，号质直，赋性坦直，

---

① 赵子来编纂《银塘赵氏宗谱·宗藩庆系录》，2015，第546页。
② 赵子来编纂《银塘赵氏宗谱·宗藩庆系录》，2015，第605页。
③ 赵子来编纂《银塘赵氏宗谱·宗藩庆系录》，2015，第690页。
④ "上九流"：帝王、圣贤、隐士、童仙、文人、武士、农、工、商。"中九流"：举子、医生、相命、丹青（卖画人）、书生、琴棋、僧、道、尼。"下九流"：师爷、衙差、升秤（秤手）、媒婆、走卒、时妖（拐骗及巫婆）、盗、窃、娼。

图 4-1-2　银塘赵氏祖坟今貌

毫无私曲，乡号"火管"，谓如竹筒之直也，习堪舆，和乡睦族，与人无忤，宗族亲故有造其处者，必尽杯酒相欢，无亲戚内外，咸爱慕之。[1]

22世德美（1519～1561），景星次子，讳梧，号方渠，性简朴，不习举业，而颇晓堪舆，遇地理师，甚雅重之。俭于自奉而接客务丰腆，处兄弟殊见友爱。将营葬父枢时，堪与家有举一地，谱公若葬此，公之后富难量。公曰：吾兄早丧，吾弟尚少，一侄呱呱，主事而自择其善者，人之私情也，吾不忍为。卒择葬于林山前虎形之在本处者，后地师所举之地，詹家得之。[2]

23世师镒（1531～1619），伯学长子，字期盈，号双峦。禀性淳质，有别具，具聪明。尝学地理于江右谬锡申浔其秘传。乡族有求营扦者，不惮己劳，而罔责人谢，试皆辄验确静。公坟为其自扦，尤最著者。道行泉州余款放牛御公怀玉幼时，公知其异于群孙，尝携偕往而游学焉，受春秋于名宿，卒以是经成进士。[3]

23世宗启（1551～1633），尝自讲习地理，得地在光洋，欲葬祖母。地师有劝之好地不易得，宜以自用。公曰："既为好地，三房必均受福，我非三房中人耶？何必私？"卒以其地券付于众而葬祖母焉。

---

① 赵子来编纂《银塘赵氏宗谱·宗藩庆系录》，2015，第482页。
② 赵子来编纂《银塘赵氏宗谱·宗藩庆系录》，2015，第506页。
③ 赵子来编纂《银塘赵氏宗谱·宗藩庆系录》，2015，第529页。

后公之前配王氏未产早世，大夫以其无出，谓祖姚之地得自公手，许令其附葬，而公以碍为嫌，竟不附。大抵公生平孝友性成，而慷慨凤具，是以居积之厚，不自私有，孝敬笃于所生，友于施于同气，而推之族党内外，大小慈惠亦无不各有以相及。时同郡士大夫以公之兄弟孝友，状上之有司，俱皆各有申详荐，赐扁额门，而闾里沐公之庇者，亦感而颂，至有立原告以志惠焉。迄今于谱中读友友之录，附城西湖故寓见屹峙之碑，每令人想慕于公之亿云，公之他葬裕事，不胜纪此，特其略而已。晚年以援例恩授礼部儒官，寿终八十三。[①]

对于从事风水的族人多将寻觅到的风水宝地捐献于族中的行为，我们不能单纯地理解为个人的善行义举，或应视为宗族社会下的个人职责分工。在宗族社会下，宗族为族内个体提供庇护，个体则在自身职业及能力所及范围内反馈宗族，这一情况并不局限于科举举士，而是遍及各个行业。在这一情况下，整个宗族社会的发展采取的是先宗族而后个人的决策方案，而这一策略在宗族早期发展中起到了极大的推动作用。

（二）建祖祠

历经银塘赵氏十六世、十七世、十八世、十九世、二十世、二十一世共计六世的经营，银塘赵氏经济发展、人口繁衍，敬宗收族成为当时之需。祠堂是宗族祭祖联宗、议决宗族事务、办理红白喜事、上灯修谱、表彰功德、惩戒罪恶等活动的重要场所，它集祭祖、管理、行使族权于一身，神圣而庄严，集中体现着人们的精神需求。祠堂建筑以宗族观念为基石，是宗族祭祀祖先的场所，是宗族的物质标志和聚宗合族的象征。祭祖源于祖先崇拜，是形成家族凝聚力的精神支柱。一座祠堂既是一座缅怀祖宗功名的纪念碑，往往也是一座表彰先人善行义举的道德碑，封建社会门第风气盛行，祠堂的营建，其砖石木的语言时刻鞭策后人光宗耀祖。[②]

华安一带流传着这么一句话——"十庵九祠堂，有女不愿嫁银塘"（意谓嫁到银塘的新娘子，为必须到全村众多的庵庙、祠堂祭拜神明和祖

---

① 赵子来编纂《银塘赵氏宗谱·宗藩庆系录》，2015，第545页。
② 刘华：《中国祠堂：立体的族谱与族训》，《看历史》2015年第5期。

先而愁苦），可见银塘宫庙、宗祠之多。在银塘村不仅有明万历年间建成的"崇本堂"（见图4-1-3），还有更早建成的"永思堂"（见图4-1-4）、"追远堂"和"孝思堂"（后两座已毁）。这么多祖祠的修建是数代族人努力的结果。

图4-1-3 银塘赵氏大宗祠崇本堂正背面

图4-1-4 银塘赵氏小宗祠永思堂

　　21世国表（1487~1560），朝烈长子，讳监，号默齐，公尝建祠祀，易齐公云为独力，世远莫考，然公现配祠中，则公之重本敦孝可知已。①

————————

① 赵子来编纂《银塘赵氏宗谱·宗藩庆系录》，2015，第478页。

21世国恩（1526~1610），朝祥次子，讳锡，号西江，容貌俊伟，举止扩落，替筑土堡，倡立石塔，协建祖庙，盖有功于乡族者也。①

22世德懋（1530~1608），生平茹恬席素，辛勤拮据，不区区为儿孙温饱计，数年来，田不增一顷，室不易一椽。寇至，怀四代神主以逃。归田以后，惟日以祖祠族谱为事，修身以上墓至七代，建父母及小宗祠，置祭田，又倡建始祖庙祠。淳祐进士公，抚其诸侄，各有恩意，自赋归来，惟喜招亲，故传觞谈笑，绝不问生产事。② 德懋修族谱、建立宗祠以至应役、烝尝、墓志、家规之类，罔不备举庶乎，达于承先启后者意念深矣。诸若烝尝祭器，为岁时伏猎（夏伏冬腊两祭名）之需，靡不犁然具也。③

22世光亨（1538~1612），珍俊长子，讳英元，号凤溪，志量宏远，才猷素裕，建祠修谱，扩置烝业，如自捐吉地，衮成祖庙，拓先业，广祀田。建本支之祠，义取孝思，□光六代而□育后起之人文，爰设书田，聿修宗谱图综，全族传详，本支亦犹于大宗之中有小宗之义。光前裕后，兼而有之。④

22世钜望（1540~1573），尊祖重宗，与凤溪公协力积置烝业，以建孝思堂，厥绩懋矣。⑤

22世禹弥（1544~?），生平好义，尊祖重宗，凤溪公之积置烝业以建孝思堂也，公实佐之。⑥

23世宗启（1551~1633），德懋长子，郡庠生，字师承，号象云，少游郡庠，有声誉，尝以观风获知俞遗台，为同试冠。事亲能养志，亲意所达，顺承不敢违，执友相过，留□未尝不尽欢。相传大夫话叙亲朋，载遇公值膳，乃喜而留饮。大夫笃意祖事，历代祠、宇、坟墓，建立种种，公每有出力帮助。各庙烝尝，自始祖而下，如永思

① 赵子来编纂《银塘赵氏宗谱·宗藩庆系录》，2015，第479页。
② 赵德懋墓志铭。
③ 赵潮初主编《银塘赵氏族谱》，2004，第366页。
④ 赵子来编纂《银塘赵氏宗谱·宗藩庆系录》，2015，第495页。
⑤ 赵子来编纂《银塘赵氏宗谱·宗藩庆系录》，2015，第486页。
⑥ 赵子来编纂《银塘赵氏宗谱·宗藩庆系录》，2015，第489页。

（位于安庆楼内）、孝思、如大夫，皆略捐田业，各有以示子，可据在阄付。①

23世师清（1571~1644），光聚次子，讳应漳，号次泉。公务农成家，肯堂肯构，无愧贻谋，至族中修建之举，皆勉力共成之。慈济宫重修，公独董其役，名在石碣。②

23世应辟（1575~1632），主顺次子，公崇本重祖，尝与颙升公董作孝思堂祖祠，与有勤劳佐助之力焉。③

23世师曙（1578~1653），禹行五子，讳颙升，公崇本重祖，尝与应辟董作孝思堂，佐助之力多矣。④

26世孟敬，生于康熙年间，与荣次子，字仲起。习举子业而立，品清高，不屑于名利。品茗栽花，吟咏自适，每当高兴飚举，辄呼友携觞，潦倒乎青松白石间，士林中逸品也。又善于承先人绪，与与合等建立致存堂，以祠房公亦为有功于祖者。⑤

（三）修族谱

祠堂为敬宗收族之空间载体，而族谱为敦宗睦族的时间叙事，在增强族人的凝聚力上，二者殊途同归。银塘赵氏从来没有忽视过族谱的重要性。

《华安银塘赵氏族谱》与漳浦"赵家堡"，被福建省有关领导誉为"华安一部书，漳浦一座城"。银塘赵氏是赵宋皇室后裔，现存七本族谱，被称为"皇家玉牒"。

这部沿宋至明清累世编纂的谱牒，主要内容包括：真德秀等名家所撰的玉牒序、祖源、世系、历年图、君臣一气图并记诗、宋室传授图、科第题名记、乡贤名宦传、宗子覃恩录、漳泉守令诸司录、卜居录、祖坟图、墓志铭，还有史料补遗如"崖山故典"等。既有历史文物图记等史料，又有宗仪、家范、谱例，可谓用家族史勾勒出自皇族贵胄至平民百姓的过

---

① 赵子来编纂《银塘赵氏宗谱·宗藩庆系录》，2015，第545页。
② 赵子来编纂《银塘赵氏宗谱·宗藩庆系录》，2015，第526页。
③ 赵子来编纂《银塘赵氏宗谱·宗藩庆系录》，2015，第521页。
④ 赵子来编纂《银塘赵氏宗谱·宗藩庆系录》，2015，第515页。
⑤ 赵子来编纂《银塘赵氏宗谱·宗藩庆系录》，2015，第717页。

程,可补正史之不足,弥足珍贵。

1. 累世修谱、藏谱的努力

(1) 修谱

银塘始祖与仿公值元兵入闽侵漳时,为"存祀宁家",隐姓埋名,匿迹山林深谷,其间仍暗中根据旧谱玉牒,上溯源流,编成谱系,藏之以垂后人。整个元朝,《银塘赵氏族谱》未能续修,而且原谱所存无几。明朝乡贤名宦复苏时期,明正德丁卯(1507)朝统公初修,搜采残编,参诸旧闻,复成一乘。相隔40年,明嘉靖丁未(1547)八月,德首公重修。又隔31年,明万历六年岁次戊寅(1578)冬十月,德懋公为银塘赵氏世系撰总叙,恰逢倭寇乱漳。再隔11年,明万历十六年岁次戊子(1589)仲秋,赐进士及第南京礼部尚书前礼部左侍郎兼翰林院侍读学士、经筵讲官会典副总裁两京国子监祭酒林士章撰《溪北银塘赵氏族谱序》。明天启二年(1622),赐进士及第四川道监察御史、二十五世孙赵怀玉谨书族谱序。清顺治四年(1647)值"北骑蹂闽",石娠公怀恭(1610~1684)重修族谱。80多年后,自清雍正丙午(1726)至庚戌(1730),孟燕公历时4年多修谱。清末民国,世系断档七八代,使族谱连接出现问题。2003年1月至2004年7月,赵潮初等人修谱完成。基于30年为一世系的实际情况,赵氏族谱就一般情况而言,每隔30年重修一次。若累世不修,视为不孝。正是不断地重修、增辑、续纂,才有今天比较完整的族谱。

(2) 藏谱

俗话说盛世修谱,乱世藏谱。《银塘赵氏族谱》保存完好,是族人悉心保护的结果。赵德懋为修谱规定凡例十五条,"谓大宗谱立三册,编孝、弟、慈三字号,三大房总收之;小宗谱立十一册,编明、新、善、格、致、诚、正、修、齐、治、平十一字号,十一小房分收之,历世遵守,十年续修,勿令后人痛恨我之不能慎守而无以详告后人也"。这是非常有必要的,因为纸张极脆弱,虫蚁相蚀、水火相侵,都会被毁,需要多方收藏保护。果不其然,"家谱一书,大父连云公十袭装潢,重椟置之,盖拟手泽于球贝也"。即使如此重视,还是免不了"家谱乃蚁厝虫蠹,漫不可读矣",久久"踊跃号恸",却又无可奈何。幸好,"访族人,得云溪公所钞副本"。"文革"期间,银塘大小宗祠和匾额均被毁坏,唯独族谱保存下来，九龙江"六九"洪水进村，族谱被洪水浸透，几经抢救，终归完好，可见族人视族谱如生命一般重要。

（3）修谱、藏谱的特点

一是目的明确。敦宗睦族，增强族人的凝聚力。赵德懋明确表示"苟不重修家谱，以记本源，上不追祖宗所自出，下不开孙子于将来，中不笃恩谊以联疏远，则也何以身为"，"斯谱非纪族之书，乃睦族之书也"。

二是历时长久。赵德懋"惟以修谱为念，凡苦心几多年矣"，赵与梗"凡几阅月而谱成"，孟燕公修谱历时四年多。

三是体例严格。《银塘赵氏族谱》的基本格式是"谱序、谱例、先世考与遗像赞、恩荣录、家法族规、同堂坟墓、世系、传记、仕宦录、族产、名迹录、字辈谱与领谱字号等"。谱序包括本族人写的序和邀请外族人写的序，以及跋语等。谱序、跋的内容大致是修谱缘由、修谱经过、家族渊源传承等。孟燕公曰"吾家世乘，先人具有成法，后世起者，循序以为修，非本自用，依例以笔削"，"依前人吊系旧例以为则"，体现历代修谱者观点。

四是人员认真负责。赵德懋"考订于潮阳新会广州等派，为其审自崖门，必有文献足征耳，报政入觐，托年谊，博搜于大府所藏，展谒列帝御容，挂冠归，互征于南溪积美、泉之南外，江西南丰派，李吾漳者，其若翁怀谱来吾家会，参订彼此，稽核流衍，毫无增益、谬冒、上诬、下罔"；石娠公"盛暑严寒，不废卷帙，焚膏继晷，罕辍笔砚，其分居别邨者，弗惮荒远，家谘户询，以考支派昭穆"；孟燕公"谢去生徒，取石娠旧本，篇历远近，查对族姓，考其昭穆，循其次序，辨其异同，依前人吊系旧例以为则，族姓有旁落穷僻者，悉考而录之，旧谍系传，生娶卒葬有未悉登者，更询而补之"。

五是示范效应。赵氏前人修谱严谨的态度给了后来者启发和鼓舞。赵德懋，人称"云溪公"或"大夫公"，明隆庆庚午（1570）领乡荐举人，拣选广东新兴县令，官终准藩，后晋阶长史大夫。赵德懋"捐私园建祖祠，修七代坟茔，时誉循良，官称孝友，非世所仰醇深之俦哉。当世庙庚申辛酉（1561）间，兵燹存炽，深以支派流失为惧，间关逃窜，怀神主，挟族谱，初不为囊橐糇粮计"。正值倭寇兵乱，他不顾家产，财物无所携，惟怀神主、家谱以逃，待乱平归里，自己屋室二三所竟遭一炬，也面无戚容。此外，他还制定立于谱内的家规三十条，其为族人敦亲尊祖，修身齐家，周密考虑之至，可谓用心良苦。赵德懋从十七岁起至暮年矢志修谱，石娠公继云溪公（赵德懋）之志，赵与梗坦然"虽有望洋兴浩叹，而亦有望梅之可宽矣"。

2.《银塘赵氏族谱》的重要价值

银塘赵氏修谱、藏谱的过程，其实是漳州历史的缩影。重修谱牒之际，亦是银塘"生齿渐繁"之时。明清两代银塘赵氏处于复兴鼎盛时期，频繁续修族谱，使得《银塘赵氏族谱》世系史传沿袭完整，记载详细，成为研究漳州历史尤其是明清时期漳州历史重要的参考依据。

不仅如此，由于是赵宋皇室后裔，族谱中对于宋史研究也有重要参考价值。如收录《君臣一气图记》《宋十八帝传授之图》宋代十八帝御容和传略，图文并茂，栩栩如生，内容丰富。又如《赵氏三派祖源纪略》《三派汇谱》《皇室南迁卜居录》，赵氏族人以当事人所写这一特定时期的历史，读来可谓字字见血，句句落泪。"景炎祥兴时事""崖山故典""宋运始终纪略""太祖太宗授受辩"等项记载可补正史之缺。另有蹴鞠图，对于研究宋代民俗生活史也可作为参考。

赵氏族人的世系繁衍、兴衰变化、人口增长、移民、科举题名、祭祀典礼等情况都在族谱中有着详尽的记叙。至于家族成员在敬宗收族方面的努力，前文所叙修谱即是力证，包括修建宗祠崇本堂的艰辛，为便于管理教化族众制定家规家范及祖庙五不祧。襄括数百年，包罗数千人，充分反映了政治生活、社会活动、宗族活动。族谱还收录了文化著述，如各乡贤名宦传、《谒巩县（诗二首）》、《太宗祖庙记》、《卜居记》、《丘墓图引》，文辞优美，具有不可替代的文献价值和史学价值，是研究社会历史翔实的资料基础。

《银塘赵氏族谱》具有一定的考古价值，尤以所收录的《云溪公墓志铭》为著。它与赵氏宗祠崇本堂内藏有赵德懋的出土墓志铭方形"图书石"（见图4-1-5）内容一致，互为呼应。此碑系赐进士及第四川道监察御史赵怀玉为其撰志，并以亲笔书写字迹镌刻，落框署名。遗留至今已370余年，实属珍贵文物，可供研究。

图 4-1-5　赵德懋出土墓志铭方形"图书石"

许多名宦学者曾吟咏《银塘赵氏族谱》，如明代吴文寰（原名吴南，龙溪人，衔教授）咏一首诗，赞："赵君根柢大梁宫，宝庆移来漳水中；国学朋朋千十俊，银塘济济万家封；当年百础擎天术，今日金鸡斗紫穹；五百贞元增谱牒，多君子孝又臣忠。"

第二节　明代银塘赵氏科举盛况

到了明代，银塘赵氏迎来乡贤名宦鼎盛的时期。有功名者，18 世 1 位，19 世 2 位，20 世 1 位，21 世 1 位，22 世 3 位，23 世 6 位，24 世 8 位，25 世 11 位，总计 33 位。18 世至 22 世为前期阶段，银塘赵氏崭露头角，但获得功名的人数还是较少；23 世至 25 世为后期阶段，逐渐形成诗书传家、科举鼎盛的局面，详见表 4-2-1。

以这数十位"习举子业"者为代表的士绅集团的成长与经济开发进程

表 4-2-1 明代银塘赵氏族人获荣衔祖辈一览

序号	世别	辈别	名号	获取衔号
1	18	从	赵致孝	亚魁，领乡荐，浙乐清教谕
2	19	世	赵敏斋	超贡士，往京入监
3	19	世	赵原周	充漳州卫官吏
4	20	令	赵朝统	补龙溪学弟子员
5	21	子	赵巽完	补龙溪儒学生员
6	22	伯	赵伯时	邑庠生
7	22	伯	赵德首	邑庠生
8	22	伯	赵德懋	举人新兴县令，晋升长史大夫进士
9	23	师	赵师跃	郡庠生
10	23	师	赵师纯	授富邑尉，陛茗盈州知州
11	23	师	赵师为	邑庠生
12	23	师	赵宗启	郡庠生
13	23	师	赵宗甲	郡庠生
14	23	师	赵宗成	国子生，恩授鸿胪署盛，荐于朝
15	24	希	赵希钦	郡庠生
16	24	希	赵璧完	国子生，武贡士
17	24	希	赵希煃	郡庠生
18	24	希	赵准心	补龙邑弟子员
19	24	希	赵仕邦	邑庠生
20	24	希	赵应龙	邑庠生
21	24	希	赵从龙	郡庠生，历试优等
22	24	希	赵登龙	邑庠生
23	25	与	赵怀玉	赐进士及第，四川道监察御史
24	25	与	赵与械	郡庠生
25	25	与	赵与灯	邑庠生
26	25	与	赵图南	邑庠生
27	25	与	赵虹化	邑庠生
28	25	与	赵应明	邑庠生
29	25	与	赵与张	泉晋江庠生
30	25	与	赵与璧	邑庠生
31	25	与	赵尚春	邑庠生
32	25	与	赵证觉	郡庠生
33	25	与	赵与桐	邑庠生，邑试第一，补弟子员

有密切关系：步入士绅行列主要为科举一途，但考场上的竞争从来都不仅仅是智力和学问的角逐。对于应考者个人来说，虽不一定要有万贯家财，

却至少要能保证求学期间的衣食、书籍等费用。及第从来都不是那么容易的，也有连考几十年不中的，因此一个人要从科举中获得士绅出身，首先要克服经济困难。①

这数十位"习举子业"者大致可分为以下几个脉络。

一　前期科举发家

（一）科举发家

1. 16 世名远→17 世（原北）② →18 世致孝

　　18 世致孝（1403～1472），原北次子（名远之孙）。讳贤，号介石公。少颖异，器宇不凡，武安高塘叶公过其门，闻其读书声，清朗响亮，入见而奇之，许配以女，弱冠补弟子员，明正统三年戊午（1438）领乡试第八，就仕，授以浙江温州府乐清县儒学教谕，后左迁河泊，老致仕归。在官，清心致力于培育才士，退居林下，惟以诗酒自娱，建馆凿地，日与忘年友林钧、陈若蒙、杨四春等往来吟咏，其题于堂上有联："早奋门墙叼饮八闽攀桂宴，老归磐谷长吟四皓采芝歌"。③

2. 16 世茂荣→17 世（裕才）→18 世（宏恩）→19 世原周

　　19 世原周，宏恩长子（茂荣曾孙），生卒失记，讳普和，号显齐，禀性智慧，恃才妄作，充潭州卫吏，两考赴京。④

（二）科举的延续与中断

1. 17 世举皋→18 世（廷睦）→19 世敏斋→20 世（仲瑀）→21 世巽完

　　19 世敏斋（1426～1464），廷睦长子（举皋之孙）。讳中，字原

---

①　罗运胜：《明清时期沅水流域经济开发与社会变迁》，社会科学文献出版社，2016，第 328～329 页。

②　本节中的人物未能在科举考试中取得成绩者，加上括号作为标注，但每行位列第一者（如 16 世名远、16 世茂荣等），不拘此例。

③　赵子来编纂《银塘赵氏宗谱·宗藩庆系录》，2015，第 447 页。

④　赵子来编纂《银塘赵氏宗谱·宗藩庆系录》，2015，第 455 页。

庸，少颖悟。年十八，补龙溪县儒学生员，四次科举不第。天顺六年，遇例充贡，往京入监，后监期已满，归家与从弟充卫吏。①

21世巽完，仲瑀次子（敏斋之孙，另仲瑀谙文墨，练达世故），生卒失记，天资聪敏，幼习举子业，补龙溪儒学生员。②

2. 17世宇理

↓

18世（从孔）

↓

19世世徐 → 20世朝统 → 21世（国重）→ 22世（伯先）→ 23世期纯
　　　　　　　　　　　　　　　　　　　　　　　　　　　　　　　↓
　　　　↘ 20世（朝烈）→ 21世（国材）→ 22世伯时　　24世璧完

19世世徐（1431～1485），从孔三子（宇理之孙），讳碧徐，讳舒，号敦素，豪迈轩举，弗尚侈华，父殁，二兄早逝，一弟尚幼，官儒户，役事无巨细，志属肩理，乡人难（按：应补"之"字）。③

（1）朝统派

20世朝统（1454～1523），世徐长子，讳同，号遁庵，器质温雅，学行优长，补溪学弟子员，晚年以山水、文籍自娱。④

23世期纯（1533～1613），伯先长子，期亦作师，讳恭理，原名守礼，号西津，亦号初真，墓牌则镌此号。沈雅有器略，事亲以孝。隆庆中，为州郡所辟，壬申佐政富邑。神宗即位升司茗盈州，公在富多善政，尤入民心者，设御防猛章（按：疑为"獐"），冗费止，浔已之役民蒙稍息，既用兵奉溪，二九邑惠蒌（按：疑为"荡"）平。尝自杂麦种数十石，给民垦耕，不责偿价，地利益出。拜命茗盈，例引见邑士大夫荣公，行不忍别，公序以送之。⑤

24世璧完（1585～1658），期纯次子，字希正，自号澹宁居士，

---

① 赵子来编纂《银塘赵氏宗谱·宗藩庆系录》，2015，第455页。
② 赵子来编纂《银塘赵氏宗谱·宗藩庆系录》，2015，第480页。
③ 赵子来编纂《银塘赵氏宗谱·宗藩庆系录》，2015，第454页。
④ 赵子来编纂《银塘赵氏宗谱·宗藩庆系录》，2015，第463页。
⑤ 赵子来编纂《银塘赵氏宗谱·宗藩庆系录》，2015，第535页。

原名心初，国学生。公隆武时捐授贡士，以原名行，沈静自守，惮于涉世。万历季年，遵例入国子监，肄业，都下士皆重公品行。期满回籍，愈自键户读书而已，非亲旧气孚者，访辄由径避之，其畏于见人如此。①

（2）朝烈派

22世伯时，国材长子（世徐曾孙），生卒失记，字伯普，号省塘，邑庠生。②

早期科举发家的共同特点，即先世积攒家业，创下攻读科举的经济基础，需要一两代的经营。在获取功名方面，世代延续之中或有间断，这可能与对科举应试技巧的把握不够，银塘赵氏家族未能形成浓厚的科举氛围相关。但是，以赵致孝为典型的科举的成功，已经极大地刺激了银塘赵氏向学入仕的进取之意。

二　后期科举盛况

（一）延续的共同经济基础

习举子业需要经济支撑，这一点与前文并无二致。因而，我们找到的案例中也延续着这样的特点。

22世光聚→23世师鹏→24世（希轴）→25世与煐、25世与煋

23世师鹏（1567～1606），光聚长子，讳应潮，字太冲，号纯笃。公宏才伟抱，克承厥家，少习举子业，锐意功名，遭时偃蹇久困。……时明季取士途宽，乡闱就试不能满额者，例准宿学儒童充试入彀，即成举子。公遂躧履赴省，冀幸成名，竟卒三山，赍志以殁！③

25世与煐（1633～1702），希轴长子，字景千，公为人淳厚，动履不佻，事以孝闻，问安视膳，无失礼焉。习举子业，见推时笔而不

① 赵子来编纂《银塘赵氏宗谱·宗藩庆系录》，2015，第589～590页。
② 赵子来编纂《银塘赵氏宗谱·宗藩庆系录》，2015，第502页。
③ 赵子来编纂《银塘赵氏宗谱·宗藩庆系录》，2015，第526页。

获售，人咸惜之。①

25世与焜（1637~1723），希轴次子。字景辰，号肇文。公承世德，积善贻谋。早年失怙，偕伯氏事母以（按：衍字）以孝。遭时之变，家计零落，茶水维艰。顾谓二弟曰：室将罄，而家有老，奈何以为伯氏忧？力田孝悌，古之训也。石田其可耦乎？将事锄耰以为养计，且吾家世次儒业，苟可逢（按：疑讹字）年用，佐伯氏诗书费，若其与我乎？于是春雨秋风、耕耘陇畔，竭力经营，家乃稍足。是时与二弟虽分井灶，不忍自封。凡先大父母之生事死葬，以及诸侄读书婚聘事，悉肩任之。②

这里涉及家族内部分工的问题。科举是一项费时费力的具有风险的投资，尤其是在家道中落的时候，家族的成员更不可能每一个都攻读诗书，需得有人务家、有人经商才得以支持应举人员的诗书费用。从上文可以看出，与焕习举子业，离不开与焜的积善贻谋。

（二）科举的重视与推广

在科举氛围愈发浓重之下，即使族谱未见先世积攒先业到达何种程度，也能发现世习举子业的情况，银塘赵氏在立稳脚跟之后，对举子业慢慢重视起来。

1. 23世师镒→24世希颜→25世怀玉

23世师镒（1531~1619），伯学长子，字期盈，号双峦。禀性淳质，有别具，具聪明。……御公（怀玉）幼时，公知其异于群孙，尝携偕往而游学焉，受春秋于名宿，卒以是经成进士。③

24世希颜（1551~1625），师镒之子，字万回，号双哲，封文林郎，字方回，号上哲。（生）侍御旬龙公太封，娶归德邱氏。

作御公述公行事，以及邱氏，其略曰：先君方回公……少治举子业，甚得先正法门，为备辈所严事，……皆从先君口授为多。每试于

---

① 赵子来编纂《银塘赵氏宗谱·宗藩庆系录》，2015，第644页。
② 赵子来编纂《银塘赵氏宗谱·宗藩庆系录》，2015，第644页。
③ 赵子来编纂《银塘赵氏宗谱·宗藩庆系录》，2015，第529页。

有司，呈其卷，先君为甲乙，卒如言不樊。先君平生不治产业，未尝营一文钱，独原课儿为文诵，说古今理、知己之故，娓娓不休也。①

家慈邱氏，性宽慈甚，不孝兄弟七人，母抚育极勤劬，从来未尝出一骂言语，六（按：衍字）未尝轻以尺相加也，而极见大意，时时训谕不孝，云：汝家以儒为业，汝父为疾废弃，居常恨之。光前绪而大焉，是在儿矣，儿勉之哉。①

25 世怀玉（1573～1632），希颜长子。讳与瑾，字与瑶，初字与相，号旬龙，幼颖悟不凡，习古学，凤负隽声，新兴公大异之。当祖庙落成，将奉淳佑（按：应为"祐"）进士始祖道精公入庙，新兴公命其点主，谓之曰，宋宗室入漳。国朝与南宫之选者，豪有人矣，积美有人矣，而吾家未有光吾宗者，其在子乎？迨万历乙卯天启壬戌捷至，族人称新兴公藻监焉。②

师镒携怀玉四处游学，遍访名师。希颜当过评卷官，向儿孙口授科举文章的应试技巧，个中奥秘旁人自是无法轻易知晓。希颜"独原课儿为文诵，说古今理、知己之故，娓娓不休也"。希颜妻邱氏亦以儒业勉怀玉。功夫不复苦心人，赵怀玉终于考中进士。

2. 23 世师跃→24 世（希胜）→25 世与张

23 世师跃（1547～1611），伯尊长子，讳赞化，号我塘，郡庠生。③

25 世与张（1593～1653），希胜长子（师跃之孙），讳士琨，号韫辉，晋江庠生，旷达不羁，豪于诗酒，花晨月夕，饮辄高歌，□□□□。适泉入晋邑庠，甲申之后，逍遥林壑，及隆武都闽，尝与弟士璨献策，并赐甲第，然而为杞宋之不足征已。④

这似乎是文人的另一种风骨，唯其如此，才显得银塘赵氏族人的形象

① 赵子来编纂《银塘赵氏宗谱·宗藩庆系录》，2015，第 578 页。
② 赵子来编纂《银塘赵氏宗谱·宗藩庆系录》，2015，第 651 页。
③ 赵子来编纂《银塘赵氏宗谱·宗藩庆系录》，2015，第 532 页。
④ 赵子来编纂《银塘赵氏宗谱·宗藩庆系录》，2015，第 661 页。

立体而又丰富，既能逍遥林泉，又能建言献策，诗酒花月、旷达不羁。

（三）科举盛况世代延续的典型个案分析

前面，我们所看到的科举在世代延续之中，都出现断层的情况。这说明科举是存在风险和变数的。但是科举无疑又是可经营的，在明代银塘赵氏就出现了这么一个科举不曾断代的典型案例。这对于探讨北溪科举文化状况意义重大，值得深究。

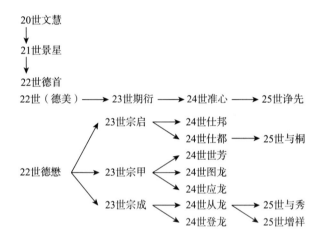

21世景星（1498~1540），文慧之子，讳奎，号东郊，七岁而孤，以祖遁叟母陈氏鞠育之，及长沈毅有为，好读书，动止有礼法。①

1. 德首派

22世德首（1516~1548），景星长子，讳魁，号笃齐，别号云塘，资禀英迈，好读书，喜谈论，襟怀洒落，敦尚节概。少善对偶，年十三，外祖吕公开馆代训督生徒，出对曰：泰山北斗，系群士之观瞻，人皆曰：此子不凡也！比长博览载籍，临楮信手千余言，有钧海林豫章，晋邑庠士也，素负不羁，与公上下议论，廖歌互答，有歌咏即笔以志之所让诗文及品评彙有二卷，时有隐德博物君子之称。

抚少弟加意训，训督恩等所生于族姓，尤笃宗谊，识族谱以贻后

---

① 赵子来编纂《银塘赵氏宗谱·宗藩庆系录》，2015，第482页。

人族之。弟有美质者，辄引而教之，未得一试而逝，人咸惜之。时学者以公质性笃厚，且笃孝、笃学，号之曰笃斋先生。①

2. 德美派

24 世准心（1567～1632），期衍长子，字希素，号昙玄，勤苦力学，补龙邑弟子员。乡族子弟凡有造者，多出公之教诲。②

25 世诤先，准心之子，生卒失记，字七臣，亦字与葵，为人慷慨真率，亲戚兄弟之间，未能假借，身列黉序，而进取意澹。③

3. 德懋派

22 世德懋（1530～1608），景星三子，讳云溪公，字伯昭，原讳华。少颖异，十一而孤，长兄最钟爱，令习举子业，善谐谑，所制谣俗歌曲传之骚坛，足为绝倒，年四十一领隆庆庚午（1570）乡荐，万历癸未（1583）谒选授新兴令属臬司。致仕，杜门养素，以孝弟训诸子。④

三子克承父志，彬彬有立，长宗启，郡庠生，次宗甲，郡庠生，三宗成，国子生，荐于朝，恩授鸿胪寺署丞，父子孝友相承，乡间称颂，屡奉上司嘉奖，赐以"王门宠锡"荣匾，至今悬于祖庙"崇本堂"。⑤

（1）宗启派

23 世宗启（1551～1633），德懋长子，郡庠生，字师承，号象云，少游郡庠，有声誉，尝以观风获知俞遗台，为同试冠。……晓（按：疑为"晚"）年以援例恩授礼部儒官，寿终八十三。⑥

24 世仕邦（1592～1657）宗启长子。字希达，号珠里。少质鲁，

---

① 赵子来编纂《银塘赵氏宗谱·宗藩庆系录》，2015，第506页。
② 赵子来编纂《银塘赵氏宗谱·宗藩庆系录》，2015，第605页。
③ 赵子来编纂《银塘赵氏宗谱·宗藩庆系录》，2015，第688页。
④ 赵子来编纂《银塘赵氏宗谱·宗藩庆系录》，2015，第507页。
⑤ 政协华安县文史资料研究委员会编《华安文史资料》（第17辑），1994，第87页。
⑥ 赵子来编纂《银塘赵氏宗谱·宗藩庆系录》，2015，第545页。

比长，积学之滞，下笔即成文。闻其怀忆友人，就课文写意，自郡至银塘，岂不尔思题腹成。十三艺（按：衍字）既游泮有声，文场以数奇，不获一第，仅中副车焉。①

24 世仕都（1595～1665），宗启次子。字希政，少以多病，不习举子业。惟咏歌以自理性情，兄弟友爱，百凡皆付诸兄。不学自愧，至长子入泮，始见开颜。②

25 世与桐（1628～1679），仕都长子，字峄生，号愚庵，小字享。兄弟有三，以聪慈蒙受父母，治举业，行文闲笋精工，沛然如流水。从伯希五先生甚器之，期以远大。岁丙申海澄邑试第一，得补弟子员。时在港内会业，陈渔仲以同窗，偕入泮水。康孟侯在玉州之西，因文约契至，以桃园三人自儗（按："拟"）。

……教子特严，时有过，重楚（按："打"）不轻贷。六战棘园，所志不售。至甲寅之乱，退避入山，隐于绵治女婿之家。一筹莫展，郁郁以疾而逝，惜夫！③

（2）宗甲派

23 世宗甲（1560～1619），德懋次子。字师训，号从云。郡庠生。席父兄之庇，生平罕与外事，而笃意内修。亲亲长，与兄及弟同获荐誉。④

24 世世芳（？～1652），宗甲长子，字希一，号鼎翰，赋质灵慧，常自恃才智而喜为弄巧之事，在泮水以文章著。⑤

24 世图龙（1585～1636），宗甲次子，字希则，号丹北，生平瑰敏练达，业在经生（治经生业），晓大义，识解拔俗，以累试数奇，遂忠（按："忘"）念进取。⑥

---

① 赵子来编纂《银塘赵氏宗谱·宗藩庆系录》，2015，第 607 页。
② 赵子来编纂《银塘赵氏宗谱·宗藩庆系录》，2015，第 607 页。
③ 赵子来编纂《银塘赵氏宗谱·宗藩庆系录》，2015，第 691 页。
④ 赵子来编纂《银塘赵氏宗谱·宗藩庆系录》，2015，第 546 页。
⑤ 赵子来编纂《银塘赵氏宗谱·宗藩庆系录》，2015，第 607 页。
⑥ 赵子来编纂《银塘赵氏宗谱·宗藩庆系录》，2015，第 607～608 页。

24 世应龙（1601～1636），宗甲三子，列邑庠，有时望。以子少实（按：不真诚），迹不能传。①

（3）宗成派

23 世宗成（1570～1646），德懋三子。字师缵，号连云。幼而颖慧，长而醇谨，补澄邑弟子员，历试优等，文章德行为学博所丞称。原名宗禹，以乡举不利，拔例应天国学生，改名宗成，雍（按：疑应为"乡"）试履（按："屡"）列前矛，束园几中副车。……弘光乙酉，少宰东里公以公历监例满，文行素着，荐于朝，恩授鸿胪寺署丞。时年七十有五矣，捧檄之日，具衣附拜于大夫之前曰："吾得一命之裔，戴进贤冠以见先人于地下矣。"越明年七十六寿而终。②

24 世从龙（1593～1667），宗成长子，字希五，号锡岱，别号潜轩。母李孺人，归宁侍御公家。值临盆，举家见毫光烛天。群趋救火，而公实诞焉。侍御公往觇，喜曰：成吾宅相者，必是儿也！稍长器宇如成人，日依依大夫公膝下，问难考究。九岁能文，垂髫应童子试，辄见录，易冠，补弟子员。潜心力学，博综蕴藉，当时名宿恒相师资黄文明，榕坛课业，称为尧楚。王东里先生最为抉目，尝延与诸公子。同学敬重有如师傅，亲爱无殊子弟，乃历试优等。九战棘围，几得而失者数焉。迨甲午长子与椊登贤书，乃喟然嗔曰：吾老矣！先人所责望者付诸儿辈。吾可以休矣！遂以顶袍告是，更号潜轩，与二三老友，日相过从诗酒谈吐而已。③

24 世登龙（1598～1669），宗成次子，郡庠生。生平喜简脱，而不存戒心。身居而进取，亦非甚意屑。④

25 世与秀（1633～1701），从龙四子，字季彦，小名兴。少以痘症不顺濒死，形质变易，不见屑意于潜轩公。因发愤自励，就学友人家，习成举子业，而潜轩不知，传闻面试始觉之。甲午科试，见取学

---

① 赵子来编纂《银塘赵氏宗谱·宗藩庆系录》，2015，第 608 页。
② 赵子来编纂《银塘赵氏宗谱·宗藩庆系录》，2015，第 546 页。
③ 赵子来编纂《银塘赵氏宗谱·宗藩庆系录》，2015，第 608 页。
④ 赵子来编纂《银塘赵氏宗谱·宗藩庆系录》，2015，第 608～609 页。

使孔自洙，补诏邑弟子员，遇试多拔前矛。食饩于学宫，际不顺，不获大就。康熙乙丑，领岁荐而已。为了（按："人"）性倔，举业外一事莫能谙闻，寂居处。谈笑间常以不获就职司学为念。①

25世增祥，（1640～1681）从龙五子，字旋，其原讳桂，字迁客，小字名。质性灵利，姿容雅秀，潜轩公虽以少子稍宽纵之，而举业精通，诗律亦谙。既壮与侄孟煋偕入诏邑庠，历试优等。②

这一脉可谓文脉，绝大部分好读书，年少聪颖，具有令人艳羡的资本。至今当地赵氏族人仍自豪地说"大夫公笔尾不断（大夫公即指赵德懋，笔尾不断指其人才辈出，最新版的族谱亦是赵德懋后人赵潮初编修而成）"。文人的血液代代流淌，父子兄弟之间相得益彰：督促（25世与桐）、竞争、切磋、鼓励，乃至暗暗较劲（25世与秀）。他们有的出生就带有传奇色彩，如赵从龙，有的才思敏捷，如赵仕邦，加上优秀的名师学友资源，如虎添翼。

三　其他郡庠生与乡贤名宦的构成

23世师为，伯强五子，生卒失记，邑庠生。③

24世希钦，师对长子，讳承，诏郡庠生。④

24世希烽，师果长子，生卒失记，郡庠生。⑤

25世炳南（1636～1669），希碧三子，字与灯，又字博人，邑庠生，性和雅，善读书，士类称之。……惜不获售，竟其用命夫。⑥

25世与横（1621～1706），希简长子，字锡侯，乳名长，郡庠生。⑦

① 赵子来编纂《银塘赵氏宗谱·宗藩庆系录》，2015，第693页。
② 赵子来编纂《银塘赵氏宗谱·宗藩庆系录》，2015，第694页。
③ 赵子来编纂《银塘赵氏宗谱·宗藩庆系录》，2015，第539页。
④ 赵子来编纂《银塘赵氏宗谱·宗藩庆系录》，2015，第586页。
⑤ 赵子来编纂《银塘赵氏宗谱·宗藩庆系录》，2015，第598页。
⑥ 赵子来编纂《银塘赵氏宗谱·宗藩庆系录》，2015，第645页。
⑦ 赵子来编纂《银塘赵氏宗谱·宗藩庆系录》，2015，第664页。

25 世尚春，希道次子，生卒失记，字与洛，号蓼初，郡庠生。[1]

25 世图南，希慎长子，生卒失记，字与浃，邑庠生。[2]

25 世与璧，希慎三子，生卒失记，字与蒲，邑庠生。[3]

25 世应明，希贤长子，生卒失记，字与灏，邑庠生。[4]

25 世虬化，希钦之子，生卒失记，字与渔，溪邑庠生，以文章见重于时。科卷为同考澄侯金汝砺公击节荐聚入彀矣，因病末场弗竟。搜无策卷，割爱置之，揭榜后趋公一见，流连称赏，诘所以为，为为懊，且惜焉。未几，以抑郁殒其身。[5]

25 世证觉（1597～1652），学沂之子，字与莲，少时有异质。习举业，能通于百家，在郡庠前矛，屡拔最，为朋辈所推许。文明黄先生讲学邻山，公受业其门，甚见器重。有素论，未尝不称快，同门中颇为密迩。时文明以被放（按：罢官），续离骚自寓（按：寄托情感），公以宋玉自比，所著有缶音之作，文明击节，因序而梓之。季（按：子嗣）多病，不能力学，所愿不酬，不永而终，惜夫年岁不永。[6]

25 世与梓（1610～1664），学津嗣子，学济三子入继，号紫云，善学模楷，书于黄文明，而深晓脉理。[7]

这些庠生大部分未能取得功名，以秀才身份终老，由于科举竞争激烈，这些人长期苦读，导致身体多病，血疾缠身，诸多人年岁不永。但是儒家的价值观已经渗透进人们的骨髓，以儒为业、耕读传家成为一种自觉。如 25 世与偹（1612～1652），希纫长子，一名富字，又龙。性好书，耕余之暇，未尝废于开卷。[8] 25 世与立（1635～1702），希僚长子，讳材，雅重读书，延师教子，自樵佣以供费焉。[9] 毋庸置疑的是，正是这一广大

---

① 赵子来编纂《银塘赵氏宗谱·宗藩庆系录》，2015，第 666 页。
② 赵子来编纂《银塘赵氏宗谱·宗藩庆系录》，2015，第 666 页。
③ 赵子来编纂《银塘赵氏宗谱·宗藩庆系录》，2015，第 666 页。
④ 赵子来编纂《银塘赵氏宗谱·宗藩庆系录》，2015，第 667 页。
⑤ 赵子来编纂《银塘赵氏宗谱·宗藩庆系录》，2015，第 667 页。
⑥ 赵子来编纂《银塘赵氏宗谱·宗藩庆系录》，2015，第 688 页。
⑦ 赵子来编纂《银塘赵氏宗谱·宗藩庆系录》，2015，第 689 页。
⑧ 赵子来编纂《银塘赵氏宗谱·宗藩庆系录》，2015，第 658 页。
⑨ 赵子来编纂《银塘赵氏宗谱·宗藩庆系录》，2015，第 627 页。

的群体，成为银塘赵氏族人不可忽视的组成部分。这是一个潜心向学的群体，并成为乡贤名宦辈出的决定因素。

事实上，多数家族即使教子读书其也未必进入仕途，或许只有少部分人成为进士，多数人走这一条路到最后也只能安于贡生、秀才之类的"头衔"。谋得"举人"者已是极少数，更成为家族的荣耀。不过，明代的举人、秀才、贡生都是与官府亲近的人物，他们在乡村的地位不低，与官府建立了复杂的关系，这些关系有助于他们在地方地位的提高，于是，他们一旦遇到问题，便可动用这些关系捍卫自己的家族。对朝廷来说，这些与官府有千丝万缕关系的家族，也是官府的统治基础。①

第三节 明代银塘赵氏通婚分析

婚姻对于家族的重要性是显而易见的，因为没有婚姻便不可能实现家族人口的再生产。更重要的是，姻亲关系与继嗣对维系家族与邻近村落或家族的关系起着关键性的作用。

家族之间的通婚也可以带来大量的社会互助资源。家族的存在不仅在于它的独立性发展，而且在于它与外界联系的保持，而通婚在这一方面扮演着不容低估的角色。② 银塘赵氏家族男子二十岁以上，女子十六岁以上，皆可嫁娶。

一 银塘赵氏不同世代的通婚记载

从表 4-3-1 中可见族谱对 11 世至 24 世有关通婚情况的记载还是比较详细的，最低的记载比例也达到 42%，因而可依据现有的资料分析银塘赵氏的宋、元、明时期的通婚情况。从第 17 世开始，银塘赵氏丁数就呈倍数增长，其中与善于利用通婚不可分割。表格中的通婚次数也包括置妾、续娶、嫁女等情况，因而出现通婚次数超过人丁数的情况。具体的通婚情

---

① 徐晓望：《福清叶向高家谱列传研究》，《闽商研究》，中国文史出版社，2013，第95页。
② 王铭铭：《村落视野中的家族、国家与社会》，王铭铭、〔英〕王斯福主编《乡土社会的秩序、公正与权威》，中国政法大学出版社，1997，第42页。

况详见表 4 - 3 - 2。

表 4 - 3 - 1　银塘赵氏族谱对于通婚状况的记载

世系	通婚次数	丁数	人口涨幅（%）	记载比例（%）
11 世	1	1	1	100
12 世	1	2	2	50
13 世	2	2	1	100
14 世	5	2	1	250
15 世	2	2	1	100
16 世	4	3	1.5	133
17 世	9	9	3	100
18 世	18	24	2.7	75
19 世	34	43	1.8	79
20 世	45	78	1.8	58
21 世	78	112	1.4	70
22 世	85	183	1.6	46
23 世	177	313	1.7	57
24 世	222	527	1.7	42

表 4 - 3 - 2　银塘赵氏 11~24 世通婚姓氏及次数

单位：次

世代\姓氏	11 世	12 世	13 世	14 世	15 世	16 世	17 世	18 世	19 世	20 世	21 世	22 世	23 世	24 世
吴	1	0	1	0	0	0	0	0	0	0	1	0	4	6
陈		1	0	0	0	2	2	4	9	10	13	19	25	33
宋			1	0	1	0	0	0	0	0	0	0	0	0
何				1	0	0	0	0	0	0	1	0	0	1
梅				1	0	0	0	0	0	0	0	0	0	1
刘				1	0	1	0	1	0	2	1	0	3	1
张				2	0	0	0	0	0	0	4	0	7	5
杨					1	0	0	5	8	4	15	13	13	20
黄						1	2	1	2	4	10	12	17	19
颜							1	0	0	0	1	0	2	2
蔡							1	0	0	2	4	5	8	10
萧							1	0	0	0	0	0	2	3

续表

世代\姓氏	11世	12世	13世	14世	15世	16世	17世	18世	19世	20世	21世	22世	23世	24世
曾							1	0	0	3	0	0	1	2
林							1	0	4	2	8	9	19	25
叶							1	0	0	0	0	0	0	0
马							1	0	0	0	0	0	1	1
许							1	2	0	2	5	5	4	
姚							1	2	0	2	5	5	4	
吕							1	0	0	4	0	2	4	
胡								1	0	0	0	0	2	
沈								1	0	0	0	0	0	
郭								1	3	1	0	7	0	
阮								1	0	0	0	0	0	
董								1	0	0	0	0	0	
卢								1	0	0	0	0	1	
王								1	2	4	0	10	12	
詹								1	0	1	2	7	5	
梁									1	0	0	1	4	
柯									1	1	0	0	1	
冯									1	0	1	0	3	
卓									1	0	0	0	0	
钟									1	0	0	1	0	
李									1	1	3	3	5	
尹									1	1	0	2	2	
方									1	0	0	2	2	
郑									2	2	7	7	8	
庄									3	2	0	3	0	
高										1	0	0	0	
薛										1	0	0	1	
康										2	0	1	1	
朱											2	0	1	
邹												4	7	0
谢													1	2

续表

世代\姓氏	11世	12世	13世	14世	15世	16世	17世	18世	19世	20世	21世	22世	23世	24世
富												1	0	0
翁												1	2	0
昌												1	0	0
魏												1	0	0
徐												1	1	0
廖												1	2	0
池												1	0	0
孙												1	1	0
潘												1	0	0
石												1	0	0
蒋												2	2	0
苏												3	1	0
周														1
汪														1
包														1
余														1
戴														1
罗														1
邵														1
连														1
柳														1
窦														1
鲍														1
昊														1
邱														2
汤														2
洪														2
江														2
童														2
饶														2

家族聚落与内部关系以及地方的通婚地域，是一种社会空间，即社会关系的领域与地缘的糅合。在一定的历史过程中形成此种乡土的社会空间。①

1.16 世以前（包括 16 世）

皇族后裔在银塘的发展坎坷而漫长，自理宗宝庆二年（1226）择居银塘，至元朝灭亡（1368），这 100 多年的时间里，改为周姓易名，携家匿迹山林，僻处躲生。笔者推测，银塘赵氏与吴氏的通婚行为，应是在原迁地时就已经开始并随着移民延续到 16 世。

在此期间，银塘赵氏的通婚对象，明确可考的有浦西（隔江）陈氏、隔溪浦口梅氏、桃源（古游仙乡九龙里桃源保，今华安县沙建汰口）刘氏、漳州府城东门张氏、银塘本里张氏、绿洲（古地名，浦南一带）陈氏、本乡陈氏、华峚林氏。另从历史上和今天的银塘周边姓氏分析有芹霞（今丰山镇芹霞村，古地名芹溪）宋氏、浦南何厝何氏、碧溪杨氏、柳头洲黄氏（1336～1384，后分基为玉兰黄氏、玉胜黄氏）、柳头洲张氏。

银塘赵氏在 11、12 两世还与原迁地吴氏保持通婚关系，但随着定居银塘日久和时代动乱、银塘赵氏逃亡的艰难处境，这种通婚关系中断了。为了初步立稳脚跟，银塘赵氏的通婚对象转向本里的小姓氏如陈、张二姓，以及周边地域姓氏如隔溪浦口梅氏、上游桃源刘氏。

2.17 世

明代复赵姓之后，经过几代经营，与本里大姓杨氏通婚，不仅保持与上游桃源、华峚地区的联姻关系，通婚对象还延伸至浦南一带，如绿洲陈氏、柳头洲黄氏等。由于人丁逐渐繁衍，通婚网络也逐步构建。

3.18 世

银塘赵氏婚姻圈，不变的是保持与本里陈姓、杨姓、浦西陈姓的通婚；有所区别的是与长泰地区的通婚已非个案，随着赵氏的崛起，疑建立了与对江杏林（后林）吕姓的通婚关系。且由赵姓后裔仕宦带来的通婚圈的个案亦显端倪。

---

① 王铭铭：《村落视野中的家族、国家与社会》，王铭铭、〔英〕王斯福主编《乡土社会的秩序、公正与权威》，中国政法大学出版社，1997，第 46 页。

其中赵致孝的婚姻颇具趣味性。"长泰武安高塘叶公过其门，闻其读书声，清朗响亮，入见而奇之，许配以女。"这与乱世比武招亲、盛世皇榜之下的抢进士有异曲同工之妙，在一定程度上表明科举功名已成为漳州地区民众安身立命的重要资本。赵致孝"弱冠补弟子员，明正统三年戊午（1438）领乡试第八，就仕，授以浙江温州府乐清县儒学教谕"，而银塘赵氏的显迹也以此为转折点，走向新的高度。除了婚姻圈的建构，诗友圈也初步建立："偕年友林钧、陈若蒙、杨四春等往来吟咏，以诗酒自娱。"建馆凿地，其题于堂上有联："早奋门墙叨饮八闽攀桂宴，老归磐谷长吟四皓采芝歌。"值得注意的是，银塘婚姻圈扩至长泰地区，与北溪流域的交通有关，漳州地区多丘陵，河流纵横，水上交通和陆路交通一样重要。"龙潭地处十字之中，直者为江，驾舟北上，可上宁洋；放棹南下，即抵海澄。横者为陆，西列峰通于南靖；徂东平畴，便驰长泰。"① 长泰盐津溪在浦南一带与北溪干流汇合。至于赵致孝与浙江温州马氏通姻，与其宦迹相关，不加赘述。应注意的是，此时银塘赵氏已迁居龙潭潭口，而成族焉。

4.19 世

银塘赵氏与本里陈、杨二姓保持稳定的通婚关系，同时新增与本里詹姓的联姻。至此，约在成化年间，银塘赵氏与本里主要大姓詹、杨、陈都建立了通婚网络。银塘村鼎立着三座始建于明清之际，以石砌和夯筑结构相结合的长方形古楼堡，相距咫尺，千秋楼属赵姓所建，日新楼属杨姓所建，安庆楼属詹姓所建，也可佐证彼时银塘其他姓氏大族的存在。

嘉靖年间银塘本里的詹、杨、陈、赵还维持着四方鼎立的局面。到万历年间，基本已经形成赵氏一枝独秀的景象，詹、陈两姓不断衰落，杨姓的衰落程度更加严重。

银塘赵氏与丰山、桃源地区仍保持通婚，新增通婚区域包括金沙、后塘、蓝社、鳌岛渡头。金沙地区有王、陈、杨三姓。而与19世赵氏族人通婚之卢姓，应为南靖墨溪卢姓。

---

① 政协芗城区文史资料委员会编《芗城文史资料》（第16辑），2005，第73页。

5. 20 世

出现新的通婚姓氏：梁、钟。浦头梁氏、松洲钟氏都是一方大姓。与陈氏、黄氏、杨氏仍保持着频繁的联姻关系，但与曾、庄、郭三姓的联姻频率明显增加。出现较多迁居的情况。

6. 21 世

与陈氏、黄氏、杨氏仍保持着频繁的联姻关系。与王氏、蔡氏、张氏（疑为银塘本里张氏）、吕氏、林氏，尤其是林氏的通婚频率增加。

7. 22 世

银塘赵氏与黄氏、陈氏、杨氏、林氏保持稳定的通婚关系，与沙建（郑氏、邹氏）的联系增多。这应与龙潭墟的发展有关。

银塘赵氏与本里詹氏的关系微妙，通婚频率较低，22 世才出现 2 次。

8. 23 世

银塘赵氏继续保持与黄氏、陈氏、杨氏、林氏稳定的通婚关系，与沙建（郑氏、邹氏）的联系更加紧密。此外，银塘赵氏继续与长泰地区通婚，这应与龙潭墟的发展有关。银塘赵氏还与大地蒋氏建立通婚关系。这一世诸多赵氏子孙外迁，故而通婚对象也复杂和广泛起来，在移居苍南的途中，与郭、蔡相遇于途，三姓结义，并与郭姓结亲。相似的情况，还有富姓。

9. 24 世

失记颇多。关于婚姻状况，计 222 次（包括继娶、再娶、纳妾、嫁女情况）。但 24 世总共有 527 位男丁，一半失记，且通婚姓氏既多且杂。

结婚的双方是两个家族之间沟通社会关系的媒介。个人的婚事，伴随着两个家庭互赠礼品，举行各种婚礼仪式。通过婚事，双方达成一定的认同，两个家族的成员变成有姻亲关系的人。故而，婚礼成为达成家族之间社会、人文资源互通的渠道。在乡土传统社会的长期积淀中，实行通婚和礼品社会交换的家族有很大可能形成比较固定的关系。换言之，家族与家族之间可能形成比较稳定的婚姻对象互换的关系。[1]

---

[1] 王铭铭：《村落视野中的家族、国家与社会》，王铭铭、〔英〕王斯福主编《乡土社会的秩序、公正与权威》，中国政法大学出版社，1997，第 43 页。

二　与不同姓氏的通婚分析

(一) 陈、杨、黄、林四大主要通婚姓氏

1. 陈姓

陈姓，包括浦西陈氏 (12 世 1 次，18 世 1 次)、绿洲陈氏 (16 世 1 次)、蓝社陈氏 (19 世 1 次)、桃源陈氏 (19 世 1 次)、金沙陈氏 (19 世 1 次)、后洋陈氏 (20 世 1 次)、康山陈氏 (22 世 1 次)、本里陈氏等。本里陈氏通婚的频率最高：16 世 1 次、18 世 1 次、19 世 3 次、20 世 1 次、21 世 1 次、22 世 1 次、24 世 2 次 (见表 4 - 3 - 3)。

表 4 - 3 - 3　银塘赵氏与陈氏明确记载的通婚次数

世代	12	13	14	15	16	17	18	19	20	21	22	23	24
浦西氏	1						1						
绿洲氏					1								
蓝社氏								1					
桃源氏								1					
金沙氏								1					
后洋氏									1				
康山氏											1		
本里氏					1		1	3	1	1	1		2

赵与仿次子孟漠，娶隔溪浦西陈氏，即唐将军陈元光二十五世孙干贵长女。肇基伊始，银塘赵氏即与当地大姓通婚，可见银塘赵氏宗室身份显赫。

从表 4 - 3 - 3 中亦可看出，银塘赵氏与本里陈氏的通婚关系密切。银塘本里陈氏的资料，已没有族谱可寻，但从前文提及的三块碑文还是可以确认银塘陈姓的存在。银塘陈氏的比例从未超过赵氏，而且发展趋势也远远不足以与赵氏相提并论。但陈姓与赵姓的关系较为友好，互通婚姻。

2. 杨姓

银塘赵氏直到 18 世方有明确记载与杨姓通婚，但这并不意味着杨氏的开基比赵氏晚，事实上正相反。银塘赵氏挤压了银塘杨氏的生存空间。杨

氏最早定居于银塘,赵氏定居银塘30年左右后退出银塘。[①] 宋朝灭亡后,银塘赵氏改姓周氏,隐遁山林。银塘土地肥沃,周边的居民又渐渐被吸引前来定居。因而银塘本里出现陈、杨、张、詹等姓氏的居民,并互通婚姻。

表4-3-4　银塘赵氏与杨氏明确记载的通婚次数

世代	18	19	20	21	22
本里杨氏	1	1			
金沙杨氏		1			
丰山杨氏		1			
湖隔后塘杨氏		1			
上社杨氏				1	
前山杨氏					1

银塘赵氏自15世起与杨姓通婚,未明确记载是哪一地域的杨姓。自18世(约为景泰年间)起与银塘本里杨氏通婚。19世赵宜健(1432~1499),赋性坦易,勤务农业以积,善课儿孙以敦睦,联乡族达家四里许,有湖隔后塘杨家所居也。与该处杨氏通婚之后,公因变置产业,在彼开创而成族于其间。

3. 黄姓

银塘赵氏与黄姓通婚较为频繁,但针对通婚的黄氏所处地域有明确记载的仅有两次,分别是18世洪岩黄氏、24世黄坑黄氏,唯一的解释是黄氏所处地域较为集中。华安一带黄氏较为典型,都是龙溪县治和毗邻同安的石美、角美迁出的,散居华安多处。其"居良村者,始祖黄胜金,传二十二代,三千余人,由漳州迁入。居玉兰者,始祖黄明智,传二十四代,一千一百余人,由石美迁入。居前坑者,始祖黄性明,传二十三代,二百余人,由角尾迁入。居归德者,始祖黄成忠,传二十五代,六百余人,由漳州迁入"。良村、玉兰、前坑、归德诸地都是黄姓聚族之地。而玉兰黄氏是由柳头洲黄氏(1336~1384)分支而来,另一支为玉胜黄氏。自16

---

① 杨强:《宋龙溪九龙里银塘杨氏的历史遭遇——〈金鳌杨氏家谱〉个案研究之一》,《闽台文化研究》2016年第2期。

世起，赵、黄两姓保持着稳定的通婚关系。

4. 林姓

与银塘赵氏保持稳定通婚的另一大姓就是林姓。族谱中对两姓通婚情况中明确记载有关林氏具体地域的为：17世华对林氏，19世丰山林氏，21世吉洋林氏，23姓福清林氏。

（二）其他通婚姓氏

首先，与吕姓的通婚。银塘赵氏与杏林吕氏的通婚可引为一桩美谈。21世赵景星，娶杏林吕经邦之长女。24世赵璧完次女，与吕旻子侄金镐联姻。25世赵与朴娶坑尾吕氏、25世赵与楩娶北桥吕氏，坑尾、北桥皆是吕旻家族卜居之地。

吕旻（1528～1579），字仁甫，号滨溪，龙溪县杏林（今芗城区浦南镇后林村）人，嘉靖三十二年（1553）进士，任翰林编修，升左谕德，性谦和，襟怀坦白，厚重寡言。明嘉靖三十九年（1560），朝廷三殿火灾，藏书烧毁，独《永乐大典》无恙。大火之后，阁臣奏请重录副本另存，皇帝令吕旻、张居正负责校纂，十年告成。曾受谤谪为庐州别驾，后因才名起用为太仆寺丞、国子监司业，万历六年（1578）为侍读学士、国子监祭酒，后升礼部右侍郎。

吕旻先祖吕崇爵为銮仪卫守务，其父"吕景鸣，字鸣鹤，贡生，以子旻累封侍读，祀乡贤"。其子吕子熙，"以孝廉举"。其侄吕贞，举人，"顺天中式，秉礼好古，未仕而卒，祀乡贤"。吕式，"明万历二十三年（1595）举人，贞之弟，开建知县"。明代何乔远撰写《闽书》卷之一百十八登载"吕旻传"如下：

> 吕旻，字仁甫。九岁能属文，郡贰龙遂召试《平闽赋》，搁管文就，大奇之。嘉靖丙午，以《礼经》乡荐，时尚垂髫。癸丑，成进士，选翰林庶吉士，授编修。庚申（1560），三殿灾，藏书就毁，惟《永乐大典》无恙，阁臣请重录副本，上命词臣十人雠校，旻与焉。迁侍读，掌诰敕，分考南官，所取士相踵为执政达官。隆庆改元，《大典》成，迁左谕德，请告归。中訾议，谪判庐州。寻迁南太仆丞，不起。复起太仆，迁国子司业，再迁祭酒，充经筵讲官，礼部右侍

郎。无何卒。旻天性和易，才藻风流，为馆阁先辈所爱重。其侍郎礼部时，谓京官任子多从恩假，非所以重名器，请自三品以上非满三年考者，不得荫。遂得著为令。①

在浦南浯沧有吕旻墓，今尚存"皇明钦赐祭墓"石牌坊于浯沧村蕉园内。为吕旻竖的石牌坊在漳州城内有两处：一是卫前街（今台湾路）"大司成少宗伯"坊；二是北桥（今大同路）"太史"坊。民国七年（1918），陈炯时在漳州实施拆城修路的市政工程时，这两个石牌坊被拆毁。

杏林吕姓骤兴之后，成为一地巨族，但旋即衰败。杏林吕姓开基到坑尾后，人丁兴旺，办学育才。随着杏林和坑尾获得科举功名的人越来越多，当地流传着"九举十八贡（举人和贡生），歹秀才呀（没考中的秀才）呒笼薮（很多之意）"的民谚。相传吕旻在朝内指出御史的过错，御史怀恨在心，重金聘请地理师败吕家风水。地理师发现坑尾社前下桥的坑边有九个土墩，是九龙聚会，九墩要出九个大官。地理师最终利用计策怂恿吕姓家长平墩，八个墩被平掉。地理败了之后，社里发生瘟疫。一个上百户的大社很快就废了，邻村的人说"九墩平八墩，坑尾没火烟"。② 故而银塘赵氏与杏林吕氏的通婚频率并不高。但隔江相对的两地望族的联姻作为一种社会生活策略，仍应引起我们的重视。

与银塘本里詹氏的通婚。大约成化年间，银塘与本里主要大姓詹、杨、陈都建立了通婚网络。总体来讲银塘赵氏与詹氏的联姻不多。可以看出二者虽有联姻，却不频繁，关系微妙。

与梁姓的通婚。通过田野访谈发现赵梁二姓互不通婚，理由是赵、梁二姓是一家人。据称在宋元更替、银塘赵氏逃亡之际，有人说梁氏姑姑将自己的儿子代替赵氏侄子交给元兵，有人说赵氏被追兵杀得接近绝嗣，于是从姻亲梁氏家族中乞子承嗣。从族谱记载中我们可以看到，明确可考的梁赵通婚，始于20世赵贵珍，其生于成化十五年（1479）。赵梁通婚在23

---

① 杨惠民、王和贵：《浦南史话》，政协芗城区文史资料委员会编《芗城区文史资料》（第16辑），2005，第70页。

② 芗城区浦南镇民间文学集成编委会：《中国民间文学集成·福建卷·芗城区浦南镇卷》，华安印刷厂印刷，1991，第69、70页。

世、24 世仍持续进行。

与郑氏的通婚。在田野调查中，银塘的许多赵氏族人向笔者介绍：赵郑两姓历来不通婚，缘于历史上郑婴误杀赵匡胤（此条在正史无载）。但据族谱所载，郑赵联姻，20 世出现 2 次，21 世出现 2 次，22 世甚至达到 7 次，可见此说不成立。郑氏主要为沙建郑姓，包括下樟郑姓、升平郑姓。在 22 世与沙建郑姓的联系紧密起来，这应与龙潭墟的发展有关。在 24 世时，曾与古县郑氏通婚。

与王姓的通婚。银塘赵氏与明确记载具体地域的王氏通婚情况包括：19 世鳌岛渡头王姓 1 次，22 世金沙王姓 1 次、杏林王姓 1 次，23 世金沙王姓 1 次、上樟王姓 1 次，24 世金沙王姓 1 次、朝洋王姓 1 次。主要为金沙王姓。遍查族谱，自 19 世开始，赵氏与金沙王姓、金沙陈姓、金沙杨姓皆有通婚。在今天的田野调查中可发现，金沙已是陈姓居多。据金沙村陈姓族人介绍，他们由丰山迁来。金沙村原本所住的村民以王姓、李姓居多，后来王姓、李姓村民人口慢慢地变少，甚至不见踪迹。相传，这王、李二姓村民，曾经有人梦见一个锣、一个鼓，醒来之后反复琢磨，联想到击鼓敲锣会响（闽南语中"响"与"陈"同音），意识到金沙村不再适合自己繁衍生息，而适合陈姓人。不过，在族谱记载中并未能找到银塘赵氏与金沙李姓的通婚叙述。

与蔡姓的通婚。银塘赵氏与明确记载具体地域的蔡氏通婚情况仅出现一次，为 18 世长泰易山蔡姓。但银塘与长泰地域的通婚出现的频率却很高。18 世赵致孝娶长泰武安高塘叶氏，赵从孔娶长泰易山蔡氏；23 世赵期纯娶长泰石铭里许公女，赵期慰娶长泰仁和里颜氏，赵希颜女适长泰石铭里汤家；25 世赵与煜娶长泰杨氏。与长泰的通婚，和北溪流域的交通有关，北溪与盐津溪相汇，且北溪流域龙潭一带墟市发达，各方往来贸易频繁。

我们可以发现，通婚关系形成了一种超家族的联网，这一联网制度化以后可以转变为超村落的地域。在此地域里面，族与族之间形成较稳定的互通有无的关系。我们可以称这种地域为"通婚地域"①。

---

① 王铭铭：《村落视野中的家族、国家与社会》，王铭铭、〔英〕王斯福主编《乡土社会的秩序、公正与权威》，中国政法大学出版社，1997，第 42 页。

最后，还有一些姓氏赵氏族谱未记载其地域，但可从民国《华安县志》中查询考证。因为在现代交通、通信未出现之时，家族之间的距离一般是较近的，有一定的地缘关系。"通婚地域"就是指通婚家族之间历史上形成的地缘关系。①

康氏，"居上樟长领者康德仁，传二十七代，二十余人，由漳州迁入"。②

蒋氏，"居大地者，始祖蒋景容，传二十五代，约千三百余人，由龙溪迁入"。③

郭氏，"居岱山者，始祖郭文达，传二十四代，约千余人，由漳州迁入"。"居上坪者，始祖郭性泰，传二十三代，二千余人，由龙溪角尾迁入"。④

曾氏，"居墘者，始祖曾韦璋，传二十二代，二百五十余人，由漳州迁入"。⑤

沈氏，"居丰山者，沈锡铭，传二十代，约十余人，由龙溪迁入"。⑥

许氏，"居涵口者，传十八代，七十余人，由漳州坂后迁入"。⑦

总之，银塘赵氏从保持与原迁地的通婚，到立足银塘，与本里小姓陈、张通婚，对抗本里大姓如杨、詹两姓；团结邻里，由于北溪内河航运及渡口的关系，注重维护与对岸浦西、金沙、杏林、玉兰等的关系；拓展通婚网络，建立连接上游沙建、华封，下游浦南地带如绿洲、磁瑶等的联姻点；与西溪墨溪卢姓、长泰盐津溪流域的诸姓氏保持通婚关系。在整个地方性的通婚地域中，通婚联系广泛存在。通婚地域的地理分布，大致与

---

① 王铭铭：《村落视野中的家族、国家与社会》，王铭铭、〔英〕王斯福主编《乡土社会的秩序、公正与权威》，中国政法大学出版社，1997，第43页。
② 郑丰稔纂、华安县地方志编纂委员会校订《华安县志》，内部打字油印，1991，第48页。
③ 郑丰稔纂、华安县地方志编纂委员会校订《华安县志》，内部打字油印，1991，第40页。
④ 郑丰稔纂、华安县地方志编纂委员会校订《华安县志》，内部打字油印，1991，第36页。
⑤ 郑丰稔纂、华安县地方志编纂委员会校订《华安县志》，内部打字油印，1991，第38页。
⑥ 郑丰稔纂、华安县地方志编纂委员会校订《华安县志》，内部打字油印，1991，第38页。
⑦ 郑丰稔纂、华安县地方志编纂委员会校订《华安县志》，内部打字油印，1991，第38页。

北溪人文经济区的地理范围对称。

第四节 银塘赵氏与龙潭十八景、 龙潭墟的经营

银塘村北部有个"九龙潭"，位于潭口岭北的九龙江湾，坐落于村北的磜口自然村，它名副其实地以龙潭出口为界，素称"潭内"与"潭外"，潭内山峰峦叠，绿水长流，江峡清秀，景色宜人，潭外山河壮丽，形成一处独特的风景线，江峡蜿蜒伸长三公里，碧溪潺湲，深渊清澈，两岸青山绿水巧与江边摩崖石刻相映生辉，清朝王有嘉曾以诗"山合千林黑，江空一水澄"来赞美此处山光水色，天然画屏与奇异景观构成"龙潭十八景"，龙潭条目载入《中国名胜词典》。①

龙潭与银塘距离甚近。龙潭的经营布置得赵氏之力为多。赵氏初来银塘，恰逢元兵纵横，宋室处在风雨飘摇之中，自然无力亦无心经营龙潭的景观。世事沧桑，屡经易代，到了明朝万历壬寅年间，已历经 376 年，银塘赵氏家族早已繁衍昌盛，奕世簪缨，自然有余力为一山一水装潢。无独有偶，漳浦赵家城内诸石刻也多在明万历前后。对龙潭古迹的研究必须和对银塘赵氏族史的研究结合起来。在评价龙潭胜景时应不忘银塘赵氏着力经营之功。②

一 龙潭十八景

1. 龙潭

位于"潭内"入口处，东岸山峰起自玳瑁岭逶迤面江而来，绕九龙江折转伸展于突兀的潭口岭，形成一大江湾，潭口岭与杨梅岭，两山夹峙，宛如蛟龙锁住一江东流，称"小山峡"的第三峡。北望南下滔滔江水激流

---

① 政协华安县文史资料委员会编《华安文史资料华安古村落专辑（二）》（第 27 辑），2015，第 125 页。

② 林焘：《谈龙潭与银潭赵氏的关系》，赵潮初编《崇本堂——北溪银塘赵氏祖祠》，1995，第 88 页。

砥岸。① 先人于江湾正中江边的一块巨岩上刻有"中流砥柱"四个大字，笔力遒劲。江水流经这里，迂回缓慢，古来以此称"龙潭"（见图4-4-1）。

图4-4-1 龙潭

龙潭最早的石刻在明隆庆、万历年间。龙潭石刻中有署名赵德懋的行书——"九龙戏江处"（见图4-4-2）五个大字。"九龙戏江处"五个大

图4-4-2 九龙戏江处

① 政协华安县文史资料委员会编《华安文史资料华安古村落专辑（二）》（第27辑），2015，第125页。

字下尚有明、清时代当地名宦学士赵怀玉、赵玳麓、赵紫绶等游览此处的"月到风来""潭影空人心""江风山月"等多处摩崖题刻，石刻坐西北朝东南一字排开，或竖或横，或草或楷，衬托"九龙戏江处"五字，颇有群星拱月之致。①

《龙溪县志》载："梁大同六年（540），有九龙昼戏于此。"银塘赵氏族人对此解释：龙潭水面平静，微风乍起，水面波纹在阳光照耀下如龙鳞一般泛开，点点光斑，似数条龙在玩耍嬉戏。"九龙戏江处"行书竖写阴刻，每字高22厘米、宽35厘米，行笔圆丰流畅，藏露得法，结构遒逸，秀丽端庄。"江风山月"楷体字高12厘米、宽13厘米，"潭影空人心"草书字高9厘米、宽11厘米，"月到风来"楷书字径2厘米见方。②

1984年，丰山乡文化站干部从建筑鹰厦铁路时的土石堆中发掘出"断石渔灯"四个斗大的纵式草书字断石，坐东北朝西南，断石高400厘米、宽300厘米，署名"玳麓"。③银塘《赵氏族谱》载："乾隆，赵鲲飞字玳麓，任睢宁县令。"断石渔灯还有着美丽的传说：

传说古时候龙潭东岸有一块大石，形似蟾蜍。蟾蜍会吃蚊虫，附近数十里内蚊虫绝迹，过往船家喜欢在此石下夜泊。有一天晚上，一只小渔船停靠在蟾蜍石下，正当渔翁饭后准备歇息时，猛听鸟声哀戚，抬头一看，天上乌云密布，蟾蜍石上一只小鸟凄凄哀唤："石断！石断！"叫声不停。渔翁并不在意，依旧安然而卧，忽然间一声响雷从石下炸起，蟾蜍石被拦腰炸断。次日，行人但见江边碎石成堆，石堆下只露出渔翁的一角棕衣，渔翁活不见人，死不见尸，也不见亲人前来寻找。渐渐地，人们都忘却此事。可奇怪的是，从此以后渔船若在断石下夜泊，次日网网不空，且常网到大鱼，收获甚丰。渔家一传十，十传百，竞相在断石下夜泊，且十分灵验。此后，每逢夜晚，断

① 政协华安县文史资料委员会编《华安文史资料》（第8辑），1986，第88页。
② 政协华安县文史资料委员会编《华安文史资料华安古村落专辑（二）》（第27辑），2015，第125页。
③ 政协华安县文史资料委员会编《华安文史资料华安古村落专辑（二）》（第27辑），2015，第125页。

石之下渔灯闪烁，灿若繁星，成为龙潭一个著名的景观。清代名人赵玳麓在此断石上题刻"断石渔灯"，石刻至今仍完好无损。①

1986 年 1 月 2 日，丰山乡文化站干部于"断石渔灯"左侧下方掘出"龙潭"两个斗大的楷书石刻，字体高 30 厘米、宽 25 厘米，其书舒展自然，结构紧密修长，亦为赵德懋题刻，可包罗这一带景色，有画龙点睛之妙。

2. 石矶亭

龙潭东岸，高山峻岭，400 多年前这里荒无人烟，欲往北上，须走长泰"西骒坑"山路（旧路石阶今犹存），交通不便，殆至明隆庆间赵德懋致仕归里，带领族人始由沿江另辟一小径衔接省外，并于半山麓临崖磐石上筑"石矶亭"（现只存遗址）供人歇息，石矶亭构筑独树一帜，梁柱屋顶，均具条石结构，坚定牢固，居高临下，落差数十米，令人俯瞰心惊，亭之南北上下坡石阶，路窄险要，仅容一人侧身而行，过往路人，自当避处亭上让路，故又名"让路亭"。② 亭柱镌刻一对楹联："仰止高山留趾足，问流活水道源头"。据说，明长史大夫、进士赵德懋撰写上联，明四川监察御史、进士赵怀玉则对其下联，赵氏两人何以工整对仗此联，盖有其寓景怀思与当时赵家堡"完璧楼"一样的用意所在，在明朝鼎盛时期，为宦赵氏自不免抒发对源远流长的宋室皇裔历经世代风云变迁而流徙在这里的感慨。可惜此亭因修建铁路被拆掉。

石矶亭壁上有赵德懋《修路记》一则，记作铭体，镌在龙潭东岸顶一块不规则的岩石上。碑记坐东南朝西北，高 1.2 米，宽约 2 米。楷书竖写，8 行 85 字，字幅横长 65 厘米、纵长 100 厘米，字体高 6 厘米、宽 5 厘米。③《修路记》碑全文如下：

---

① 华安县民间文学集成编委会：《中国民间故事集成·福建卷·华安县分卷》，华安县印刷厂，1993，第 89 页。
② 政协华安县文史资料委员会编《华安文史资料华安古村落专辑（二）》（第 27 辑），2015年，第 126 页。
③ 政协华安县文史资料委员会编《华安文史资料华安古村落专辑（二）》（第 27 辑），2015年，第 126 页。

修路记

云溪山人赵德懋书

龙潭径路，往来络绎，四省通衢，万人过迹。

峻岭千寻，深渊百尺，负背担肩，骇心丧魄。

轸念颠危，募工开辟，平其高低，宽其狭窄。

于己何功，侠众之力，途工告成，而亡金石。

碑文简洁深邃，内容精湛，辞采华茂。相传科举时代，曾先后有两位京考士子，途经此处，虽同阅碑文，但领悟深浅不一，引出两相因果；一考生能背诵全文，且透彻个中辞哲，赴考命题适逢此意，正中下怀，撰文中举；另一考生虽遇雷同考题，却因学研不深而落榜。

3. 龙头山

立于石矶亭，仰观山峰嵯峨，直插云霄，俯瞰奇石嶙峋，兀秃江岸，蔚为壮观，古来通称这里是"龙头山"。颇为奇特的是，在亭下左右两旁石隙里长出两棵同科小树，四季常青，能开花结籽，两树枝干形状相似，但其叶色变化各异，同一季节，一边是苍绿色，一边是淡黄色，不同季节，颜色变换交替，当地人称之为"龙眼睛"。在石矶亭之下的石岩内有块"龙潭"两字刻石，从附近岩底缝里又见凸出垂下一条两米多长的弯条石来，酷似龙舌，传说有位堪舆家随远峰山脉蜿蜒起伏攀跟至此，说是龙脉将由此入潭过江，却因受石矶亭压顶，才使龙头张口吐舌，故名为"石吐龙舌"（见图4-4-3）。①

距石矶亭遗址不远处，有一石碑——《贰守一我罗公喜雨碑》（图4-4-4）。喜雨碑，位于龙潭之左岸，现移至银塘乡潭内铁路旁，建于万历年间，记贰守罗通判（文安）龙溪吕县令（纯如）在万历壬寅，即明神宗三十年（1602）于龙潭祈雨获应之事。广东新兴县知县赵德懋、广东开建县知县吕贰、光禄寺监事张松等49人立。当是赵德懋致仕以后所作。碑高2.5米、宽1米、厚0.2米，坐东北朝西南，占地面积5平方米，碑题竖刻楷书。碑文刻在右边，竖刻楷书6行，共计330字，纵长200厘米，横

---

① 政协华安县文史资料委员会编《华安文史资料》（第23辑），2002，第61页。

图 4 - 4 - 3　龙舌

长 70 厘米，中刻"贰守一我罗公喜雨碑"，楷书竖写，中间每字约 15 厘米×15 厘米，碑文近百字。① 碑文如下：

图 4 - 4 - 4　喜雨碑

---

① 政协华安县文史资料委员会编《华安文史资料华安古村落专辑（二）》（第 27 辑），2015，第 126 页。

贰守—我罗公喜雨碑

万历壬寅岁春深不雨，农苦稼事。贰守罗公握府篆，轸念民瘼，虔祷山川，未有应者。询溪北之龙潭，深数百尺，卬石峙于江之浒，地号九龙里，即梁大同间九龙戏江处也。又二月廿二日，公偕邑侯吕公星夜而驰，达旦而至。是日万里晴空，比设坛虔祷，倏忽水影浮光，变态万状，恍若群龙戏游水面，诸目击者咸异之。时拜祝未竣，雨下如注，公不张盖，冒雨登舟环潭。诸父老欣欢鼓舞，相与争壶箪而迎之，望马首而拜之，啧啧颂公之置也。公游漳有年，政通民和，而随祷随应乃尔，信哉民心即天意也。公之天人交应，行将膏泽寰宇，霖雨苍生，端可指日待耳。其刻石于龙潭之道左，以为他日左券云。

署名略。

从碑文内容可知明代方圆百里的人们对龙潭的景仰。据银塘老者回忆，龙潭祈雨仪式的特别之处是祈雨之人需要身穿白衣、披麻衣，如守丧之人。此例的由来与丁斗夫人的传说有关。据传丁斗夫人是一个极其善良的人，别人做粮食买卖都是大斗进、小斗出，而她却是小斗进、大斗出。有一年久旱，多次祈雨无效。后来人们认为祈雨之人必须是具有慈悲心肠的人，众人想到了丁斗夫人。时值丁斗夫人婆婆过世，丁斗夫人守丧。为了民众的生存着想，丁斗夫人穿白衣、披麻衣进行祈雨。说来也怪，雨立即就下了。后来龙潭祈雨之人，为了纪念丁斗夫人，也为了祈雨灵验，都仿效丁斗夫人身穿白衣、披麻衣进行祈雨。

4. 祈雨处

龙潭潭深莫测，古来民间将其视为求龙化雨的所在地，历史上曾有民众团体自发到这三个地方设坛求雨：一是龙溪浦南地方设在石矶亭；二是长泰坂里村设在"求雨盘"（在西侧江边）；三是龙溪天宝社设在"青罐潭"（龙潭上游山上）。[①] 来龙潭祈雨的多数灵验，其中以二守祈雨事件最有代表性。到龙潭祈雨的人，准备龟粿等祭品，沿路盘拜，后坐船至潭内祭拜祈雨。远近村庄如天宝等，都曾到龙潭祈雨，银塘村用米饭等招待来

---

① 政协华安县文史资料委员会编《华安文史资料》（第 23 辑），2002，第 61 页。

人，以尽地主之谊。一般在六七月祈雨的居多。70 多年前，即 20 世纪 40 年代仍然有祈雨的情况。

5. 石观音菩萨

潭湾对面的杨梅岭下，西岸悬崖峭壁，临江屹立着丈把高的岩石，俨然一尊石佛，当地人称之为"石观音"（见图 4-4-5），远远望去，只见那天然雕塑如头饰罩巾、身披碧纱、左手扶苏，形状逼真，在碧波涟漪的衬托下如水上芙蓉。摩崖石刻坐西南朝东北，明天启进士、四川监察御史赵怀玉题刻"南无阿弥陀佛"特大楷书于上，赫赫入目，每字约 80 厘米 × 75 厘米。①

图 4-4-5　石观音菩萨

6. 山学堂

潭之西侧半山腰，临江凸出一处平坦而又宽大的盘石，古时在其上盖有一所学塾，俗称"山学堂"（今存遗迹），这里依山傍水，山明水秀，花香鸟语，环境十分静谧幽雅，正是学子专心致学的好地方。相传，这所简陋的"山学堂"仅有一个学问渊博的塾师，只招收十二名学生，雇用一厨师，执教甚严，谆谆教诲，经数年学业有成，遂进京赴考，结果科举入选

---

① 政协华安县文史资料委员会编《华安文史资料华安古村落专辑（二）》（第 27 辑），2015，第 125 页。

时，十二名学生中举却有十三人名列荣榜（其中连厨师赴考亦入选），待朝廷钦差来赏赐时，那位塾师却飘然拂袖而去，不知去向。[①]

7. 石乌纱帽

在"石观音"左下方，有一石出水，高丈余，黑色圆顶，远远望去，状如纱帽，人称"纱帽石"。相传，从前那位山学堂的塾师育出的人才出类拔萃，朝廷特地要加封他，不料事未竟，而赏赐的这顶乌纱帽却随风飘落江中，变成了这块巨石。[②]

8. 蛟龙吐雾

潭中还有一景"蛟龙吐雾"，每逢冬天的早晨，从龙潭的一边会吐出一股浓浓的烟雾，慢慢地延伸到龙潭东岸山巅，烟雾似条状，如巨龙腾飞，数百里之外依然可见，一直持续两三个小时方才慢慢散去。[③]

沿江上下还有许多形象逼真的景观，如南端潭口岭上有块崖石状如一只蟾蜍，上端呈黑底带白，下端显淡黄色略红，从江边往山上看，其形态若跃然跳江。据说近百米之内，夜泊渔舟，从无一蚊子；西北江畔有一石名为"石鸡母"，若母鸡伏于石盘上，奇怪的是，石底下有七八颗圆滑小卵石，任你怎样也掏不出来，人说那是母鸡孵的蛋；潭北江底影影绰绰可见两块大黑石状若乌龟，鄰波水影恍若上下浮游水中，饶有兴趣；江北更有那展翅欲飞的"石猫头鹰"；上游山上还有"万世清"的瀑布，另有兀立山顶的"石棺材"（后沉入水底，在狮头角）等，还有一处钓鱼留念处。荡舟其间，有如置身世外桃源，令人流连忘返。[④]

二 龙潭、龙潭墟与银塘赵氏的关系

明代银塘赵氏在龙潭内明确可查的墓葬为18世从孔（1461～1467）与妻合葬于龙潭交椅山、21世国材（1500～1570）与妻陈氏（1501～1558）葬于潭内马岐山、24世学济（1580～1656）与妻邹氏（1581～1617）合葬于潭内陈宅山。自21世至28世银塘赵氏在龙潭不同的山林皆

---

① 政协华安县文史资料委员会编《华安文史资料》（第23辑），2002，第59页。
② 政协华安县文史资料委员会编《华安文史资料》（第23辑），2002，第59～60页。
③ 政协华安县文史资料委员会编《华安文史资料》（第23辑），2002，第61页。
④ 政协华安县文史资料委员会编《华安文史资料》（第23辑），2002，第62页。

有坟冢，如山猪湖山、赤石山、前宅山、九代底山、龙眼坑山、前厝岭山、潭口寨仔山，以上皆为银塘赵氏的族山、坟山。可看出银塘赵氏对龙潭具有绝对的控制权。

潭口——位置处于龙潭的通道口，银塘赵氏居住于此，扼制住龙潭的通道，加强对龙潭的控制力度。17世举皋（1358～1423），茂荣长子，开置产业多在潭口，至今祖关文契多系举皋公名字。[1] 18世昌定，参才三子，生子二，仲文、仲安，俱迁居本里潭口而成族焉。[2]

表4-4-1　历代银塘赵氏在潭口的墓葬数

世代	17	18	19	20	21	22	23	24	25	26
坟墓（座）	1	2	2	1	3	6	5	15	21	9
备注	开置产业	成族	迁居							

总之，无论是潭口还是龙潭，都得银塘赵氏经营之力为多。龙潭"四省通衢"，"万人过迹"，可见当年的龙潭岭路是唐以来闽、赣交通要道，而该地域范围内的交通运输权，无疑牢牢掌握在银塘赵氏族人手中。

陈天定《北溪纪胜》中记载："大抵龙潭，地处十字之中，直者为江，驾舟北入，可上宁洋；放棹南下，即抵海澄。横者为陆，循西列嶂，通于南靖。徂东平畴，便驰长泰。"地理条件如此方便，龙潭墟也随之发展，"抵龙潭，有日中之市，上下游舟，次鳞集溪北，熙攘者以此为最"。[3]

明清时期福建各宗族在本地域内设置族墟、族市进而组织经营、管理圩集的现象相当普遍。虽然，今天笔者找不到直接记载龙潭墟是赵氏族墟的文字资料，也没有见到银塘赵氏从中通过征税获取商业利益并控制市场的记载，但是综合前文所述，可以发现排除自然景观，摩崖石刻都是银塘赵氏族人的遗留，龙潭之路、憩息之亭，皆是银塘赵氏族人苦心经营。祈雨时，银塘赵氏族人也要尽到地主之谊。除此之外，在族谱中能看到龙潭周遭的诸多山林已成银塘赵氏的坟山。龙潭墟应为银塘赵氏的族墟无疑。

---

① 赵子来编纂《银塘赵氏宗谱·宗藩庆系录》，2015，第446页。
② 赵子来编纂《银塘赵氏宗谱·宗藩庆系录》，2015，第446页。
③ 陈天定：《北溪纪胜》，政协芗城区文史资料委员会编《芗城文史资料》（第16辑），2005，第73页。

从广义的族墟来考察，由一个或几个姓氏的族人建立的墟市，皆可以算是族墟。赵氏宗族关心商业，千方百计向墟市渗透、控制墟市，不得外姓染指的情况可见一斑。

在乡族势力范围内，墟之运作，立墟或废墟多取决于乡族利益或某种文化原因。设置族墟，既表明明清家族可随着社会经济的变迁而自我调节，又反映了明中叶以后家族制度的发展和变化。宗族除通过增置族田的途径外，也可通过创置族墟、族店、族窑等发展商业的举措，来加强家族的经济实力，族内成员对家族的向心力随之增强。宗族势力通常将墟市的获利钱款取出一部分，用于支持本族设立义田义学、修宗祠和族谱等"敬宗收族"举措。在发展初期，墟市在一定程度上维持了农村的稳定和地方商业的发展。宗族组织的发展和宗族势力的强大是北溪传统社会结构的一个基本特色。

进入明代之后，我们可以看到北溪地区的家族扩张模式与宋元时期大有不同。宋元时期的北溪家族结构仍较为松散，发展模式是传统的耕读传家，少有涉及其他层面，同时这些处于原始积累时期的家族，为了维持家族的向心力，不得不向神秘力量求助，借助风水以及先祖之灵来谋求家族在行动上的一致性。而到了明代，这种形式已经逐渐被抛弃，这一时期的北溪家族更像一个庞大的社会网络，宗族势力强大，覆盖本地的方方面面。长期以来，人们聚族而居，独重宗法，形成了对社群和家族极强的归属感和责任感，重视人的诚实、坚忍与服从。① 在家族中，维系族人向心力的力量并不纯然是血缘，在这其中有更多的利益结合——家族给予个体荫庇，个体在各个方面回馈家族。在扩张的策略上，则奉行先家族而后个人的政策，这一传统使得其能在当地形成庞大的社会网络。在扩张的顺序上，我们可以看到其先采取的是敬宗收族的做法，以血缘团结族人，但宗族对于族人的人生选择并不多加干涉，不要求其一定要为官入仕，巫医卜相，无可无不可，任由甚至鼓励其发展，并由此将宗族的触角伸到各行各业。在此之后，宗族采用设立族产、共同经营、排挤异姓的做法，维持并增强宗族的势力。这一阶段的宗族组织，以入仕之族人为主心，以经商之

---

① 丁增武：《苏雪林与中国现代文学》，安徽大学出版社，2013，第2~3页。

族人为枝，以其余从事各种职业之族人为辅，形成一个完整的小社会体系。宗族是基层社会重要的民间组织形态。通过宗族的发展能够看出一个地区民间组织的发展水平，而民间组织的发展又是地区经济发展的结果，反过来也制约或促进地方经济的发展。[①] 我们可以看到，这些家族经营自身的方法，仍然是遵循传统的农耕时代思维，对于北溪流域的开发和利用，仍然以农耕和自然经济下的小型交易为主，尚未向海洋扩张转变。

---

① 罗运胜：《明清时期沅水流域经济开发与社会变迁》，社会科学文献出版社，2016，第238页。

| 第五章 |

明清以降北溪社会的商业化转进

——以浦南墟为例

第一节　明代漳州的商业氛围

漳州虽然建制已达千年之久，但仍长期是偏远荒凉的代名词，直到明中后期月港兴起之后才真正受到国人的重视。全国甚至全世界的货物如潮水般向月港聚集，并以之为中转站辐射四方。除海澄月港外，漳州其他毗邻地区由于地缘的关系大获其利，经济繁荣，城乡墟市得到快速发展。

一　明代漳州经济发展述略

明朝中叶漳州府大量丘陵、滩涂被利用，水利工程纷纷围造，农业得到较大发展。[①] 当时漳州府基本上属于一个农业区，商品经济并不发达。成化年间，名相徐溥称"（漳州）地介乎山海之间，商贾不通，市鲜物货，民惟务稼穑，以为生业"。[②] 漳州的社会经济得到了较大发展，为月港的兴

[①] 黄仲昭修纂，福建省地方志编纂委员会旧志整理组、福建省图书馆特藏部整理《八闽通志》卷二十三"食货·水利·漳州府"，福建人民出版社，1990，第 658～664 页。

[②] 徐溥：《徐文靖公谦斋文录》卷二"漳州府知府姜侯惠政记"，台湾文海出版社，1970，第 262 页。转引自徐晓望《晚明漳州城与九龙江区域市场》，《福建经济史考证》，澳门出版社，2009，第 83 页。

起提供了物质基础；漳州与日本、琉球、东南亚国家等建立贸易关系，月港成为国内主要的对外贸易港口，月港的兴盛，又促进漳州社会经济的进一步发展。① 从农业生产来看，经济作物有很大的发展，而且具有商品化的显著特点。糖蔗、水果是漳州主要的经济作物。随着海外交通的发展，蔗糖、柑橘、荔枝成了主要的外贸商品。这些经济作物的种植与加工，比起其他农产品，可多赚取数倍的利润。商业性的利润，又成了经济作物发展的杠杆。② 明代后期漳州已跃然成为福建商品经济最发达的地区，"漳之丝绢""福漳之橘""泉漳之糖"，"无日不走分水岭及浦城小关，下吴越如流水"。③

图 5－1－1　月港主要码头之一的饷馆码头

　　漳州不仅发展了外贸，市镇数量也增长较快。④ 弘治年间《八闽通志》记载漳州府六县仅有 11 个墟市，明代后期漳州有 72 个墟市，清代中期则达到 214 个墟市。⑤ "凡民之生，以食以用。蔬果艰鲜之余，耕凿织爨之具，欲使化居无积，则贸迁之制尚矣。古者前朝后市，市之制也。日中为

① 陈自强：《论明代漳州月港》，《漳州古代海外交通与海洋文化》，漳州师范学院闽南文化研究院，2012，第 12 页。
② 陈自强：《论明代漳州月港》，《漳州古代海外交通与海洋文化》，漳州师范学院闽南文化研究院，2012，第 13 页。
③ 王世懋：《闽部疏》一卷，《续修四库全书》编纂委员会编《续修四库全书》，七三四，史部，地理类，经录汇编卷之二百七，上海古籍出版社，1996，第 123 页。
④ 多洛肯：《明代福建进士研究》，上海辞书出版社，2004，第 159 页。
⑤ 徐晓望：《论明末清初漳州区域市场的发展》，《中国社会经济史研究》2002 年第 4 期，第 26 页。

市，墟之制也。民稠聚而食用繁多者取诸市，市以日，故亦谓之集；民散处而食用可备者取诸墟，墟有期。是以城镇制市，而村落制墟。"① 民众生存与吃穿用度息息相关。蔬菜瓜果、布匹纺织品、日常生活资料、农业生产用具等常常需要互补。为了适应商品交换日益兴旺的需要，在交通方便的地方，逐渐出现了集市。为方便人们进行商品交易，以约定俗成的时间确定集日。城镇在繁华街道设"市"，农村则在自然村落中设"墟"。民众聚居所需衣食用度较多的，取之于"市"；民众散居只需要补充吃穿用度的，在"墟"中就可得到满足。偏僻地区中午时分进行交易，这是在时间上对于"墟"的规定。墟市是南方农村许多地区对乡村定点交易的一种指称，② 一种没有固定店铺的由各类商贩聚集设肆店而组成的市场③ 定期性是墟市的显著特点。每月在固定的日期开墟进行交易活动。

《八闽通志》记载漳州府六县仅有 11 个墟市，其中龙溪县占了 8 个。④可见龙溪县墟市较多，商业发展也相对较快。南北朝时期，梁武帝萧衍于大同六年（540）始建龙溪县，属南安郡。唐垂拱二年（686），割龙溪县南境置漳州。开元二十九年（741）割泉州的龙溪县改属漳州。唐贞元二年（786）漳州治所迁至龙溪，龙溪县遂为漳州附郭首邑。⑤ 龙溪建县后，商品交易场所主要在县城所在地和聚落较集中、交通较方便的地方，属于农村初级市场雏形。漳州迁治龙溪境内，州县同处一地，综合性、专业性市场兴起，逐渐形成以郡城为中心，联结全县乡、里的商品交易网。⑥

二 北溪流域商业发展状况

水陆交通线是草店、市首先滋生的地点。⑦ 龙溪县墟市的发展与九龙

---

① 江国栋修，陈元麟、庄亨阳纂《龙溪县志》，清康熙五十六年（1717）刻本，2005 年漳州市图书馆整理，第 31 页。
② 钟晋兰：《乡镇墟市与民间信仰的历史人类学研究——以清末民国的闽西为中心》，硕士学位论文，福建师范大学，2007，第 1 页。
③ 唐文基主编《福建古代经济史》，福建教育出版社，1995，第 321 页。
④ 黄仲昭修纂，福建省地方志编纂委员会旧志整理组、福建省图书馆特藏部整理《八闽通志》卷十四"地理·坊市·漳州府"，福建人民出版社，1990，第 381 页。
⑤ 黄剑岚主编《龙海县志》，东方出版社，1993，第 1 页。
⑥ 黄剑岚主编《龙海县志》，东方出版社，1993，第 509 页。
⑦ 傅宗文：《宋代草市镇研究》，福建人民出版社，1989，第 13 页。

江流域的开发关系密切。"自北来者,曰九龙江,源出于延、汀,合宁、岩、平之水,下华封,历天宫、漫潭,复会长泰之水,渡香洲,出两峡,过柳营江,出三叉河,与西溪会。"[①] "九龙江(梁大同间,有九龙游戏江上,故名。)在城北二十余里,一名北溪。源出汀州上杭、连城二县及延平沙县界。合龙岩、安溪、长泰诸水,历柳营江至福河,与南门溪会流入于海。"[②]

九龙江是福建省仅次于闽江的第二大河流,北溪为九龙江干流,为闽西南重要的内河航线。北溪发源于玳瑁山脉,依次流经漳平、华安、芗城、龙文、龙海,中上游河谷盆地和峡谷相间,到华安碑口进入下游河段,北溪上游与长泰龙津江上游之水交汇后,经浦南香洲渡,出江东蓬莱峡,到三叉河与西溪交汇,达于月港,最终入海。

"华封",向属龙溪县,今华安县驻所华丰镇。"华峰(封、封)岭,在华封社,亦名龙岭。高千余丈,累蹬凿石,以梯行人。其下北溪之流,经马滩濑。粗恶怪石巉岩,有三碇、二花之名。溪傍有石,状如龙头。又有宝珠石。宋杨汝南《夜宿龙头》诗云:'江流如箭路如梯,夜泊龙头烟霭迷。两角孤云天一握,晓光不觉玉绳低。'俱二十五都。"[③]九龙江北溪华封一带地势险要,舟楫不通,陆路通安溪、漳平县。从漳平顺九龙江而下,崇祯元年(1628)著名旅行家、地理学家徐霞客由漳平乘船沿九龙江至罗溪,水路不通,只能着陆登峰。1633年徐霞客从宁洋顺九龙江抵漳州,1636年徐霞客第三次到漳州。[④]徐霞客将三次考察漳州名山和九龙江水系的详细情况记录下来,后人为其整理,辑入《徐霞客游记·闽游日记》中:"十七日,下舟达华封。十八日,上午始抵陆。渐登山阪,溪从右去,以滩高石阻,舟不能前也。十里,过山麓,又五里,跨华封绝顶,溪从其下折而西去。遥望西数里外,滩石重叠,水势腾激,至有一滩纯

① 江国栋修,陈元麟、庄亨阳纂《龙溪县志》,清康熙五十六年(1717)刻本,2005年漳州市图书馆整理,第17页。
② 罗青霄编纂、陈叔侗点校、福建省地方志编纂委员会整理《漳州府志》,厦门大学出版社,2007,第392页。
③ 罗青霄编纂、陈叔侗点校、福建省地方志编纂委员会整理《漳州府志》,厦门大学出版社,2007,第392页。
④ 漳州市地方志编纂委员会编《漳州市志》(5卷本),中国社会科学出版社,1999,第25页。

石，中断而不见水者，此峡中最险处。"① 在水陆中转地带华崶，宋代就形成了集市。华崶市，俗称茶碇市。明代为华峰市，清代复称华崶市。即清代，华崶及周边乡村种茶甚多，为茶叶转运的集散地，仅华崶就有茶叶制作坊 20 多处。乾隆十一年（1746），龙溪县丞移驻此。② 华崶市在弘治《八闽通志》、嘉靖《龙溪县志》、万历《漳州府志》、康熙《龙溪县志》、乾隆《龙溪县志》中均有记载。

　　"香洲"，今位于漳州芗城区浦南镇溪园村西南，附近尚有残石桥的桥墩，有石碑宽近尺，长尺余，刻着"香洲桥"（见图 5-1-2）三字。③ 据说香洲是朱熹高足陈淳的出生地。香洲渡是个古渡口，为便利九龙江北溪南北两岸来往过渡而设立渡船停泊处，称为渡口。据明嘉靖《龙溪县志》载，"蓬莱渡、芗洲渡（香洲渡）、松洲渡俱在二十三四都"。④ 香洲古渡在蓬莱社之上，溪园社之西南，东与蓬洲社隔江相望，其所处的地理位置上游是华安山区，水势汹涌，下游是漳州平原，浩瀚广阔，两岸青山对峙，江畔一片绿洲。⑤

图 5-1-2　香洲桥

---

① 徐弘祖著、洪建新注释《徐霞客游记选注》，河南教育出版社，1990，第 98 页。
② 张在普、林浩编著《福建古市镇：闽台古乡间商品市场》，福建省地图出版社，2008，第 70 页。
③ 陈侨森：《香洲古渡》，政协芗城区文史资料委员会编《漳州芗城文史资料合订本》第 5 卷，2009，第 3663 页。
④ 刘天授修，林魁、李恺等纂《龙溪县志》卷二 "公署"，中华书局，1965，第 13 页。
⑤ 陈侨森：《香洲古渡》，政协芗城区文史资料委员会编《漳州芗城文史资料合订本》第 5 卷，2009，第 3665 页。

北溪流域物资都要通过水运输出，必经香洲渡，在香洲渡曾设税课局。万历《龙溪县志》载："香洲税课局，在县北二十三四都，元为商税务，明朝洪武初改税课局，宣德间省，正统十二年复，成化十年坝于水，嘉靖四年革。"① 相似的内容"香洲税课局，在县北二十三四都。元为商税务。洪武初，改税课局。宣德间省。正统十二年复。成化十年，坝于水。嘉靖四年革"② 载于《漳州府志》。

元政府在香洲渡设立"商税务"，即对商业所征收的税务。可见，香洲渡的商业在元代得到一定的发展。明初，由地方府州县管理正赋的征收，由税课司局专门管理其他工商杂税。税课司（局），掌征收商贾、侩屠、杂市捐税及买卖田宅税契的机构。洪武十三年（1380）明太祖朱元璋首先对征收不如额的税课司、局进行检查，将每年征收额米不及五百石的税课司裁革。③ 明洪武年间（1368～1398）在漳州府设税课司，龙溪县在浦南香洲渡设税课局。宣德年间（1426～1435）减去香洲税课局，正统十二年（1447）恢复。成化十年（1474）在水上建桥，嘉靖四年（1525）裁革。

明嘉靖《龙溪县志》"田赋"载："香洲税课局，岁办各色课钞三千九十八锭四贯三百文。内商税钞二千九百四十八锭三贯七百六十文、窑冶钞一百四十八锭三贯三百四十、契本工墨一锭二贯三百文。岁有闰月，除契本钞外，共加钞一百七十二锭一贯三十四文。内商税钞加一百五十九锭四贯二百一十四文、窑冶钞加一十二锭一贯八百二十文。"④

"（龙溪县）额征各色课钞共九百七十七锭一贯八百三十八文，内酒醋钞六十八锭六百文，官房屋钞三百二锭一贯四百一十八文，房地赁钞八锭二贯二百文，铸泻钞四贯三百四十文，茶钞一十锭二贯四十文，铁钞五百六十九锭一贯二百四十文，茶引油钞一十八锭。岁有闰月共加钞八十五锭一贯九十九文，内酒醋钞加五锭三贯三百八十三文，官房屋钞加三十锭二

① 万历《龙溪县志》（六卷），旧抄明万历元年（1573）《漳州府志》摘本，据福建省馆藏胶卷抄本，卷一，规制志，第 22 页。
② 罗青霄编纂、陈叔侗点校、福建省地方志编纂委员会整理《漳州府志》，厦门大学出版社，2007，第 415 页。
③ 万明：《明代税票探微——以所见徽州文书为中心》，《明史研究论丛》（第十辑），故宫出版社，2012，第 7 页。
④ 刘天授修，林魁、李恺等纂《龙溪县志》卷四"田赋"，中华书局，1965，第 16 页。

贯三百一十八文，房地赁钞加三贯五百一十九文，铸泻钞加三百五十七文，茶钞四贯三百三十二文，铁钞加四十锭二贯一百九十文。"[1]

课钞即税金，据《元史·食货志五》载，"如蒙仍旧改为食盐，令居民验户口多寡，以输纳课钞，则官民俱便"。明代的白银以锭为主，俗称元宝，大元宝是五十两一锭，普通小元宝是五两一锭。"龙溪县官民田地山塘蛏场共三千八百七十一顷一十七亩六厘，计该秋粮正耗米四万五百六十二石一升六勺，秋租钞三百九十锭四贯一百七十文，今折征米七百八十一石六斗四升二合九勺，夏税钞三百八十一锭三贯二百三十四文，一官田不等共计五百九十顷六十五亩九分七厘。"[2] 从中计算可知，该处一锭是为五两。明代嘉靖年间（1522～1566），每公石米价值 0.584 两，每公石值银数 21.78，仍属平稳。一石等于 1.0737 公石，一公石以 156 市斤计。[3] 大米从明代到现代都是最基本的生活资料，虽然时代不同、技术不同、产量不同，但在社会生活中的地位没有改变，最能反映每一时代的物价指数，而米价的变动也最能影响其他产品的价格。[4] 香洲税课局，不算上闰月所得，"各色课钞三千九十八锭"能购买大约三万石米。

元初规定，商税三十分取一。明初承元制，"令各处税课司局，商税俱三十分税一，不得多取"。[5] 香洲税课局，不算上闰月所得，"商税钞二千九百四十八锭三贯七百六十文"，由于 1 两 = 1 贯 = 10 钱 = 100 分 = 1000文，商税钞共计 14743760 文，进行贸易的商品价值大约 442312 两，购买力约为大米 76 万石。

"嘉靖十二年黄册本县军民盐匠等籍，户贰万壹仟柒佰肆拾肆户，口壹拾壹万叁仟伍佰贰拾壹口，民户壹万陆仟陆佰玖拾贰户，口捌万陆仟壹佰伍拾玖口，军户肆仟肆佰柒拾捌户，口贰万肆仟捌佰贰拾贰口，杂役户伍佰柒拾肆户，口贰仟伍佰肆拾口，匠户伍佰贰户，口贰仟壹佰玖拾口，

---

① 刘天授修，林魁、李恺等纂《龙溪县志》卷四"田赋"，中华书局，1965，第 16 页。
② 刘天授修，林魁、李恺等纂《龙溪县志》卷四"田赋"，中华书局，1965，第 5、6 页。
③ 彭信威：《中国货币史》，上海人民出版社，1958，第 497 页。
④ 曹亚瑟：《烟花春梦》卷一"民风与淫风·明代的物价和白银购买力"，上海书店出版社，2011，第 21 页。
⑤ 王圻：《续文献通考》卷二二"征榷考·征商"，转引自周绍泉《田宅交易中的契尾试探》，《中国史研究》1987 年第 1 期，第 108 页。

校尉力士户伍户，口肆拾壹口，医户贰户，口陆口，铺兵户捌户，口肆拾肆口，炉冶户肆拾捌户，口贰佰口，窑冶户玖户，口伍拾玖口。"① 在"窑冶户玖户，口伍拾玖口"，烧砖、瓦、陶瓷器和冶炼金属的税收达到"一百四十八锭三贯三百四十"，价值 743 两左右，购买力约为大米 1200 石，手工业发展水平有限。

至于"契本工墨"，从元代起，要获得纳税凭证必须向政府交钱。元代的合同是由官府统一印制的，当时的法律规定，契约文书和附于契约文书后的文据，应该有"契本"。契本是元朝政府颁发给纳税人的纳税凭证，由元朝户部用铜板制造，成本较高，所以得收适量的工本费，原先收一钱，后来增加到三钱。无契本者视同偷税。明朝的契约形式更加多样，像租佃契约就分为招佃契式和承佃契式，前者是出佃人出租土地给承佃人耕种的契约，后者是承佃人承租耕地的合同。

在一些地方，田宅交易的税率也是"三十分中定例税一"②。如沈榜《宛署杂记》所记北京万历年间房屋交易税率、《曲阜孔府档案史料选编》所收湖广武昌府江夏县万历九年契尾和徽州府祁门县嘉靖三十一年契尾所载，田土交易都是价银一两，税银三分，大约也是三十分税一。田土交易则多以所交易田土的面积为准征收税金。嘉靖时兵科给事中黄元白的奏疏中说，"有例，凡买田地过割之人有定，每田地一亩，纳税银三分"③。"契本工墨"共收税一锭二贯三百文，即 230 分，根据一亩纳税银三分换算，这相当于进行买卖田地 76 亩，或者进行价值 76 两房屋、土地不动产的买卖，购买力约为大米 130 石。

"香洲税课司大使一员，未入流。印用条记。有司吏一人。嘉靖四年，条陈治道以课少而官吏之费多，遂革钞归本县带征。"④ 香洲税课局设有大使一名，司吏一名。嘉靖四年（1525），香洲税课局被裁革，原因是征收

---

① 刘天授修，林魁、李恺等纂《龙溪县志》卷四"田赋"，中华书局，1965，第 1~2 页。
② 《皇明制书》卷二"御制大诰三编·巡阑害民第二十"，转引自周绍泉《田宅交易中的契尾试探》，《中国史研究》1987 年第 1 期，第 108 页。
③ 嘉靖三十一年徽州府祁门县契尾。转引自周绍泉《田宅交易中的契尾试探》，《中国史研究》1987 年第 1 期，第 108 页。
④ 罗青霄编纂、陈叔侗点校、福建省地方志编纂委员会整理《漳州府志》，厦门大学出版社，2007，第 426 页。

的费用较少，而官员所需费用多。可见，香洲税课局税收所得不尽如政府期许，因而被裁革。

第二节　明清浦南墟的商业发展

2012 年，漳州市遴选出一批突出体现"海上丝绸之路"贸易特色的重要史迹，"浦南渡口"榜上有名。浦南渡口因处九龙江北溪下游之浦南镇而得名。在历史上，繁忙的浦南渡口逐渐形成繁荣的浦南墟。浦南墟作为九龙江北溪流域商品集散地，在康乾时期成为龙溪县最大的墟市。随着九龙江流域航运式微，浦南墟衰败。浦南墟逐渐的产生、发展和衰败都独具特色，其背后隐藏着深刻而错综复杂的原因，值得深究。①

一　浦南墟的地理优势

前一节提到香洲渡的设置与裁革，说明明代浦南一带存在一定的商业贸易，却并不是十分发达。九龙江北溪流域从金沙潭口到浦南，河床多属卵石浅滩沙洲；浦南以下沙洲发育，上游流水泥沙多在此河段沉淤。到了浦南一带，开始进入全省最大的平原——漳州平原。② 浦南地处漳州平原北部，土地肥沃，水源充沛，气候冷暖适中，光照充足，适宜多种农作物生长，农业基础条件较好。③ 主产水稻、甘蔗、小麦、大豆、花生、黄麻等，盛产香蕉、荔枝、文旦柚、芦柑、龙眼、橄榄等名果。

浦南墟位于今漳州芗城区北 17 公里的浦南镇浦南村（见图 5 - 2 - 1），因处九龙江北溪下游之南而得名，地处华安、长泰、龙溪三县交界，又称"三县脚"，向属龙溪县游仙乡龙川里，明、清时期属龙溪县二十三四都，是清绿营旗兵驻防之地，设检查站，称浦南汛。浦南墟陆路有汉、唐揭鸿

---

① 目前，笔者所能找到的有关浦南墟的学术研究成果，只有郭崇江的博士学位论文《南中国海视野下的近代闽南区域经济发展与社会变迁——龙溪县个案研究（1843—1949 年）》中的零星之处，而且仅仅局限于近代。至于浦南墟产生、发展这段漫长的历史，暂时无人涉及。

② 汪照元主编《芗城区志》，方志出版社，1999，第 520 页。

③ 《福建乡情》编委会编《福建乡情》，中国统计出版社，1995，第 549 页。

古道关隘,可达龙溪县城及长泰,水路可通漳州华安,因浦南渡口(见图 5-2-2)繁忙而逐渐形成繁荣的浦南墟。浦南渡口上通华安、漳平、龙岩、宁洋,东至长泰,下抵石码、海澄、厦门并沿海各地,是九龙江北溪流域漳平、华安、长泰等县乃至于泉州安溪的土特产品集散地,尤以糖、纸为著。浦南渡口后发展为浦南港,成为九龙江北溪最繁华的水埠,其繁华仅次于漳州港。①

图 5-2-1 浦南村全貌

资料来源:浦南镇居民梁必忠摄,笔者翻拍于田野调查期间。

图 5-2-2 浦南渡口

谢庐明根据墟市的功能对墟市进行分类:一是以满足农民一般性需求为主的生活资料和农业生产资料墟市;二是庙会;三是商品集散市场,既具有满足农民日用所需的经济功能,又具有为贩运贸易集散商品的经济功能。② 浦南墟无疑属于第三种。

康熙四十一年(1702)的《阿道宪示禁石碑》记载:"龙溪县浦南墟,

---

① 张在普、林浩编著《福建古市镇:闽台古乡间商品市场》,福建省地图出版社,2008,第 69 页。

② 谢庐明:《赣南的农村墟市与近代社会变迁》,《中国社会经济史研究》2011 年第 1 期。

地当水陆，为商民贸易之所。"① 道光二十九年（1849）的《凤岗楼碑记》中对于浦南墟的重要性有着客观的描述："浦南一漳郡北溪之要道，百货交集，五方杂处，陆地则山杉掩映，水路则交派参差。"② 光绪元年（1875）的《广庆宫石碑记》记录着浦南墟周边优美的自然环境："□之北，南浦承□，公爵捐建广庆宫，崇祀帝君。其赫□奕□胜，夸泥山钟灵者也，珠江川媚名协和乎。石鼓山辉远萃，地灵人杰，峰连天宝，水接蓬莱，气象万千，自是一方保障之观者。"③ 可看出浦南墟已成为龙溪县最繁华的墟市。

二 浦南墟产生时间考证

浦南墟（见图 5 - 2 - 3）地理位置优越，对九龙江北溪流域的物资起着集散的重要作用。考证浦南墟产生的时间，既有助于进一步理解漳州市镇的经济状况，又能够深化对九龙江北溪航运的认知。因此，对浦南墟何时产生、何时形成规模等问题的考证至关重要。

图 5 - 2 - 3　浦南墟今貌

目前普遍认为浦南墟产生于明代。据《芗城区志》载，"明代，县治所在地（今芗城区）成为八闽主要商品城市，城内有东铺头市、西市、北

---

① 《碧溪杨氏家谱》（第 4 册），清乾隆三十五年（1770）刊本，第 56 页。
② 《凤岗楼碑记》，道光二十九年（1849），石碑现立于浦南墟解放路九龙江畔。
③ 《广庆宫石碑记》，光绪元年（1875），石碑现立于浦南墟关帝庙前。

桥市、旧桥市；农村有天宝市、草市、浦南市……"①《福建古市镇：闽台古乡间商品市场》认为浦南墟属"明清集市"。②《龙海县志》载："明初，龙溪县城漳州已发展成为福建主要商业城市。增设的墟市有：城隅东铺头市、西市、南市、北桥市，一二三都新坡刘埭市，八九都月港港口市，十一都石马路头市，二十二都汐浦市，二十四都龙潭墟、浦南墟，二十六都翰林市（即内林市）、长市墟，二十八都许布市，二十九都壶屿桥市。"③笔者在浦南墟找到的最早的宫庙福宁宫所立《修缮广庆宫、福宁宫福户信士捐资芳名碑》写道："福宁宫始建于明朝中叶"。

笔者遍览弘治《八闽通志》、嘉靖《龙溪县志》、万历《漳州府志》，发现这些方志皆只字未提"浦南墟"。但这并不能说明浦南墟还未产生，因为方志中所记载的墟市都是发展到一定阶段才被关注到的。

明代九龙江洪灾频发，浦南作为九龙江上游流水泥沙的沉积地首当其冲。大灾之后容易产生大疫。即使浦南墟在这时已经产生，也要不断地经受考验，这对于其发展是十分不利的，一旦规模发展不起来，也就难怪不能进入修志修史文人的视线。

离浦南不远的香洲税课局的裁革也能够佐证当时北溪流域的商业发展未能达到一定规模。"香洲"，今位于漳州芗城区浦南镇溪园村西南。香洲渡是个古渡口，北溪流域物资通过水运输出，必经香洲渡。万历《龙溪县志》载"香洲课税局，在县北二十三、四都，元为商税务，明朝洪武初改税课局"。④ 明洪武年间（1368～1398），龙溪县在浦南香洲渡设税课局。宣德年间（1426～1435）裁去，正统十二年（1447）恢复，嘉靖四年（1525）再次裁去。香洲税课局被裁革的原因是"课少而官吏之费多，遂革钞归本县带征"。⑤ 征收的费用较少，而官员所需费用多。说明香洲税课

---

① 汪照元主编《芗城区志》，方志出版社，1999，第713页。

② 张在普、林浩编著《福建古市镇：闽台古乡间商品市场》，福建省地图出版社，2008，第69页。

③ 黄剑岚主编《龙海县志》，东方出版社，1993，第509页。

④ 万历《龙溪县志》（六卷），旧抄明万历元年（1573）《漳州府志》摘本，据福建省馆藏胶卷抄本，卷一，规制志，第22页。

⑤ 罗青霄编纂、陈叔侗点校、福建省地方志编纂委员会整理《漳州府志》，厦门大学出版社，2007，第426页。

局税收所得不尽如政府期许，因而被裁革。香洲渡的设置与裁革，说明明代浦南一带存在一定的商业贸易，却并不是十分发达。

嘉靖四十五年（1566）十二月，建置海澄县，县治设于月港。隆庆元年（1567），明政府正式取消"海禁"，在月港开设"洋市"。月港与海外的交通更加发达，海外贸易更加活跃，到万历年间（1573～1620）盛况空前。月港兴起后，明代后期漳州已跃然成为福建商品经济发达的地区，市镇数量也增长较快。水陆交通线是草店、市首先滋生的地点。① 加之那时从月港输出的货物主要有丝绸、布匹、瓷器、茶叶、砂糖、纸张、果品等，与浦南墟的主要货物构成"糖""纸"相符合，笔者有理由相信，月港繁盛之后，浦南墟应运而生，但其发展还未达到一定的规模。

这个发展的过程是漫长的。明代天启年间（1621～1627）陈天定的《北溪纪胜》对于北溪风物有着详尽的介绍，"由溪西直上三里许，则唐将军威惠庙在焉。古所谓苦草镇松洲堡是也。徐坪（诗朋）缩入其背，历浦南、福清、仙柑浦（浦林）而上，为后林，为金沙，与丰山，银塘夹江而处，皆世居旧族，齿重一方"。"浦南"二字被提及，却未涉及浦南墟。② 此时，北溪最重要的墟市是龙潭墟。"龙潭"，位于今九龙江北溪下游的华安县丰山镇银塘村北，"地处十字之中"，处于水陆交通的枢纽地带，可"上宁洋""下海澄""通南靖""驰长泰"。"抵龙潭，有日中之市，上下游舟，次鳞集溪北，熙攘者以此为最。"③ 可见浦南墟在此时尚未能发展到一定阶段，不能进入地方文人的关注视野。当然也不能排除文人对商业墟市不敏感的可能性，"龙潭"更多的是作为一处由银塘赵氏悉心经营的人文景观受到陈天定的关注。

浦南墟发展的重要转折点与厦门港兴起有关。嘉靖四十五年（1566）十二月，建置海澄县，县治设于月港。明天启二年（1622），月港开始衰落。④ 明天启六年（1626）武装私商郑芝龙犯厦门，次年六月，郑芝龙占领厦门。后郑成功以商养军，以厦门、金门为根据地，大力发展对外贸

---

① 傅宗文：《宋代草市镇研究》，福建人民出版社，1989，第13页。
② 政协芗城区文史资料委员会编《芗城文史资料》（第16辑），2005，第73页。
③ 政协芗城区文史资料委员会编《芗城文史资料》（第16辑），2005，第73页。
④ 漳州市地方志编纂委员会编《漳州市志》（5卷本），中国社会科学出版社，1999，第23页。

易，如与日本、吕宋、南洋等地进行贸易。明天启年间（1621～1627）漳州月港逐步衰落，盛况不再，在清康熙二十三年（1684）终于被正式设立海关的厦门所取代。清代厦门港崛起后，带动了以九龙江为主轴的广大腹地发展外贸，使浦南墟成为清中前期漳州民间最重要的两大商贸集散地之一，另一处是龙溪县二十七都浦头市。浦南墟并没有随着月港的衰落而式微，反而得到了较大的发展。从时间点来看，厦门港的兴起与浦南墟的兴起关系最密切。

笔者所能找到的最早涉及浦南墟的原始资料为《碧溪杨氏族谱》，碧溪村位于今华安县，九龙江北岸，与浦南墟隔岸相对，向属龙溪县。在乾隆朝1770年修订的《碧溪杨氏族谱》中保存着对于浦南墟贸易地位的珍贵记载，摘录部分文字如下：

> 阿道宪示禁石碑
>
> 在浦南下路头猪仔巷口，后为浦西陈子暗沉溪中
>
> 福建分巡海防汀漳道按察使司副使加三级阿
>
> 为严禁违例罔利借势私抽以除民害事，照得民间买卖以有易无，不可令势豪霸占垄断独登，故例内开载，指借名色以罔市利，肆行非法，处分特森严也。龙溪县浦南墟，地当水陆，为商民贸易之所……
>
> 康熙四十一年三月□日给

康熙四十一年（1702）朝廷针对浦南墟贸易发达、私抽横行的情况，树立示禁碑。勒石示禁，证明此时浦南墟发展已经受到了官方的重视，地位不可小瞧。可见从天启七年（1627）至康熙四十一年（1702），在75年的时间内浦南墟得到较大发展。

据康熙五十六年（1717）的《龙溪县志》载，"墟之市，浦南为大"，[1]这是浦南墟首次见载地方志，此时浦南墟已成为龙溪县最繁华的墟市。显然这不是短时间内能做到的。易言之，浦南墟经过数十年乃至数百年的发展才有可能成为龙溪县最大的墟市。

---

[1] 江国栋修，陈元麟、庄亨阳纂《龙溪县志》清康熙五十六年（1717）刻本，2005年漳州市图书馆整理，第31页。

三 浦南墟发展的历史概况

浦南墟产生于月港兴起、隆庆开海之后，天启七年至康熙期间（1627～
1702）得到发展，它的中转贸易的特殊地位逐渐被提高，在清康熙二十三
年（1684）厦门港兴起出现关键转折，终于在康熙五十六年（1717）一跃
而为龙溪县最大的墟市。在此之后直至 20 世纪 50 年代，浦南墟仍保持着
重要的地位。

光绪元年（1875）的《广庆宫石碑记》（见图 5 – 2 – 4）刻录着浦南
墟 91 家商号、船只捐资英银重修主祀关帝的广庆宫事项，捐资名号如下。

纸馆：万宁居、金协隆、金庆和、金文和、万成这五家可考的较大型
的纸馆。根据命名特点，找出碑文中的其他纸馆共 14 家，分别是：金协
利、金兴隆、金东和、金长和、金恒成、金常成、金顺发、金成发、金德
发、金泰发、金长美、金□茂、金德春、金益合。

食杂店（包括酱油店等）：怡瑞、怡胜、瑞和、瑞兴、瑞源、隆源、
德源、德隆、振隆、丰泰、瑞隆号，共 11 家。

药店：益春号、□春号、富春、瑞春、源春、□寿堂、长元堂、德安
堂，共 8 家。

船只：青蝴蝶、虎船、裕龙号、陆虎号，共 4 艘。

糖行：合发、合兴，共 2 家（根据浦南墟现存"合和"糖行，商号名
字有着传承性的特点推断，诸如"庆兴""福兴"等不能确定属于糖行，
所以归入其他商号）。

其他商号如下：新景隆、新义美、新五常、新合□、新乐安、新万
金、□（疑为"新"）益合、新同兴、庆兴、福兴、文兴、裕兴、成兴、
隆成、永成、新振成、吉成、祥凤、双凤、升茂、和茂、同发、协发、仁
顺、同昌、东瑞、振美、联美、泰美号、芳美号、广美号、荣盛、奇盛
号、隆盛号、德瑞号、德发号、源兴号、源德号、成芳号、成钰号、五香
号、兰桂号、仁记号、新堂号、恒安号、东发号，计 46 家。[①]

在此需要特别注意的是，这时是浦南墟遭受太平天国运动重创十年

---

① 《广庆宫石碑记》，光绪元年（1875），石碑现立于浦南墟关帝庙前。

图 5 - 2 - 4　广庆宫石碑记

后，规模已经远远不如之前，而且饱受厘金等官私方苛捐杂税之苦，尚且具有近百家商号以及船只踊跃捐资重修关帝庙。可见水运内河航运畅通犹如血流畅通，尽管经受一次又一次的打击，浦南墟仍保持着顽强的生命力，但规模却远不如前了。

据清光绪四年（1878）英国厦门海关综合报表记载，厦门海关运入的主要货物有鸦片4200担（箱）以上，棉纱2700担，约2400箱鸦片（57%）经由浦南和漳州线路，运往石码、浦南、漳州和龙岩府。[1] 在浦南线路上运入浦南城约1200担（44%）棉制品和200担鸟粪，运出2300担红糖。[2] 从其他靠近北溪口的地方（东尾和东江桥）运出5900担红糖，由浦南运出的红糖比例占了整个北溪的39%，占了整个厦门口岸糖出口比例

---

① 厦门市志编纂委员会、《厦门海关志》编委会编《近代厦门社会经济概况》，鹭江出版社，1990，第217页。

② 厦门市志编纂委员会、《厦门海关志》编委会编《近代厦门社会经济概况》，鹭江出版社，1990，第216、217页。

的 10%。① 糖每年出口 24000 担。本口岸的两项出口货物是糖和茶。茶每年出口约 68000 担。每年运抵本口岸的茶叶大约是 210000 半箱。而安溪县经由同安线路供应了大约 25000 半箱（安溪茶）。② 据说，经由漳州线路运来的龙岩县的茶叶微乎其微。所有其他的茶叶是经由浦南线路运来的。大约 44000 半箱是在浦南县城聚集的。它们大多来自漳州府的长泰县。③

民国二年（1913），海关允许外国轮船按内港行轮章程开赴浦南口岸停泊装卸贸易。④ 九龙江流域一带有很多土特产运经浦南、漳城中转从厦门出口，有龙岩州（包括漳平、宁洋）经由浦南线路，除了往厦门运茶外，还有木材；长泰县，经由浦南线路运茶叶、烟丝和烟叶；龙溪县土特产部分也经浦南和白水营线路，往厦门运糖、木杆、竹子、水仙花球茎和大蒜，以及少量的丝织品和丝线。⑤

全面抗日战争爆发后，厦门被日军占领，中日双方互相戒备封锁，与内地隔绝。中日以 3 艘挂英、美国旗的漳州民船（称交通船）运载工业品进入漳州直达浦南，运出柴薪、水果、香菇、笋干、土纸、锡箔、箧器等土产到厦门，后发展到十多艘。⑥ 受"交通船"影响，浦南水运日趋繁盛，漳平、华安、长泰等地的土特产品，都需经由浦南转北溪出口，浦南纸行、杉行、糖行、米行纷纷设立。⑦

翁绍耳在《福建省墟市调查报告》中针对民国二十九年（1940）对龙溪县浦南墟的调查记录中提到，当时浦南墟距县城 15 里，水路可通漳州华安，陆路可达龙溪县城及长泰。逢五、十为墟期，赴墟村庄包括浦南、后园、诗朋、洲尾、新洲、宏道坑、蓬莱、溪园、光坪、柳坑、布坑以及华

---

① 厦门市志编纂委员会、《厦门海关志》编委会编《近代厦门社会经济概况》，鹭江出版社，1990，第 217 页。

② 厦门市志编纂委员会、《厦门海关志》编委会编《近代厦门社会经济概况》，鹭江出版社，1990，第 218 页。

③ 厦门市志编纂委员会、《厦门海关志》编委会编《近代厦门社会经济概况》，鹭江出版社，1990，第 219 页。

④ 汪照元主编《芗城区志》，方志出版社，1999，第 684 页。

⑤ 汪照元主编《芗城区志》，方志出版社，1999，第 684 页。

⑥ 汪照元主编《芗城区志》，方志出版社，1999，第 684~685 页。

⑦ 杨惠民、王和贵：《浦南史话》，政协芗城区文史资料员会编《芗城区文史资料》（第 16 辑），2005，第 60 页。

安县辖之各乡村。浦南墟共 170 户人家，位列龙溪县墟市在户人家第三，参加人数却达 2000 人之多，为当时龙溪县之最，龙溪县其他墟市参加人数为两三百人。① 民国二十九年（1940）浦南墟交易货品之种类包括：柚、柑、粮、米谷、木材、纸。②

一般墟市交易物品皆为当地农产品与农家生活必需品。粮、米谷是农家生活必需品，而柚、柑是当地的农产品，尤以文旦柚闻名遐迩。"浦南以产柚著名，沿北溪两岸约五十里皆栽柚。乡人呼柚曰'软仔'，其种有文旦、坪山、六月柚等。文旦，古称香栾，长泰所产，品质最良，瓤白，甜美无比，他地所植均不及之。"③ "果之属，柚，漳小溪产者，味甚甘，其最佳者为文旦。出长泰。色白，味清香，风韵耐人。惟溪东种者为上，但其地所种无多，移他处便不佳。"④ 文旦柚、坪山柚、广西沙田柚、泰国暹罗蜜柚合称世界四大名种，是柚子诸品种中的珍品。⑤ 文旦柚原产漳州市长泰县溪东村，相传为数百年前该村演戏小旦文姓所种而得名文旦。"文旦柚树势中等，叶椭圆形，羽叶小，叶色绿有光泽。单果重 1000～1500 克，扁圆形，基部稍尖圆。果顶宽而微凹，油胞细滑，皮较薄，果肉甜而微酸，清香可口。九月上、中旬成熟，抗逆性较强，较坪山柚省肥，易管理，果实耐贮。"⑥ 原先，九龙江沿岸从华安新圩到浦南再到江东遍种文旦柚。文旦柚的销售，有的是由集装船只贩卖，有的是漳州小贩到浦南果农园捡被果农扔掉的文旦柚次品，挑担回市区叫卖。文旦柚从浦南运到石码，载满文旦柚的小船，经常满船飘香，果香经常迎面扑来。九龙江下游的老人们至今对文旦柚印象深刻，提及江东、流传等村水面上不时漂有小贩们扔掉的文旦柚次品，还有人捡起被扔掉的文旦柚食用。文旦柚运至

---

① 翁绍耳：《福建省墟市调查报告》（《农业经济调查报告第二号》），私立协和大学农学院农业经济学系印行，1941，第 13 页。

② 翁绍耳：《福建省墟市调查报告》（《农业经济调查报告第二号》），私立协和大学农学院农业经济学系印行，1941，第 13 页。

③ 林枫、郭柏苍、郭白阳辑撰《竹间续话》卷三，海风出版社，2001，第 53 页。

④ 沈定均修、上海书店出版社编《中国地方志集成　福建府县志辑29　光绪漳州府志》，上海书店出版社，2000，第 931～932 页。

⑤ 华安县地方志编纂委员会编《华安县志》，厦门大学出版社出版，1996，第 132 页。

⑥ 华安县地方志编纂委员会编《华安县志》，厦门大学出版社出版，1996，第 133 页。

石码后，有的载至上海，有的运往厦门，再转贩香港，或从厦门出口至新加坡、马来西亚等国，享誉东南亚。文旦柚名噪一时。1972 年左右，文旦柚的繁荣进入尾声。1975 年的《浦南公社调查汇报提纲》提道："原来盛产的柑桔、文旦柚，现在已寥寥无几，几乎灭种了。"① 除了人为因素外，由于气候变化，浦南地区不再适宜种植文旦柚，而华安新圩仍种植文旦柚。

浦南墟交易物品出现生产资料如木材和纸，可作为浦南墟发展的一种体现，也是漳州地方社会经济发展的反映。墟市天然地属于农民，但街道的形成，则是源于商人与手工业者面对农民的商业行为。② 民国时期的浦南墟分为沿江直街（现解放路）和横街（现翻身路），直街以标准钟（见图 5－2－5）为界分为上街和下街，横街也称竹椅街。集镇房舍沿江由东向南建筑，呈方块状。浦南墟原有六个角落，分别为景福角、福德角、祈保角、太保角、纸馆角、西角。浦南墟镇区沿江直街近一公里，坐落着百

图 5－2－5　标准钟

---

① 漳州市档案馆，市委办卷内，档案号：0003－002－0000372－0203，1975。
② 徐晓望：《明代市镇述略》，《福建经济史考证》，澳门出版社，2009，第 48 页。

余家商号，纸馆角的杉木行、纸行，福德角的兴农、永丰、建南、永和等七八家糖行，在横街的粮食店、小吃、甜点、干果、水果、烟酒、茶叶、鸦片，也包括五谷行、酱油店、柴炭行、布市、杂货铺、旅社等服务行业。

四　浦南墟的村社结构及与地方文化的互动反映

人口的增加，是建立墟市的基础；渡口的建立，成为建立墟市的空间条件；宗族的力量，是建立墟市的组织资源；在诸多合力的综合作用下，浦南墟市发展起来。而墟市形成后，移民的经济活动圈——市场圈与经济圈就相应地构成了，让移民与该地的联系越来越紧密，从而增强了移民的地域认同。[①]

管理墟市的基本上是当地的巨姓大族。浦南墟以梁氏为主导，整个墟市由其管理——浦南墟仅存的碑文（见图5-2-6）中所记载的墟长以梁姓为主，而且现今居住在墟市中的居民也以梁姓为主，此两点可作为有利的证据。浦南墟的古建筑，包括梁氏族人所建的新国大厝（地址在旧派出

图5-2-6　浦南渡口附近石碑，碑文为"不竟"，署名姓氏为梁

---

① 岳精柱：《"湖广填川"历史研究》，重庆出版社，2014，第164页。

所），占地面积极大，四合院形状，惜被拆毁。梁氏的祖厝，虽然现在已经倒塌，但其地点，明显毗邻浦南渡口。

梁氏族谱因在历史洪灾中没有得到妥善的保护而未能留存，现存残谱是浦南墟梁氏从南安翔云抄来：福建梁姓奉东汉末梁都为入闽一世祖。十二世梁遐于东晋安帝元兴二年（403）避难福州。唐嗣圣元年（684），遐之第十三世孙梁选任福建武荣（即今南安县，有德政）知州。梁选之孙文仲，移居南安象运，为象运梁姓开基祖。象运，别号翔云，乡名。象山梁氏宗祠，又名"凤窝大宗祠"，位于福建南安市翔云镇翔云村前山寨东麓山腰，始建于明末崇祯十一年（1638），祭祀大厅供奉着肇基始祖梁选、太祖梁除、开基一世祖梁文仲、二世祖梁生和梁定，以及以下三十六世历代科举成名的列祖列宗的神位。梁文仲公派，世代昭穆。

在田野调查中，笔者发现直到1932年，梁氏祖厝存有点灯习俗，随着祖厝屋顶破败，从隔年开始，点灯习俗遂废。在20世纪50年代，梁氏祖厝的后半部分倒塌。1960年6月9日，九龙江发生百年一遇的洪水灾害，梁氏祖厝全部被冲毁。但其后人对于它的特殊之处仍然津津乐道——大门有三个，又被称为"三天门"。皇家午门方能有"五天门"的规格，至于做官之人的祠堂，可以有"三天门"的规格。而浦头梁氏族人无人做官，按例只能有一个大门。正因为这点，有人到官府将梁氏祖祠告了，官府要来查办。消息传来后，梁氏族人家长愁眉不展，惶惶不安，面面相觑，不知如何是好。这时一个披着蓑衣、拿着簸箕的广东梁姓人氏，看到了这种情况，好奇地问起缘由。浦头家长如实以告，这人灵光一闪："这还不好办！在我们家乡就出了一个状元，你只需把他的神主牌请过来放在你们的祠堂内就可以啦！"浦头家长顿时卸下心头大石，马上按照此人的法子办。浦头梁氏祖厝与梁氏族人方才躲过一劫。故事的真伪虽无从查起，但透过故事本身，"告状"之类的举动反映了当时浦南墟的其他姓氏对梁氏把持地方秩序的挑战。

如果说浦南墟被梁氏牢牢控制，那么浦南渡口则被水流与何厝两社民众把持着。妈祖宫江对面的和睦社有一个妈祖亭。和睦妈祖亭的旁边保留着一块完整的碑文（见图5-2-7），谨录全文如下（碑文多字迹不清之处，仅供参考）：

图 5 - 2 - 7　和睦渡口妈祖亭旁石碑

龙江之湄，奎山盘踞。下有东津亭，崇祀天后尊神。亭之左有小桥焉，所以代济，涉通往来也。

□颇为□路亭□交□，承之以木，久而腐蠹殆尽。又桥连亭基，非石砥柱桥圯，而亭亦倾过者矣。侧身每□压，其颓废可□胜道哉，仪甚□之，因思古君子功在天地，利在四方，区区一亭一桥，在金在祖出之麓，斯匪异人何也，岁丁亥偕弟廷机游诸长□谋更新之，一朝勒捐得百六十金。诹□兴工于旧利，悉等而更之，凡亭基桥址，溜槽悉用坚石，而尾木□择精良盖，但谋坚精壮丽。祫不恤费之多，工之夥也。经始于秋季，告竣于仲冬。因人之力计七百三十三，过而览者，焕然以观，咸归美于余族。抑知砌筑牢固，黝黝□要鲜新肃□庙貌而通津梁则固族人同心之为也，而心乎人心课输，赐效力概然而不吝□□而忘疲者。天后之灵讵及此，或功绩修成□，休佳日至，爰勒之石昭，神贶亦以著人和也。

南郊杨信得过仪志

　　文□祖捐金二十四两

　　董事庠生□□□男庠生□七

　　振北迈东捐金二十两

　　董事庠生廷机捐金五两

　　董事庠生天锡捐金五两

　　董事朱三捐金二两

乾隆二十三年丁亥仲冬

　　从碑文中可以得知，和睦妈祖亭在乾隆二十三年（1758）得以修缮，这比妈祖宫的修缮时间乾隆四十一年（1776）更早，当然妈祖宫的规模相较而言更大。尽管妈祖宫与妈祖亭最早修建的时间不得而知，但是无论妈祖宫还是妈祖亭修建的地点都靠近北溪水面，而且修缮的时间都在清朝，这恰是九龙江北溪上下游的货物，尤其是纸、杉、竹、木往来频繁的阶段。

　　妈祖亭是在杨氏族人的努力之下修建的，捐资者中诸位文人秀才起到表率作用，秋天开始修缮，冬天就竣工，速度非常快，族人将这归功于妈祖的灵力。杨氏族人应当是浦南墟对面的碧溪家族无疑，笔者有理由相信，当时这个和睦渡口的控制权掌握在杨氏族人手上。

　　在2007年重新修缮妈祖亭的捐资芳名中，捐资者全都姓宋，妈祖亭的归属权由和睦社所有。和睦社是由浦南墟的水流社开基，水流社的民众，绝大部分都是放排工人。水流社的放排最早可以追溯到清朝时期。水流社共有一百来号人，总共三伍，伍是木排工会的人数单位，一伍四五十人，一伍一个头家。何厝社的放排工人也投靠到水流的伍中。放排工人分成头手和二手，二手放排一次，大概挣十几至二十几块。上等的杉木极其昂贵，如海船桅杆用的杉木，一根价值一千银圆。居民人家建筑用的杉木，一根也能价值几十块钱。他们负责从浦南放排至石码，沿途水流相对平缓，朝发夕至，途中带上砖头和沙子，在放排的杉木上做饭，也会在木排上搭帐篷。在水面上行船，有时会遇到土匪拦江抢劫。劫匪们带着枪，杉木老板需要前去交涉，一般是交"过路费"，有时僵持良久。一排杉木大概要交五块至十块钱。土匪同意放行之后，木排工人再继续赶路。为了平安顺利，水流社的放排工人经常到妈祖亭祭拜，临行之前在妈祖亭前燃放鞭炮。和睦妈祖亭至今依然香火旺盛，妈祖信仰融入了当地的社会生活，妈祖俨然成为村社的"万能神"。和睦妈祖亭的妈祖长盛不衰与和睦宋氏家族对其职能的扩展是分不开的。因为祖先们放排的经历，和睦宋氏家族虔诚相信妈祖将继续庇护自己平安顺利。

浦南梁氏与水流宋氏在清朝相当长的时间内不通婚。在田野调查时，浦南民众对于笔者关于双溪与水流为何长期不通婚的问题给出了详细的解释。双溪（浦南墟一个较大的角头）与水流曾经同属浦头大庙的一个庵门。清朝顺治年间，浦头大庙仍然存在，正月初五也是浦头大庙巡安的日子。后来由于活动过程中两村香客的香烛互相碰撞产生摩擦，引发矛盾。两个村社闹着瓜分庙产。最后由漳州知府主持，设置抽签，签文由"尪"（神像）、"庵"（宫庙）组成，抽到"尪"则抬走神像另建宫庙，抽到"庵"者浦头大庙归其所有，另雕神像。当然双方都想拿到"庵"，这样花费的成本相对较低。据说当时两支签都写着"尪"，知府让水流社人先抽，水流社人抽完签一展开，赫然写着"尪"，知府将剩下的签文放入口袋，就此拍板。这种作弊的抽签方式被当地人称作"孔明签"。有人叹息水流人"一二三五，六七九十"，笔者不解，当地人解释为"无写四，无八字"，即没有福气的意思。从中，我们可知水流宋氏与浦南梁氏原本同属一个庵门，可以说他们原本为一家，但后来分家。表面上"水流分尪，双溪分庙"，实际上，应该是水流人或主动、或被迫地选择了放排的生计方式，而墟底人浦南梁氏则控制了墟市的主导权。在当地老人的解释中，浦南梁氏与水流宋氏由于土地纷争不相往来，但我们有理由相信，这与墟市和渡口的争夺权有关。而这场争夺，梁氏取得了胜利。

墟市由地方宗族控制的例子，我们能够在无数的史料当中得到例证。地方秩序存在竞争与合作，浦头梁氏与水流宋氏经过博弈之后双方的势力范围得到确定，得到了一定意义上的平衡。

浦南墟由于优越的区位因素，辐射附近诸多村落，尽管今天墟市已衰落，但在现今存留的一些活动中，无论是神明巡境还是龙舟竞渡（见图5-

2－8）都可以看到浦南墟经济交往圈的影子。例如正月神明巡境节庆活动，浦南墟、水流社、何厝社、松洲社、双溪社（浦南墟分支）这五个村社互派宫庙董事代表参加彼此的庙会"凑热闹"，即这五个村社宫庙董事代表要参加五次的神明巡境活动，且不得缺席；自五月初一到五月初十，每天共计11只龙舟在北溪水面上竞渡，它们分别来自浦南墟（包括浦头、何厝、渡东，计3只龙舟）、银塘（包括顶角、下角，计2只龙舟）、金沙、后林、浦林、大路尾、湖坪、后壁沟。其中端午节龙舟竞渡地点在浦南墟水面，而渡东初一、初十各划一次。神明巡境、龙舟竞渡所涉及的村落，都与浦南墟有经贸往来。这是浦南墟与地方民俗文化互动的体现。神明巡境、龙舟赛皆有加强村落与村落之间关系的社会功能，宗族与社区间经贸的互动与竞争，使墟市村社对外交流的空间更加宽广，民众通过这些活动获取大量信息，从而更好地进行合作。我们可以断定参与神明巡境、龙舟竞渡的村社与浦南墟有密不可分的关系，然而我们也要注意区分历史与现实的断裂之处，由于特殊的历史原因，玉兰、碧溪两村并未纳入浦南墟神明巡境乃至龙舟竞渡的圈子，但是我们不能断定二者与浦南墟没有关系，这是值得注意的。

图 5－2－8　蒙蒙细雨中的渡东村龙舟竞渡

五　浦南墟的衰败

浦南墟产生于明代月港兴起、隆庆开海之后，但在此时尚未形成规模。康熙二十一年（1682）三藩之乱平息，福建地方社会安定；清康熙二十三年（1684）厦门港兴起，带动以九龙江为主轴的广大腹地发展外贸。在政治、经济的双重良机刺激下，浦南墟在康熙五十六年（1717）一跃成为龙溪县最大的墟市，此后至 20 世纪 50 年代，由于地理位置优越，浦南墟对九龙江北溪流域的物资一直起着集散的重要作用。但我们必须注意到，无论在何时，浦南墟市都从未发展成为市镇，因此可以推断，在其发展利好之时，时刻存在着一些阻碍因素，笔者将这些阻碍因素归纳入浦南墟衰败的原因之内。浦南墟的产生、发展都与漳州地方社会的内河航运、秩序治乱、经济状况等息息相关。俗话说，成也萧何，败也萧何。随着地方秩序混乱、时局动荡、厦门港衰落、北溪航运衰微、本区产品竞争力下降等，浦南墟走上衰败之路，至今未能重新崛起。透过梳理纷繁复杂的原因，笔者希望提炼出浦南墟衰败的根源，进而归纳北溪墟市、福建墟市衰败的共同根源。

（一）地方秩序混乱

能够破坏正常商业秩序的，有这么几个因素：地方私抽、流丐骚扰、盗匪拦劫、太平天国战争等。浦南墟商业繁荣，除官方税收之外，地方私抽盛行，对于墟市上流通的商品税上加税，严重阻碍了商品的流通。东莞人洪文汇说道："公取私敛，商始病矣，而豪强狙狯武断乡曲，贸易者畏其挟制，裹足不前，是以墟市递相衰。"如果正常的商业秩序、正常的商品交换受到破坏，不仅限制了墟市的发展，导致其衰落，而且影响到商业资本的发展。

1. 地方私抽

阿道宪示禁石碑

在浦南下路头猪仔巷口，后为浦西陈子暗沉溪中

福建分巡海防汀漳道按察使司副使加三级阿

为严禁违例罔利借势私抽以除民害事，照得民间买卖以有易无，不可令势豪霸占垄断独登，故例内开载，指借名色以罔市利，肆行非法，处分特森严也。龙溪县浦南墟，地当水陆，为商民贸易之所，向有海澄公房屋召民居住，取讨赁钱，欧龙、孙桂等因而狐假虎威，悍不畏死，遂倚借势焰加增房租，横索小礼，各加二戥头。又违例殃

民，凡在墟货物寨内者，有寨税，圹北者有地税，交易搬运者有货税，如五谷杂货以及纸菁牛猪松桐什木等物，逐项抽取，纤悉无遗。更有百姓于沙坡自盖草寮，亦于墟期计间取税，且墟边河下厦门石码，黄枣载货船支，及赴墟小船，□行按船科索，甚至横渡浦南、浦尾两处渡船，皆被霸踞，来往抽钱。豪强罔利，俨若榷开，乡愚畏威，甘为愚肉，上干国法，下剥民膏，言之不胜发指，况今尧天舜日，海宇清宁，天子何等加惠黎元，两院宪何等爱养百姓，本道职司观察，□于□旬宣□肯稍为瞻狗，姑容此社鼠城狐凭陵于白昼而使滨海小民应向隅之泣哉？除已访拿梁快、黄扬、钟宽、欧龙、孙桂、廖友、钟弼、梁旭、黄谐、黄外、梁杰等重惩外，合行出示立碑永禁，为此示仰浦南墟士庶商旅人等知悉，嗣后寨地杂税永行禁革，凡赴墟贸易五谷杂物并纸菁牛猪松桐什木以及河下船支，一概不许有人需索横抽。至于浦南、浦尾两处渡船，设为官渡，不许有人包占扰害，索取分文。倘有仍借势焰似前私抽剥民者，一经查出，立行严拿，按例置以重典。其墟内房屋大间每年准取租银八钱，小间准取租银六钱，不得私自加增、横索小礼、并加二戥头。如有不遵许住房之人，指名控告，以凭究治，本道视民若子，疾恶如仇，言出法随，决不姑恕，凛遵无违特示。

康熙四十一年（1702）三月□日给①

浦南墟中存在诸多不和谐的因素：官渡与私渡的无序竞争，附近民众赴墟遭受科索，当地居民为增加房租、罔顾官府法令私自增盖房屋草寮，在墟期内设间取税、偷斤少两等。浦南墟有各种各样的税，如民间私设的寨税、地税、货税等。

在《阿道宪示禁石碑》中国家规定对五谷杂货以及纸菁牛猪松桐什桐什木等物逐项抽取，民间不得再私收。该碑文原立在浦南下路头猪仔巷口（今浦南墟王爷庙附近），后被浦西社陈子私下沉入北溪。地方势力胆敢将官方所立石碑推入水中毁掉，其猖狂可见一斑。大约100年后，官府在

---

① 《碧溪杨氏家谱》（第4册），清乾隆三十五年（1770）刊本，第57页。

《阿道宪示禁石碑》所立之处又立一方示禁碑《特授福建漳州府正堂加七级记录三十一次全为饷加征等事》：

> 据龙溪县生员董居简、墟长杨光辉赴府呈称历来咸鱼鲑酱系海关征饷给照，久为定例，与盐馆毫无干涉。讵近来浦南墟盐馆多设盐丁，凡遇商民，到船头索验买单。凡盐鱼每大笼索取铜钱廿四文，每小笼索钱十二文，鲑酱每罐索钱一文。各四飞税，不从仍索，即欲驰报盐馆，架词禀陷扰索万惨。况鱼鲑等物既经海关征税明白，岂复有墟场再加征税之例？且历来盐馆不得私抽贩买鱼鲑，经前宪徐奉制李示禁在案，该盐丁何得私设横抽？现在每墟纷纷横抽飞税，不□□民□堪，恐酿奇祸。恩准示禁等情。据此查盐馆无从抽税之例，何得垄断勒索滋扰商民，除批示外，合亟出示严禁为此示。仰浦南墟馆办秤哨人等知悉，□□□有商民贩买盐鱼鲑酱到此，发卖者听其售销，以便民食，毋许汝等□□□□□□征横抽，致滋扰累。倘该馆哨等再敢不遵，借端掯勒，本府一经察出，或□□□□，即严提究办，决不宽贷，各宜禀遵，毋违。特示。

> 乾隆五十七年（1792）柒月初拾日给
>
> 发浦南墟□□□□

官方所立《特授福建漳州府正堂加七级记录三十一次全为饷加征等事》石碑（见图5-2-9），谨为了宣示盐馆盐丁不得对咸鱼鲑酱等私自抽税，发卖者听其售销。官方一再立石示禁，往往意味着地方私抽之风屡禁不止，否则根本没有重复颁布禁令的必要。地方上无休止的私抽，是浦南墟商业发展的一大弊端。

2. 流丐

流丐（或称为当地的无业游民）强乞，是商业正常发展的一大滋扰。关于浦南墟的流丐，笔者未能找到直接的证据，但是在与浦南墟相近之地，发现两方有关流丐的碑文：

> 特调漳州府龙溪县正堂加五级记录六次记功三次钱
>
> 为棍丐聚扰等事，蒙本府宪朱信票内开："据该县民李永芳、李

图 5 - 2 - 9 《特授福建漳州府正堂加七级记录三十一次全为饷加征等事》石碑

文贵等禀称：'棍丐作扰未有甚于此时。平邑林大受去年被陈琛等毒丐属林玉打死，丐子赖骗县州，及省案据溪辖郎始等引外方匪棍作扰。三丘田、上山、坪水等乡佥呈溪主案，叠据乾隆四十七年十一月廿八赖杜塘李岷山，五月廿二赖骗尚山吴高。'现蒙溪主律究案，又据芳等住居升平保下垅乡，界连平靖溪辖，棍丐集扰，平靖棍丐交害，数十成群，冲门打户，日乞夜盗，硬索灶米数斗，不从者放言移尸，遭此聚扰，鸡犬不宁，不呼宪严示各地各乞，势必如林大受等当祸万惨，不已匍呈叩乞恩准示禁。棍丐知儆，阖郡讴歌等情，据此，除批示外，合就饬行。为此仰县官吏出示严禁，毋许恶丐索扰"等因，蒙此，合行示谕各隅保居人等知悉，嗣后不许流癫各恶丐入乡强乞及借端诈骗花红，如有不遵，许尔等居民协保扭解赴县重处。各宜禀遵毋违。特示。

乾隆四十九年（1784）十月初十日给

嘉庆十四年（1809）己巳荔月重修立①

---

① 政协华安县文史资料委员会编《华安文史资料》（第7辑），1985，第90页。

漳州府龙溪县正堂加十级记录十次（以下漫漶不清）

呈道光三十年二月初三日。据桃源保家长唐翁、唐汉、唐佳等呈称："窃汉等零姓小族住居二十五都桃源保打铁坑社，安分耕种为生，近来屡有无赖棍徒，勾引外方流丐，鸠党数十，每日入社强乞，勒索饮食、冬粟、花红，稍不遂意，党率群乞，蜂拥吵闹，窥伺无人，窃掠鸡鸭、猪只、杂物，社人难堪，纷纷较闹。汉等忝系本社家长，势难坐视，合亟沥情佥呈，恳呼叩乞，首要安民，恩准出示禁逐流丐，不准来社强乞勒索，庶山僻弱社得以安生，沾感切叩等情。据此，查恶丐强讨，本属例禁森严，据呈该乡无赖棍徒，纠党多人，入社强乞，并复乘间窃掠，尤为地方之害，除呈批示外，合行出示晓谕，为此示仰该家长等知悉：自示之后，倘无赖棍徒仍敢率众强讨，许即扭交地保禀解赴县，以凭尽法惩治，第不得挟嫌妄拿，致干咎戾。各宜凛遵毋违，特示。"

道光三十年（1850）二月□日给打铁坑社晓谕①

相比普通民众来讲，开门做生意的商人更害怕店前聚拢的数十位乞丐，"硬索灶米数斗"，"勒索饮食、冬粟、花红"，稍不顺意，轻者"蜂拥吵闹"，甚者，放言移尸体陷害，针对此等纠众滋扰、恃强勒索的流氓行为，商家往往散财了事，可是架不住一拨又一拨的寄生虫前来吮食吸血，可谓苦不堪言。他们明乞暗盗，"窥伺无人，窃掠鸡鸭、猪只、杂物"，甚至普通民众的生命安全都受到了威胁。因此，这些地痞无赖与流丐的联合是当地地方秩序不稳的重要因素，导致"社人难堪"。可以推断，类似的地痞无赖，在浦南墟也是存在的，而且对浦南墟的商业秩序也造成了严重干扰。这原是旧社会普遍存在的一种病态，在旧政权统治之下，民间秘密结社如小刀会、三点会、哥老会，长期无法消除，清廷束手无策。虽无直接的证据，但这些人的互助援引，很有点秘密结社的味道。而且，浦南一带秘密结社的传统也是有的。

3. 盗匪

在过去，凡是商贸发达、繁荣富庶而又地处偏僻的集市，其周围的暗

---

① 政协华安县文史资料委员会编《华安文史资料》（第 7 辑），1985，第 91 页。

处总是蛰伏着匪患，他们伺机劫杀。自古以来，华安土匪极多。在浦南墟纸馆角有一块道光二十九年（1849）的碑记（见图5-2-10）：

图5-2-10　凤岗楼碑记

凤岗楼碑记

道光贰拾玖年（1849）岁次己酉阳月
谷旦建置

窃闻因国以设险为先，弭盗为安民之本，自古缮墩然，建卡楼，择地经营业者，非徒示壮观而夸威武也……

□□□浦南一漳郡北溪之要道，百货交集，五方杂处，陆地则山杉掩映，水路则交派参差……

□今者以来初剪径者，有之遭截抢者有之，甚而掳人以勒赎，砍屋以□搜赃，各种情形，均堪发积……

□尽力追擒，乃倏忽之间来似飞龙云如脱兔，目力既穷，束手无策，故劫窃之案频闻而剿除……

镇以此相邻稔悉此地，□弊客岁奉檄来防斯汛，莅任之初细访匪徒之出没知其潜踪处……

查稍之敛迹矣，然捕之刊窃既行之头何如备之于奸宄未发之先用是筹度于要冲之……

以远眺务使巡哨兵船泊守有地，则堆楼之建设容稍缓矣，□申大宪批示□难等因得……

商家踊跃乐输，役不难计，日以观成田是巍然耸峙守望不穷，名之日定远楼，将见奸宄缉……

观瞻亦壮矣，所望□而引之以庶几变粮□为淳良厝，其民于衽广而所为弭盗安民设险……

负于贱守焉□是为记

从碑文中可知，道光二十九年（1849）在浦南墟沿江边上修建凤岗楼，以便在高处及时发现匪徒行踪，旨在保护北溪一带的商贸往来，有效遏制土匪的骚扰。这关系商家利益，于是众商家捐资筹建凤岗楼。浦南墟一带的拦路抢劫者是极为猖獗的。他们行踪不定，沿途掳人劫货，商人的人身财产安全都受到严重的威胁，甚至入室强抢搜刮，都由于地形的原因，让他们安然逃脱。官府的理由是浦南一带"陆地则山杉掩映，水路则交派参差"，地形复杂，浦南地处平原，周遭都是山林环绕，奇峰幽谷、荆棘遍野，是飞禽走兽经常出没的地方，而且水系繁多复杂，是逃匪藏身的最佳选地，也给搜捕造成了很大的困难。功能类似瞭望台的卡楼，有利于官府确定追捕路线，因而商家和民众对于捐资建造卡楼相当踊跃，尤以商家为甚。在《凤岗楼碑记》碑文提及的捐资芳名中，我们可以看到很多商号、船只，他们分别是"金协隆""金万宁居""金庆和""金恒盛""金泰和""金义兴""金万兴号""鼎英居"。从碑文中可见这些盗匪对于商业秩序的破坏程度。但并不意味着，建了这么一幢卡楼，土匪的问题就解决了。

1949年新中国成立之后，在文史资料编修的访谈中，仍然涉及了浦南一带的匪患。"旧社会九龙江两岸，土匪比茅草还密，有时一夜来了好几趟。我们没有枪，没有子弹，只好眼睁睁让他们搜刮一干二净。土匪在岸上喝声蹲下，我们就得蹲下。甚至放牛的孩子故意大喊一声，我们也乖乖地听他的摆布。""我们每走一趟石码，就得向民军詹方珍控制下的商团交税，一趟两三块钱。到了下游，浦南附近，还得向土匪吴仔赐交过路钱，每次十大洋，换回一面小小的旗子。"① 这是船民的血泪回忆，连一贫如洗的船家都受如此洗劫，更别提被视作"肥肉"的商家了。盗匪是乱世时期的赘生物，百姓的灾星。另外，浦南一带频频发生的宗族械斗亦是制约墟市发展的一大因素，笔者将在后面章节继续深入探讨，在此不加赘述。

4. 太平天国运动

浦南墟在发展过程中，只要稍微受到外界的影响，特别是遇到军事战争，就会迅速地衰落下去。前文已经涉及诸如易代之战、三藩之乱等情，接下来主要分析与近代浦南墟衰落时间点最接近的太平天国运动。

1864 年天京陷落。长江以南浙江、江西的太平军，遭到清湘军、淮军的围攻夹击，大部并入太平军侍王李世贤与康王汪海洋部，转战广东、福建。9 月上旬，李世贤、汪海洋率十多万兵由粤入闽，攻占武平、大埔、龙岩、永定，并向漳州进军。太平军李世贤进占漳州后，浦南成为清军拉锯战的重要地带。同治四年（1865）3 月 24 日清军王德榜部渡过九龙江北溪在浦南一带扎营，李世贤再次率军出击，受排炮轰击，未能攻破清军营垒。太平军面对清军合围，因南面有九龙江西溪为屏障，重兵守卫东、西、北三条防线。东线重兵驻守"楼内寨"、"东关"（市尾）一带，防止清军从东门进攻。西线重兵驻守"天宝寨""胜陵寨""靖城"一带，与南靖守军相呼应。北线重兵驻守"鳌头园"（今石亭鳌门，在浦南附近）一带，可与西线太平军相接应，也防卫从浦南进攻的清军。

太平军从进漳到离漳，前后仅 8 个月，但这场运动客观上给百姓带来战争的灾难。地方秩序混乱，当地百姓的生命财产安全受到威胁，人口锐减，瘟疫爆发，墟市的正常贸易也受到严重影响。从光绪元年（1875）《广庆宫石碑记》刻录的浦南墟 91 家商号、船只捐资英银重修主祀关帝的广庆宫事项，我们能够推算出整整经过了十年的休养生息，浦南墟才慢慢喘过气重新发展起来，但是规模还是比以前缩小许多。

地方秩序稳定则浦南墟兴盛，地方秩序混乱则浦南墟衰落。浦南墟市

---

① 政协华安县文史资料委员会编《华安文史资料》（第 7 辑），1985，第 69、70 页。

的发展缺乏深厚的物质基础，这缘于浦南一带农村封建生产关系对于生产力的束缚，不可能进一步扩大社会分工。

（二）官方阻碍

中国地方传统墟市的运作，受到地方宗族、地方势力的控制，因而多数呈现复杂的形态。在福建，地方势力控制市场进而控制墟市周围社会生活的例子是很多的。官府也不会放过分享浦南墟商贸获利的"大蛋糕"，因而会尽力控制。国家与地方势力在浦南墟的舞台上进行"拉锯式"的角逐，这是一个漫长的过程。中国封建官府历来推行"重农抑商"政策，对商业的掠夺已是常态。其中以近代厘金制度的推行波及较广，影响也较大。

1. 厘金制度

福建厘金的主要税收有三类，即百货、茶叶、洋药三项。其中百货和茶叶厘金占总额的近三分之二。百货只收厘金，不收税。福建省推行厘金制度始自咸丰七年（1857），抽收者是所谓"洋药"（鸦片）厘金。是年江西太平军攻入福建，军需孔急。清政府于咸丰八年（1858）奏准"福建省抽收百货厘金"，百货厘金原名为杂货厘金，之后，派征的对象逐渐推广，"本省出产之木料、纸张、糖、烟等项大宗货物，一律收捐"。福建百货厘金税率变更大致如下：从咸丰年间的0.6%，到同治初的4.15%，再到同治四年的10%，最后同治六年定为8%。咸丰九年（1859），由于军费增加，对中央的协款无从着落，又奏请在各地设置税卡，追加茶叶厘金。厘金的收取采用起验制。两次起捐3%，两次验捐2%，共10%正税。正税之外，尚有护商经费、四分补水、耗余等杂费。正值合计，一般厘金税率应是值百抽十二、十三。①

《马关条约》签订，"日人胁约永免厘关"，在一体均沾的原则下，洋商进出口货物免厘金。洋货既免，所有的重担都压在了"土货"身上，"在闽出口大宗若茶若纸若果子木头较之十年以前货减十之八九，利亦减十之八九，巨商大店倒闭频闻"福建"产货虽多，以厘金之故，成本较

---

① 谢稀雯：《晚清福建厘金研究1853—1911》，硕士学位论文，福建师范大学，2012，第29页。

重，故皆被斥于洋货，成为可有可无之物"。中国的出口商品由于繁重的厘金，在国际市场上更加不具备价格优势，销售受到抑制。

浦南墟的商品，无论是购进还是外销，都与厦门港关系密切，因此关注厦门港的厘金税率对浦南墟的兴衰至关重要。鸦片贸易合法化后的一段时间（1858～1870），厦门成为泉州府和漳州府鸦片的主要供应地，这一地位在汕头开埠后受到严重挑战，因为厦门厘金超额征收，而后者对鸦片所征的厘金远远低于厦门。1874 年厦门减轻厘金的税率后，这一状况又有少许改变，当时"每年大约存有 840 箱鸦片供厦门城内及附近地区消费，大约 540 箱经泉州线路运往泉州和兴化府的仙游县；约 300 箱经同安线路运往同安和安溪；约 2400 箱经由浦南和漳州线路，运往石码、浦南、漳州和龙岩府"。同样的情况还有棉布的供应，每匹斜纹布在厦门的厘金为 42 分，在福州则为 7 分，在汕头则免征厘金，棉布的供应受到汕头和福州的竞争。①

很明显，厘金过重不利于浦南墟的发展。北溪沿线原就崎岖漫长，如此局卡林立，沿途关卡重重，层层征收，流通环节增多了，既限制了商品的流通速度，又导致商品成本增加。加上名目繁多，抽厘过重，税收浮征勒索，提高了商品的成本和价格，造成商品购买量和流通量的减少。商贩为盈利，必然要将税收转嫁到消费者身上，而导致商品价格上涨，降低了商品的购买量，阻碍商品的流通。所以，厘金既病商又病民。

2. 官方苛捐杂税

1927～1929 年，漳州地区苛捐杂税共达 30 余种，其中大宗者有烟苗捐（鸦片捐）、赌捐、花捐（娼妓捐）、田赋附加税（一律附加二成）、水仙花附加税、烟酒附加税、石码大米出口捐，以及捐献飞机的飞机捐等，总数年百万元以上。如漳、泉各属大小城市墟镇，均由当地军警包庇开赌，赌场满街皆是，凡番摊、牌九、麻雀等，均属征税范围。水仙花原系漳州出口特产，每年出口总值数十万美元，国民党军队张贞部于正税之外，增征附税，为数亦不在少。至于田赋及烟酒附加等项，其收入之巨，

---

① 吴松弟主编《中国百年经济拼图：港口城市及其腹地与中国现代化》，山东画报出版社，2006，第 134 页。

更可想见。闽南民谣有云："张毅换张贞,捐税加二升!"这就是国民党陆军第 49 师师长张贞残酷掠夺的历史记录。然而张并不以此大宗捐税为满足,除认捐外,还对漳州各商户摊派 70 万元,趁机捞了一大把。① 这严重扰乱了正常的商业秩序,摧残了浦南墟的生命力。

(三) 厦门港衰落

浦南墟依托厦门港发展起来,因而关注厦门港发展的兴衰嬗变至关重要。浦南墟的区位优势在于河流汇合处及水陆转运处,在腹地经济与过境贸易的要求下应运而生,且对水运具有严重的依赖性。应当说只要水运的重要地位不变,浦南墟就能长期存在,然而只要经济中心一变动,墟市的分布格局、地位就会有所动摇。

厦门是福建远航贸易的主要港口,厦门帆船的踪迹,遍及噶喇吧、三宝垄、实力(室利)、暹罗、柔佛(马来西亚)、六坤(泰国南部)、苏禄(菲律宾)、安南、吕宋等东南亚诸国。远航帆船大者可载万余石,小者亦数千石 (400 ~ 600 吨),载满"出洋的货物,则漳之丝绸纱绢,永春窑之瓷器及各处出产的雨伞、木履、布匹、纸札等物"。由于冬去夏回,一年一次往返,航运兼营贸易,获得甚厚。众多的人倾产造船,若资金不足者则合股造船(在厦门,数人合股造一船,其船名必冠以金字,"金犹合也")。最盛时,每年从厦门出洋的帆船,在 100 ~ 200 艘,计 10 万吨左右。19 世纪以来,福建远洋航运开始衰落。清廷对海外贸易有增无减的苛令陋规,层层官吏日益加重的横征暴敛,重重阻力削弱出洋帆船在海外市场的竞争力。与此同时,东南亚的市场被西方列强瓜分及垄断。截至道光元年 (1821),由厦门港发往南洋的正式商船数,只有可怜的 10 余艘。②

(四) 产品竞争力下降

总的来说,福建商业构成了山区与沿海物产交换的大趋势。山区出产大米、木材、土纸、茶叶、笋干、香菇、桐油、茶油、莲子、靛青、烟草、药材,沿海出产棉布、海产,并从海外输入煤油、纸烟、火柴等各种

---

① 政协福建省文史资料委员会编《福建文史资料选辑》(第 3 辑),福建人民出版社,1964,第 107 页。
② 林开明主编《福建航运史(古近代部分)》,人民交通出版社,1994,第 228 页。

消费品，通过内河航运，进行山海物产大交换。①

近代水果种植有较大发展，种植面积不断扩大，主要品种有福柑、龙眼、荔枝、红橘、香蕉、橄榄等。据海关统计，民国期间福建果品出口总值基本上保持上升趋势，1912 年为 400691 元，1921 年为 502561 元，1931年为 862559 元，1939 年竟达 1970540 元，水果种植的发展可见一斑。浦南一带，"金银玉碧"四大富村以种植柑橘、香蕉、柚子、橄榄等水果作物发家。银塘是北溪香蕉产区，现有香蕉 60 多万株，堪称水果大村，有天、地、人、种四者兼备的水果村。从 20 世纪 40 年代开始，福建水果生产转入衰落期，种植面积不断缩小。这一带，尤以浦南文旦柚为著，但由于气候变化、历史原因，水果树被大量砍伐，其他地方近者天宝香蕉，远者台湾水果的风头远远盖过此处，拳头产品水果的竞争力下降，逐渐被取代。

福建林业木材输出曾繁荣发展，这缘于国内近代资本主义工业的发生和发展，以及沿海地区商品经济繁荣对木材急剧增加的需求。光绪年间每年输出额为 100 万元至 200 余万元，民国初达 300 余万元，1920 年突破千万元，1923 年竟高达 2300 余万元。杉、松、樟构成了福建木材的主要产品，以杉木所占比重最大，山区杉木种植业也迅速发展起来。然而，随着台湾地区和日本、俄国、美国进口木材的竞争，1929 年以后福建木材输出猛跌，降至 200 万 ~ 300 万元。②

糖业生产在五口通商、交通改善、市场扩大之后保持上升势头。福建省常年输出值为 600 万 ~ 700 万两。1895 年之后，由于输入福建的洋糖的竞争，洋糖数量递增，而土糖输出每况愈下。到了抗战时期，台湾糖在大陆畅销，福建糖业的生产进一步衰退了。

造纸业同样是在抗战胜利后，国内市场充斥着洋纸，福建纸业产量锐减，年仅 20 余万担，还不及 1939 年产量的四分之一。③

福建市场的商品构成受到外国经济侵略很大的影响。大量的洋布、洋油、洋糖等洋货输入，使福建传统的土布、靛蓝、蔗糖等受到沉重打击。④

① 林庆元主编《福建近代经济史》，福建教育出版社，2001，第 621 页。
② 廖大珂：《福建海外交通史》，福建人民出版社，2002，第 437 页。
③ 廖大珂：《福建海外交通史》，福建人民出版社，2002，第 439 页。
④ 廖大珂：《福建海外交通史》，福建人民出版社，2002，第 445 ~ 446 页。

浦南墟输出的几乎全是本地特产如水果等初级产品，由于缺乏农业、手工业的发展做基础，这种商业的繁荣对本地社会生产水平的提高也做不出更大的贡献。农业社会的生产工具和生产技术、生产方式的落后，其生产水平长期处于极其落后的状态，生产率低下，这制约了生产的正常发展，没有发展成为机器工业，最终在外国大工业产品竞争下走向衰落。[①] 这也是浦南墟一带手工业制造、原材料、初级产品加工等行业竞争力下降的原因。

浦南墟以集散、转运职能为主的发展前景主要取决于经济腹地和交通条件。经济腹地是决定其发展的基础，腹地越大、越富饶，转运要求越大，发展规模就可能越大。交通条件是它的生命线，随着交通条件的改善，包括运输方式的增加、交通网络的广度扩大和密度提高，商贸规模就会扩大，反之则衰落。浦南墟不仅仅是衰落而已，更重要的是在衰落过程中产生质变，不再是大区域之间的物资集散中心，失去支撑其繁盛发达的水运条件而蜕变成为周边数个乡村的中心集镇，其功能、性质与兴盛时期已截然不同，周边乡村的农业产出和商品交换状况决定了其作为集镇的商业、人口规模以及商业结构类型、繁盛程度。[②] 我们将线索从今天往回拉，大量的浦南墟民众向外移民，留在当地的大多是老弱妇孺。厦门港衰败，截至道光元年（1821），由厦门港发往南洋的正式商船数，只有可怜的 10 余艘。[③] 福建远洋航运衰落，东南亚市场被西方列强瓜分。

另外，在资金流动方面，外地客商在北溪流域各地主要是从事原始特产的外销与外地产品的输入，其商业资本的利润主要流向境外，从而对北溪流域经济开发起不到更大的拉动作用，只能造成商业的暂时和局部的繁荣。一旦有关资源消耗殆尽，或者发生重大变故，就走向萧条。[④]

国家的综合实力及政策都对地方墟市产生不可估量的影响，地方墟市哪怕是接近"三不管"的乡村墟市的兴衰嬗变都与国家的命运、社会的发展息息相关。从外因来看，晚清以来，整个福建省的经济趋于封闭，来自

---

① 廖大珂：《福建海外交通史》，福建人民出版社，2002，第 437 页。
② 朱军献：《因革之变：中原区域中心城市的近代变迁》，山西人民出版社，2013，第 138 页。
③ 林开明主编《福建航运史（古近代部分）》，人民交通出版社，1994，第 228 页。
④ 罗运胜：《明清时期沅水流域经济开发与社会变迁》，社会科学文献出版社，2016，第 305 页。

外部的竞争激烈，就内因而言，浦南一带作为拳头产品的亚热带水果等产品竞争力不足。随着社会生产力的进步，铁路公路运输逐渐完善，北溪内河航运由于其不可克服的缺点而被抛弃，而浦南墟市衰落的命运亦不可避免。

第三节　浦南墟与漳州地方社会

浦南墟的产生、发展乃至衰落不是孤立存在的，而是与漳州地方社会息息相关。浦南墟兴衰的历史可以说是漳州地方社会发展的一个缩影。

一　与漳州自然因素的关系

九龙江北溪频繁的洪患灾害是浦南墟发展的一大阻碍。《芗城区志》中提到明洪武十七年（1384）中秋时节，九龙江发生特大洪患。明洪武二十九年（1396）、天顺五年（1461）、天顺七年（1463）、成化十年（1474）、隆庆四年（1570）、万历四十五年（1617）、清光绪三十年（1904）年间，漳州北溪流域都发生洪患。[①] 浦南墟最早的宫庙福宁宫所立《修缮广庆宫、福宁宫福户信士捐资芳名碑》道："福宁宫始建于明朝中叶"。明代九龙江洪灾频发，而北溪从金沙潭口到浦南一带，河床多属卵石浅滩沙洲；浦南以下沙洲发育，上游流水泥沙多在此河段沉淤。到了浦南一带，开始进入全省最大的平原——漳州平原。[②] 作为九龙江上游流水泥沙的首个沉积地——浦南地带，大灾之后容易产生大疫。浦南墟在产生之后，需要不断地经受考验，这对于其发展是十分不利的，一旦规模发展不起来，也就难怪不能进入修志修史文人的视线。

二　与北溪航运开发状况的关系

作为九龙江北溪流域物资的集散中心，浦南墟是由渡口码头而非村社发展起来的，"前乎此者浦南，未设社，亦为市"。[③] 浦南墟最早见于记载

---

① 汪照元主编《芗城区志》，方志出版社，1999，第 108、109 页。
② 汪照元主编《芗城区志》，方志出版社，1999，第 520 页。
③ 《碧溪杨氏家谱》（第 1 册），清乾隆三十五年（1770）刊本，第 14 页。

的是"浦南埠",其兴衰荣辱与九龙江开发息息相关。九龙江流域的拓垦,可以追溯到唐宋时期。随着生产的发展,宋代九龙江全线已基本通航。[①]但九龙江流域的大规模开发,还是主要在明清时期。万历元年(1573),龙岩县令黎绍洗凿开了龙岩到雁石到津头之间横亘的观音座石,使北溪水运上溯到龙岩城区。[②] 位于九龙江上游的龙岩和漳平,自古以来与漳州地区联系密切。唐开元二十四年(736)设立新罗(后改龙岩县),一度隶属漳州府;漳平县设立于明成化七年(1471),县治位于九龙江上、下游分界处。而漳平县的设置正是明代中后期漳州地区商品经济日益繁荣、下游经济向上游不断辐射、政府加强控制的结果。[③] 经济发展的要求带动了交通的改善,交通的改善又进一步为闽西南经济的发展和商帮的凝聚壮大创造条件。龙岩设县,航道进一步疏通。到明晚期,月港成为沿海主要贸易中心,这使得九龙江航道得以进一步贯通。[④] 清时九龙江上的航运已呈繁荣景观,在九龙江上形成了专业性的航运人员,专靠航运为生。[⑤] 浦南墟的扬名从侧面显示了九龙江北溪内河航运的状况逐步改善。

三 与漳州地方秩序的关系

浦南墟的命运与地方秩序捆绑在一起。地方秩序稳定,浦南墟就能平稳发展;地方秩序混乱,浦南墟则遭受直接、重大的打击。

浦南具有重要的军事战略地位,如位于九龙江西岸龙崎山下的溪西(芗城区浦南镇),是水路交通的战略要地,自古就有陈政渡溪西的著名历史事件,历来为兵家必争之地。溪西发生过多次战役。

顺治九年(1652),郑成功攻占长泰后与清朝守漳总兵王邦俊在溪西激战数回。康熙十三年(1674),靖南王耿精忠据福建反清,约郑经出兵。康熙十四年(1675)、十七年(1678)郑经派刘国轩率兵攻占长泰,在浦

---

① 陈再成主编《漳州简史》(初稿),漳州建州一千三百周年纪念活动筹委会办公室,1986,第26页。
② 蔡立雄主编《闽西商史》,厦门大学出版社,2014,第46页。
③ 张宗魁:《福建九龙江流域的新县设置》,《福建史志》2013年第4期。
④ 蔡立雄主编《闽西商史》,厦门大学出版社,2014,第84页。
⑤ 蔡立雄主编《闽西商史》,厦门大学出版社,2014,第122页。

南、溪西扎营，与清军对峙。双方在"渴马饮泉"处大战，清兵连破明军16座营，击伤几艘战舰，斩首几千，俘1000多人。明军不愿当俘者跳落江中，溺死万余人。① 后为当年溪西战役战死的将士建立大众墓，重建溪西大众祠碑记，文载："大众祠者，临溪西渡口，里人谓海氛时战场，鳌浦、松洲左右环绕。余尝过溪西问渡，里父老重为余言，每怵于目。当年郑氏末师截流，斗死骨填坑谷不可算。"②

自顺治九年（1652）至康熙十七年（1678），郑成功军队与清廷数次激战、耿精忠在福建叛乱、刘国轩大败郑军将士万余具尸骨截流等战祸频繁发生，导致人心惶惶，生意萧条，大部分贸易都受到影响。大规模战斗以后，尸体腐烂，极易发生瘟疫，这对于溪西附近的浦南墟发展无疑是非常不利的。

康熙十七年（1678）溪西战役郑军的失败，大大削弱了郑经的军力，由此，郑经所率领的明军从进攻转入防守，及至失地而退回台湾。③ 康熙二十一年（1682）三藩之乱平息，耿精忠被凌迟处死。国家进一步统一，统治加强，地方社会稳定。清初，龙溪、海澄两县沿海居民被迫内迁，出现众多家破人亡、市场废弃的情景，康熙二十二年（1683）复界展开后，人民生活安定，市场渐趋繁荣，浦南墟得到充分发展。康熙五十一年（1712），下令"滋生人丁，永不加赋"。政治稳定，人口进一步增加，而人口的大量增加是明清时期商品经济较前代发达的重要因素。从康熙二十一年（1682）三藩之乱平息，到康熙四十一年（1702）官府在浦南墟勒石示禁，短短20年左右的时间，由于清廷对漳州地区的统治趋于稳定，辅以其他原本就存在的利好因素，浦南墟发展速度惊人。

四　与漳州经济状况的关系

浦南墟产生于月港兴起、隆庆开海之后，在漳州对外贸易的大浪潮下

---

① 杨惠民：《刘国轩败溪西》，政协芗城区文史资料委员会编《漳州芗城文史资料合订本》（第4卷上），2009，第2266页。

② 杨惠民：《刘国轩败溪西》，政协芗城区文史资料委员会编《漳州芗城文史资料合订本》（第4卷上），2009，第2267页。

③ 杨惠民：《刘国轩败溪西》，政协芗城区文史资料委员会编《漳州芗城文史资料合订本》（第4卷上），2009，第2266页。

应运而生。北溪人民最初的优质选择并非浦南墟或浦南渡口，而是华封墟、龙潭墟。商品交易地点的选择与当时交流的物品种类相关。"查华封、石码皆内监新添之税，亦系山村僻壤。所抽不过鱼虾油米，肩挑背负，上下山溪"①，华封地势险要，舟楫不通，陆路通安溪、漳平县，处在水陆中转地带，宋代就形成集市，即后来人们常说的茶碇市。② 原先的物品交流无论是"鱼虾油米"还是"盐"，所占空间相对较小，在华封这样的中转地带，无论陆路还是水路，都相对比较方便进行携带转移。由于溯九龙江北溪而上到龙潭后，水流平缓，水面宽阔，能容纳下较多船只，龙潭墟上、下游的船只到此赴"市"，能够满足九龙江北溪上、中游人们进行"墟市"的需求，龙潭因此热闹起来。

在明清时期，经九龙江上运的货物以食盐、海货为主，下运的货物以木材与纸为大宗。浦南墟最终在盐与纸的交易中，尤其是杉木纸张的交易中达到鼎盛。杉木、纸张越来越成为大宗，吸引着九龙江北溪下游甚至厦门、泉州乃至全省全国的人前来购买。交易的平台需要更大空间，地点相应转移到九龙江下游的平原地带，这是基于靠近市场的区位因素考虑。

龙溪无木材，却有木材的贩卖。"岩邑……首推纸业。山野多竹，故纸业颇盛。雁石、福村（今白沙一带）、万安等社出品。则运售于北溪。……北溪则兼运白料。白料纸质极良。销路远及于南洋。"③ 位于龙岩北部霍溪区域，万安境内松、杉、杂木颇多，商人采购木材和纸后，凭借霍溪流域水运条件较好，以溪口为出发点，沿九龙江南下装船抵达龙溪县浦南靠岸后，以浦南为主要集散地，集中交易后，万安商人与外地商人议价成交后运至漳州、石码，散往闽南及南洋各地。④

① 闵梦得修、中国人民政治协商会议福建省漳州市委员会编《万历癸丑漳州府志》卷九"赋役志下·盐法志"，厦门大学出版社，2012，第 628 页。
② 张在普、林浩编著《福建古市镇：闽台古乡间商品市场》，福建省地图出版社，2008，第 70 页。
③ 马龢鸣、陈丕显、杜翰生等纂《龙岩县志》（三十七卷首一卷）卷十七"实业志·工业"，民国五年（1916）修，现据 1920 年上海商务印书馆铅印本影印，第 3 页；上海书店出版社编《中国地方志集成 福建府县志辑 34 民国龙岩县志》，上海书店出版社，2000，第 178 页。
④ 陈滨：《龙岩商人研究》，硕士学位论文，厦门大学，1995，第 14 页。

　　浦南墟由于其优越的地理位置赢得了龙岩商人的青睐，在浦南墟一带建了诸多杉馆、纸馆，如四大纸馆分别是金文和、金万成（又名万成馆，在今浦南保健院）、金协隆（曾作为供销收购站）、金和隆。在民国时期纸馆角不仅有著名的四大纸馆，另有连兴纸馆（包括上、下连兴纸馆2个，上连兴曾作粮行馆；下连兴在水流村旧址、何厝村旧址的交界处。何厝和水流曾同属一保，即浦头保）、万宁居（在水流村旧址庙旁，"文革"期间被拆除）、半溪馆、三馆（2个）、大兴馆（2个）、金庆和馆（遗址仍存在，后曾作为养生堂收养孤儿，工会成员也曾居住过）等十几家纸馆或兼杉行。浦南墟作为杉木纸张的中转地带，带动了经济的发展。

　　龙岩的纸业应始兴于清初，嘉庆元年（1796）之前万安纸商已和宁洋商人在浦南合建"万宁居"。[①] 嘉庆年间（1796～1820）由万安罗、温、滕、陈、池和赖等六大商户，从各自"祖尝"中提取部分资金，兴建浦南万安会馆，取名"万成馆"。有楹联云：

　　　　万里号同仁，统东西亚而来。唯独此片楮流传，名标极浦。
　　　　成章其有叟，自闽赣粤至此。谁不欲千金争购，价重天南。[②]

　　万安商人在浦南具有相当的实力和影响。不少万安商人就在浦南定居，会馆组织到新中国成立前夕还存在。[③]

　　清代浦南设有闻名闽南的造纸厂。据传唐朝陈太常（皇宫御厨管理）被贬入闽，在漳平定居，其后裔经营纸业，在浦南镇创办"文和馆"。文和馆在妈祖宫正后方，当地有人认为妈祖宫就是文和馆的人建造的。浦南墟当地老人曾见过牌匾上"金文和"三个大字，每个字都是金子所雕，每字三两。该馆建筑规模大，房屋建筑为"日"字形，类似马廊的形状。前

---

① 万安乡志搜编小组：《万安乡志》，1989，第11页。
② 万安乡志搜编小组：《万安乡志》，1989，第91页。
③ 陈滨：《龙岩商人研究》，硕士学位论文，厦门大学，1995，第16页。

后三进，两座天井，面积 7000 多平方米，一楼作为仓库囤货，二楼住家，共有 56 个房间，20 世纪 70 年代知识青年上山下乡时，有些人居住在文和馆内。馆内天井可搭台演戏，同时能演三场戏。在文和馆内后进房屋供奉着妈祖，馆内曾同做双坪戏供妈祖观看。可惜文和馆在"文革"期间被烧毁。

清末民初，龙岩纸业发展至高峰。民国十七年（1928）以前，龙岩可年产 30 余万担纸。[①] 民国十六年（1927）纸类出口的总值在 150 万元左右。[②] 据民国二十四年（1935）福建省政府调查，民国十九年至二十一年（1930～1932），漳平县每年造纸产值达十余万元。当地槽户在制好纸后，即趁圩期挑往县城市场售卖与纸贩，纸贩则将之运往浦南。浦南纸栈多系与本县纸贩合股经营者，故纸贩无须亲往，运纸之事，托付船夫，且沿途有收发处，即所谓堆栈，纸类转运时，彼可代为雇工雇船，每百捆收发处收费三角。[③] 漳州、厦门、龙岩三地都派官员到浦南墟金福角建立三县公署进行办公，针对杉木进行抽税。在某种意义上可以说，浦南墟成名与龙岩木材商人的经营不无关系。

明清时期，漳州北溪中下游地区的农业开发已经趋于成熟。随着社会经济的发展，北溪中下游地区的商贸繁荣，墟市和渡口的重要性凸显，商业获利日益丰厚。另外，这片土地吸引越来越多的外来移民者，人地关系逐渐紧张起来。关于北溪流域的开发，民众也将视线投射到墟市和渡口，并争夺二者的归属权。部分北溪民众从男耕女织的传统劳作模式中脱离出来，靠在水面上航运为生，成为专业性航运人员，如水流宋氏及其分支和睦宋氏。当然，作为北溪中下游地区最繁华的浦南墟，自始至终没有发展成为市镇，而其衰败的结果也反映该地区由农业社会向商业社会过渡转型的失败。

从某种意义而言，浦南墟的发展史实际上是漳州地方政治社会变迁的

---

① 郑丰稔纂《龙岩县志》卷十七"实业志·工业"，厦门风行印刷社铅印本，民国三十四年（1945），第 15 页。
② 郑丰稔纂《龙岩县志》卷十七"实业志·工业"，厦门风行印刷社铅印本，民国三十四年（1945），第 19 页。
③ 刘永华：《九龙江流域的山区经济与沿海经济》，《中国社会经济史研究》1995 年第 2 期，第 66 页。

一个缩影，亦是明清国家政策大格局在漳州乃至北溪这一小区域的折射与透视——地方稳定，则经济兴盛，地方动荡，则经济衰败。这种经济发展的规律，已经在无数的地区与历史事件中得到验证，浦南墟的发展史，不过是给我们又增添了一个案例。然而在这个发展过程中，我们还可以探知到另外一些更值得注意的事实——在以往的研究之中，学界对于月港对海外贸易、国际交流的影响有了充分的研究和认知，但对于其对本土的影响却没有足够的重视——浦南墟在这里给了我们相当重要的启发。一个最初与走私港息息相关而发展起来的小墟市，如何时刻把握住时代的脉搏，在一次次的打击与破坏之下都能顽强延续，直到近代仍焕发活力，通过研究这段历史，我们对于东南沿海市镇的发展有了更明晰的认知。

| 第六章 |

清代北溪中下游地区宗族势力的
消长与地方秩序的重建

——以玉兰、碧溪宗族械斗为例*

第一节　清代北溪中下游地区的宗族械斗

如果说明代月港繁荣之时，因漳州给政府带来了巨额的关税收入，故国人难得对"天子南库"的漳州抱着艳羡的态度；到了清代，由于漳州械斗频发且愈演愈烈，对地方秩序稳定造成严重威胁，包括最高统治者在内的国人对"民俗剽悍，好勇斗狠"的漳州，只剩下了忌惮之感。

一　清代漳州宗族械斗概况

清代宗族械斗高发地区是福建、广东、江西，而福建械斗案主要发生在漳、泉二府和台湾府。

漳、泉地区在南宋时期已发展成为"海滨邹鲁""文教昌盛"之地。然而明清交替之际，福建沦为东南倭患、郑氏侵扰、耿精忠叛乱的主战场之一，这种战乱的环境对械斗之风的盛行起着推波助澜的作用。清人的相关文章多次提到二者的因果关系，如在福建任官多年的汪志伊（1743 ~

＊　不同族姓发生的暴力冲突，称为宗族械斗，本章中的"械斗"即为宗族械斗的简称。

1818）就曾说道：

> 查闽省漳、泉二府，宋时有"海滨邹鲁"之称，由风俗以思教
> 化，美可知也。自明季倭寇内犯，练乡兵以卫村堡，募其勇豪，授以
> 军器，尚勇风气习惯成风，嗣遂逞忿械斗。①

长期的战乱，加上海寇、山贼交讧，既削弱福建地方政府的控制力，造成了社会秩序的不稳定，甚至危及官府权威，也促使福建民间社会形成尚武风气，械斗频发。因而清代地方官论及闽南地区械斗之源往往上溯至明代，如清人郑振图在《治械斗议》中也有所提及：

> 前明之季，海氛不靖，剽劫公行，滨海居民各思保护村庄，团练
> 乡勇，制造兵戈。逮入国初，耿、郑交讧，戈铤蔽野。至康熙三十六
> 年台寇始定，百姓习于武事。其间聚族之人，挟睚眦之嫌，辄至操戈
> 相向，彼此报复，率以为常。械斗之兴，有自来矣。②

从表面来看，漳、泉地区民众剽悍好斗，遇到小纷争，动辄纠众以武力、械斗解决，彼此报复不休。③ 械斗的起因似乎都是细枝末节，但实际上触发宗族械斗频发的社会根源在于福建宗族组织发展的严密性及其军事化趋势。社会动荡不安，百姓为了保护身家平安，纷纷修筑土堡等防御工事，建立起团练等地方武装，不少家庭自备各种器械以自卫，客观上导致了闽、粤民间的普遍武化，进而形成漳、泉地区尚武之风。

另外，明中叶以来，闽南宗族组织的发展与兴盛，争夺生存和发展的空间，更是导致宗族械斗的直接原因。漳州地区修建着众多的土堡是漳州宗族势力强大的表现之一。如据陈启钟的统计，在平和县所修筑的 133 座土堡中，有 100 座是以单姓或主姓为主的，占了总数的 75% 左右。④ 土堡

---

① 汪志伊：《敬陈教化漳泉风俗疏》，贺长龄、魏源等编《皇朝经世文编》卷二十三"吏政九·守令下"，中华书局，1992，第595页。

② 郑振图：《治械斗议》，贺长龄、魏源等编《皇朝经世文编》卷二十三"吏政九·守令下"，中华书局，1992，第598页。

③ 欧阳英：《闽侯县志》卷七十八"儒行"，民国二十二年（1933）刊本。

④ 陈启钟：《明清闽南宗族意识的建构与强化》，厦门大学出版社，2009，第118页。

是血缘与地缘相结合的产物，民众在土堡修筑后进一步实现宗族聚居，宗族组织更加巩固。原本为了防御盗贼的土堡，成为宗族械斗所倚仗的防御工事，在宗族组织的努力下，器械具备，进而成为械斗的张本。

> 四都之民，筑土为堡。雉堞四门如城制，聚族于斯，其中器械具备。二都无城，广筑围楼，楼高数仞，直上楼层，四面留空，可以望远。合族比栉而居，由一门出入。门坚如铁石，器械毕具。一夫疾呼，执械蜂拥，彼众我寡，则急入闭门。乞求别村，集弱为强。其始由倭寇为害，民间自制藤牌、短刀、尖挑、竹串自固，后缘海寇不靖，听民御侮，官不为禁，至今遂成械斗张本矣。①

上述类似的情形在《福建省例》中也提到过：

> 漳、泉之民各建土堡，聚族而居，议立家长，主持诸事，遍存器械，以备聚殴。②

笔者以时间为序，梳理康雍乾、嘉道咸诸时期漳州宗族械斗的概况。

（一）康雍乾时期

康熙时的械斗虽然多，但规模较小。到了雍正时期，械斗规模开始变大。雍正皇帝和乾隆皇帝都对南方各地的械斗有过相关的了解，并专门颁布劝诫漳、泉械斗的谕旨，可见械斗已经引起了执政者的高度关注。

雍正五年（1727），福建总督高其倬奏：

> 查福建漳、泉二府，民间大姓欺凌小族，小族亦结连相抗，持械聚众，彼此相杀。③

雍正六年（1728），福建按察使乔学尹奏：

---

① 陈盛韶：《问俗录》卷四"诏安·土堡"，书目文献出版社，1983，第85页。
② 台湾银行经济研究室编《福建省例》之"刑政例上·禁械斗"，《台湾文献史料丛刊》第7辑（总第142册），台湾大通书局，1988，第903页。
③ 《宫中档雍正朝奏折》，福建总督高其倬折，雍正五年十一月十七日。

闽中人情险诈，较他省迥不相同，泉、漳二府为尤甚。如泉州之晋江、安溪、同安、南安；漳州之龙溪、漳浦、南靖、平和等县，聚族而居，率数千丁为一村堡。遇有争斗，统众凶殴，抢尸藏犯。官役捕缉，辄负隅恃险，列械拒捕。或扼要路口，肆行抢夺，亦复集众声援，抗不服拘。①

"大姓""小族"相互械斗闹出人命之后，诸如"列械拒捕""抗不服拘"等行为，除了威胁社会的稳定、人民生活的安定外，也是对官府权威赤裸裸的挑战，逐渐威胁到清朝的统治。②

雍正十二年（1734），福建的械斗已演变成较为严重的社会问题，雍正皇帝不得不专门颁布训诫漳泉械斗的谕旨：

朕闻闽省漳、泉地方，民俗强悍，好勇斗狠，而族大丁繁之家，往往恃其人力强盛，欺压单寒。偶因雀角小故，动辄纠党械斗，酿成大案。及至官司捕治，又复逃匿抗拒，目无国宪。③

此为雍正皇帝对漳泉的械斗所进行的训诫，他也认为大姓欺压小姓掀起的械斗，抗官拒捕，气焰嚣张，无视官家权威，是"目无国宪"的表现。此后"目无国宪""目无宪典"成为最高统计者对漳泉械斗的定性，械斗也开始成为官方重点整治的对象。

乾隆时期，械斗更加严重，尤其以闽、粤、赣交界地区为最。乾隆二年（1737），福建地方官建议重惩为首起意械斗之人和因小事互相格斗者，还提出：

泉、漳等处，大姓聚族而居，多至数千余丁，非乡所不能稽察，是以族长之外，设立族正、房长，官给印照，责令约束族丁，嗣后请

---

① 中国第一历史档案馆编《雍正朝汉文朱批奏折汇编》（第12册），江苏古籍出版社，1989，第503页。
② 汪征鲁主编《福建史纲》，福建人民出版社，2003，第356页。
③ 《清世宗宪皇帝圣训》卷二十六"厚风俗·雍正十二年十一月壬午"，纪昀等总纂《景印文渊阁四库全书·史部·诏令奏议类》第412册，台湾商务印书馆，1983，第357~358页。

严行申饬。①

乾隆帝同意实行。面对日益严重的宗族械斗，乾隆初年，闽、粤、赣三省地方官在宗族中选立族正管理宗族，把族田收入限制在祭祀、周恤、助学等正常用途方面，防止充作健讼、械斗之资。率先推行族正制的是福建的漳州府和泉州府。② 乾隆十三年（1748），福建全省推行了族正制。③然而族正制并没有刹住宗族械斗及健讼的风气，械斗与健讼仍是乾隆朝的重大社会问题。④

乾隆六年（1741），皇帝谕旨：

> 闽省漳泉地方，民俗剽悍，好勇斗狠，而族大丁繁之家，往往恃其人力强盛，欺压单寒，偶因细故微嫌，辄聚众逞凶，目无宪典。
>
> 漳、泉等府民人，凡遇争夺田土、集场，以及口角等事，辄率多人执恃器械，以决胜负。大姓欺凌小姓，小姓不甘，又复纠集乡人复仇报冤怨。⑤

该谕旨反映出最高统治阶层除承袭以往对械斗的态度外，还考虑到宗族械斗"争夺田土、集场"等具体原因。争土田、水利、码头、港湾、风水、坟地等，以及迎神赛会、帮会冲突、赌博索债等，都比较容易引爆械斗。

乾隆十八年（1753）四月，福建巡抚陈宏谋等奏：

> 闽省山海交错，风俗剽悍，尚气好争。大姓恃其族众，欺凌小姓。小姓联合数姓，抵敌大姓。凡遇地土告争，口语微嫌，动辄号召多人，列械相斗。虽云斗殴，俨同厮杀。更有预为议定抵命之人，然后出斗者。通省命案，起于械斗者居多，漳、泉二府尤甚。⑥

---

① 《清高宗实录》卷四十九，乾隆二年八月。
② 冯尔康等：《中国宗族史》，上海人民出版社，2009，第279页。
③ 《清高宗实录》卷三百一十三，乾隆十三年四月。
④ 冯尔康等：《中国宗族史》，上海人民出版社，2009，第280页。
⑤ 《大清十朝圣训》卷二百六十一"厚风俗"，乾隆六年（1741）七月己酉。
⑥ 《清高宗实录》卷四百三十七，乾隆十八年四月下，转引自常建华《宋以后宗族的形成及地域比较》，人民出版社，2013，第266页。

　　清政府治理宗族的实践，也形成了乾隆帝重惩宗族械斗的基本思想。乾隆三十三年（1768），他说，向来宗族聚众械斗，大半起于大姓，"惟在地方官实力弹压，有犯必惩，以清嚣凌之习，政体不过如此"。①

　　乾隆后期，清政府在办理镇压台湾林爽文起义后的善后事宜时，讨论了如何制止械斗和加强地方控制的问题。林爽文领导的天地会于乾隆五十一年（1786）十一月爆发起义，到乾隆五十二年（1787）十二月被清政府镇压。乾隆帝认为林爽文起义同福建的械斗有关，因此，治理械斗问题成了平息林爽文起义的善后措施之一，并将对福建地区的整顿提上议事日程。乾隆时治理宗族、惩治宗族械斗的实践，对维护社会秩序以及加强政权对地方社会的控制起到不小的作用，但是并没有解决这一社会问题。②

（二）嘉道咸时期

　　嘉庆、道光时期宗族械斗仍十分严重。大约自嘉庆十三年（1808）至嘉庆二十年（1815），李赓芸为漳州知府，③上任伊始即召集乡约、族长会议，劝谕不准械斗。乡约、族长竟顶撞道："告（官）或一二年狱不竟，竟亦是非不可知，而且先为身累，不得已而斗耳。"④家族势力把自己挑动械斗的责任完全推到官府身上，当然是不全面的，但封建统治没落，地方吏治废弛，确实是械斗的另一个社会根源。家族与家族之间存在利益矛盾，各族都为维护本族的利益，或因受人挑拨利用，或缘于传统积怨，动辄械斗。如清嘉道间的张岳崧（1773~1842）说：

　　　　闽之漳泉，粤之潮嘉，其俗尚气好斗。往往睚眦小忿，恃其族众，聚党至千百人，执锃刃火器，订期而斗，死伤相属，或寻报复，世为仇雠。⑤

---

① 《清高宗实录》卷八百一十二，乾隆三十三年六月庚申。
② 冯尔康等：《中国宗族史》，上海人民出版社，2009，第281页。
③ 张学继：《守洁才优，久协舆论——"浙中第一良吏"李赓芸》，《浙江历史人文读本千秋镜鉴》，浙江古籍出版社，2013，第225页。
④ 阮元：《福建布政使良吏李君（赓芸）传》，《研经室二集》（卷四），上海涵芬楼影印初刻本。
⑤ 张岳崧著、郭祥文点校《筠心堂集》（文集卷四），海南出版社，2006，第181~182页。

嘉庆二十四年（1819）御史冯清聘上奏：各省械斗重案，请饬立限速结，随时惩办，做戒凶顽。并指出："械斗之案不独福建为然，广东、广西、安徽等省亦往往有之。"皇帝指示："直省大吏务各严饬所属，振刷精神，于地方词讼事件逐日清厘，其恃强纠斗重案，立即严拿重惩，勿事姑息。"① 此番言论表明：统治阶层已经认识到治理械斗绝不能姑息、拖延，而要及时迅速地做出反应。

道光帝上任后，对械斗采取了强硬的打击措施。② 道光二年（1822）刑部奏称，"械斗之案，起于闽省漳、泉二属"。道光帝认为械斗"最为风俗人心之害"，命令"广东、福建、广西、江西、湖南、浙江各督抚，查明近年械斗情形……详细妥议章程具奏"③。

重惩械斗以维护社会秩序，虽是道光初年清政权的为政要务，④ 然而，实际效果却由于清廷吏治腐败严重，社会控制力薄弱，对社会矛盾的处理效率较低等而大打折扣。就像道光十八年（1838），监察御史郭柏荫条陈福建泉、漳二府械斗习俗时所指出的情形：

> 必先刷榜竖旗，地方官不加禁止，幕友、书吏、兵役等因有械斗，即有人命，有人命，即有官司，所以闻有械斗之信，无不抚掌快心，惟恐其斗之不成，惟恐其斗之不速。械斗起，其衅甚微，当其控诉时，在官有司视为泛常，漠不加意，书差人等又复需索讼规，以为按捺。官不为治，民乃自治；官不为拘，此即械斗之所由起。⑤

由于械斗而引发的人命官司能给地方官府带来"利益"，因此地方官府将械斗视为额外的生财之道，使得清廷最高统治者重惩械斗的措施无法实现。大多数情况下，官府别说缓和不同家族之间的矛盾，反而深恐民众"斗之不成""斗之不速"。官方如此冷漠的态度，怎能让民众相信清政府？

---

① 《定例汇编》嘉庆二十四年（1819）卷上"户例"。
② 冯尔康等：《中国宗族史》，上海人民出版社，2009，第281页。
③ 《清宣宗实录》卷三十二，道光二年（1822）闰三月乙未。
④ 冯尔康等：《中国宗族史》，上海人民出版社，2009，第282页。
⑤ 台北故宫博物院藏《月折档》，道光十八年（1838）十二月二十一日，掌山西道监察御史郭柏荫奏折抄件，引自庄吉发《清代台湾会党史研究》，台湾南天书局，1999，第10页。

械斗的情绪不仅未能被疏导，反而更可能被蓄意挑拨，也就难怪械斗之风愈演愈烈了。

应该说，泉州、潮州两个地区地域集团之间的械斗乡斗色彩明显，而漳州地区宗族之间的械斗姓斗更突出。道光年间，在"会邦""会社"之类的组织形成之后，械斗的规模不再局限于一乡一族，而是波及周边的同类乡族集团。① 清人论曰：

> 泉之民以乡斗，漳民之斗则以姓斗。以乡斗者，如两乡相斗，地画东西，近于东者助东，近于西者助西，其牵引常至数十乡；以姓斗者，如两姓相斗，远乡之同姓必受累，累则各自为斗，其牵引常亦能至数十乡。②

到了清咸丰年间（1850~1861），清文宗在召见福建官员张集馨时详细询问了闽南漳、泉地区械斗的起源等情，③ 这一方面反映出历任皇帝皆重视打压械斗之风，但也从另一方面反映了沿海地区的械斗风气到了何等严重的地步。④

综合前文提到的清朝统治者的诸多言行，我们可以发现漳州械斗自清代开始愈演愈烈，成为清政府统治的严重社会问题。在道光朝以前，案件发生的数量处于不断上升的趋势（见表6-1-1）。

表6-1-1　清代漳州府各朝械斗案件数量

单位：件

年代	顺治	康熙	雍正	乾隆	嘉庆	道光	咸丰	同治	光绪	宣统	总计
案件数量	—	1	5	10	13	26	1	—	1	—	57
平均量	—	0.017	0.385	0.167	0.520	0.867	0.090	—	0.029	—	0.213

资料来源：王雅琴：《清代漳州府械斗问题探究》，硕士学位论文，东北师范大学，2010，第11页。

---

① 郑振满：《乡族与国家：多元视野中的闽台传统社会》，生活・读书・新知三联书店，2009，第303页。
② 丁曰健编《近代中国史料丛刊续辑 757-758 治台必告录卷1-卷8》（附谢金銮《泉漳治法论》），台湾文海出版社，1980，第104页。
③ 张集馨：《道咸宦海见闻录》，中华书局，1981，第266页。
④ 汪征鲁主编《福建史纲》，福建人民出版社，2003，第356页。

表6-1-1显示，道光朝之后，有关漳州府械斗案件的记载鲜见。这当然不是因为在官方努力下，械斗减少或者不存在了。情况恰恰相反：咸丰以后，政治趋于腐败，民众对政府失去信心；且内忧外患加重，朝廷无暇顾及民间械斗，造成政治不关心，民众也不上报；加上械斗已蔓延到其他州府，相较而言，漳州械斗造成的影响不再那么突出，所以记载甚少。①

二　清代北溪中下游地区的宗族械斗

据黄爵滋等人的饬查，"漳泉各属，案繁累重，其素称难治者，漳郡以漳浦为最，龙溪、诏安次之"。② 漳州械斗案件以漳浦县为最，龙溪县、诏安县次之。而王雅琴也在其硕士学位论文中对漳州各县发生的械斗进行了统计，结果见表6-1-2。

表6-1-2　清代漳州府械斗案件的空间分布

单位：件

地区	龙溪	漳浦	南靖	平和	诏安	长泰	海澄	云霄厅	总计
案件数量	6	14	6	11	8	6	2	4	57

资料来源：王雅琴：《清代漳州府械斗问题探究》，硕士学位论文，东北师范大学，2010，第11页。

相对而言，械斗发生于乡野之间的情况远远多于城市，因此表中显示漳浦、平和、诏安发生械斗的次数均超过龙溪，居漳州府前三位。龙溪县虽是漳州府治，但械斗发生率列漳州府第四位。这是因为：龙溪县大部分地区位于九龙江中下游，而河流下游人口密集，人与人之间的生活圈高度重叠，日常彼此往来很容易发生摩擦，导致械斗案件多发。③

明清以来，人地关系也日趋紧张。为了扩大耕地面积以种植粮食增加收获，雍正统治时期，"嗣后各省凡有可垦之处，听民相度地宜，自垦自报，地方官不得勒索，胥吏亦不得阻挠"，④ 推行开垦荒地的政策；乾隆皇

---

① 王雅琴：《清代漳州府械斗问题探究》，硕士学位论文，东北师范大学，2010，第12页。
② 黄爵滋：《黄爵滋奏疏》卷十四"会议查禁械斗章程疏"，《黄爵滋奏疏许乃济奏议合刊》，中华书局，1959，第121页。
③ 胡炜崟：《清代闽粤乡族性冲突之研究》，台湾师范大学历史研究所，1997，第87~89页。
④ 《清世宗实录》卷六，雍正元年四月，第137页。

帝则下达了"凡边省内地零星地土可以开垦者，嗣后悉听本地民夷垦种，并严禁豪强首告争夺"的命令，[①] 鼓励农民大力开辟山头地角不成坵亩而又可耕种的土地。但清代耕地增长的幅度仍跟不上人口剧增的速度，生活资源短缺，人多地少的矛盾，迫使很多破产农民迁徙到诸如台湾、广西及海外的南洋等人口稀疏的地区。漳州府龙溪县选择留下来的基数依然很大的民众，除了要继续面对日趋恶化的生存环境，如开发山林等人类活动导致九龙江北溪中下游地区频繁发生的旱涝灾害，还得继续对有限的资源进行激烈的争夺，因此他们不得不变得寸土必争、贵利贱义，由此而引发的械斗也就屡见不鲜。[②]

虽然清代统治者关于漳州府械斗的记载数不胜数，对龙溪县械斗情形的叙述也不算少，但精确到本书研究的九龙江北溪中下游地区的范围之内械斗的记载，笔者只能找到曾任龙溪县知县姚莹（1785～1853）的相关叙述：

> 尔者古县之郑姓及杂姓五十余社，械斗于南，天宝之陈姓及杂姓七十余社械斗于西，田里之伍姓及洪岱之施姓械斗于东，归德之邹姓及苏、郭等姓械斗于北，西北则乌头门之詹、陈等姓，东北则鳌浦、扶摇之吴、杨等姓，浦南、芹里之梁、宋、钟、林等姓，丰山、龙格坂之杨、林等姓，金沙、银塘之陈、赵等姓，东南则官田、宅前之吴、杨等姓，各社接连，大者数十，小者十余，频年以来，仇怨相寻，杀夺不已，其焚掠截虏死伤破败之惨，概不可胜言矣。[③]

姚莹自嘉庆二十一年（1816）开始为官，先后出任福建平和、龙溪县令，三年后调往台湾。姚莹出任平和县县令时，体察民情，时常"亲接贫贱，广问以达下情"；调任龙溪县时，又因妥善地解决了当地风行的械斗仇杀问题，赢得了"闽吏第一"的称誉。[④]

从姚莹的记载中可见当时在龙溪县境内，械斗造成田野沸腾，民无宁

---

① 《清朝文献通考》卷四"田赋考"。
② 社会问题研究丛书编辑委员会编《会党、教派与民间信仰——第二届中国秘密社会史国际学术研讨会论文集》，知识产权出版社，2012，第 322 页。
③ 姚莹：《中复堂全集》，《东溟外集》卷四"召乡民入城告示"，第 418 页。
④ 良化：《抗英保土的台湾道姚莹》，《中华正气》（上），海燕出版社，2014，第 69 页。

日。北溪中下游的浦南一带，处于漳州县城东北郊，即姚莹提到的"东北则鳌浦、扶摇之吴、杨等姓，浦南、芹里之梁、宋、钟、林等姓，丰山、龙格坂之杨、林等姓，金沙、银塘之陈、赵等姓"。"鳌浦、扶摇""浦南、芹里"等村社基本是近邻，如前文提到的浦南、芹里之梁宋二姓田地相错，银塘村的潭口前宅山与金沙村的山岭相连，诸如此类。福建地狭人稠，往往一乡聚几族，又是聚族而居，族与族之间居址甚近，田土、山林相毗邻，道路、桥梁相连接，日常生产生活关系密切，难免不发生碰撞摩擦，大至争田争水，小至口角是非，稍不小心就会直接导致宗族间大规模的流血冲突。

据说，在当时的龙溪县共有"一千零八社"。这种因械斗而形成的"社"，一般是以宗族或村落为基本单位。

> 至于各乡大小一千有八社，积怨深仇，蔓延滋斗，视杀人如草芥，以虏劫为故常，一日之中或十余命，一岁之内伏尸盈千，剖腹刳肠，莫形凶惨，四郊近地，皆为战场，岂复知有法令哉？①

姚莹提到的"频年以来，仇怨相寻，杀夺不已，其焚掠截房死伤破败之惨"指的是由械斗引起的掳掠勒赎之风。"多出于仇雠之家，二姓忿争，素有嫌隙，则互相掳掠……掳其人以困辱之，亦勒其财以赎焉，赃则无多，志在辱之，以快雠而已。"但到了后来，各族都有不少无赖故意掳人勒赎，借以发财。掳禁之风使不少坦途成了鬼蜮，行人不敢通行，甚至导致田地无人耕种任其抛荒。②

械斗在给社会生产生活带来无穷无尽危害的同时，也消耗了人民的财富，"一斗而由富至贫，再斗则贫户流散"。清初的漳州，城市经济非常繁荣，"漳州郡城与厦门对峙，该地绅士富户半系贩洋为生，较之他郡尤为殷实。而城市繁华，胜于省会"③；但后来由于附近乡村盛行械斗，经济渐趋萧条，当地官员叹道："嗟乎漳郡，古称繁富之区，而比来人物凋敝，

---

① 施立业编《中国近代思想家文库·姚莹卷》，中国人民大学出版社，2015，第46~47页。
② 徐晓望：《福建通史》第4卷"明清"，福建人民出版社，2006，第571页。
③ 台北故宫博物院图书文献处文献科编《宫中档乾隆朝奏折》（第1辑），台北故宫博物院，1982，第743页。

商贾萧条，元气大亏，疮痍满目。"① 如清道光年间，光坪圩内杂姓纠纷，以圩场为械斗场所，集市因此废弃，后由于靠近工厂才又重新办起来。浯沧和福林两社械斗，各有死伤，福林社就堵港截流，水淹浯沧楼七个月，双方的土地都荒废了。② 可见械斗造成了严重后果：破坏社会生产；危害无辜群众生命；破坏人民生活的安定；损害民众的财产，包括被焚的民居、被毁的村落等。③

根据姚莹在漳州任职的时间，可知其描述的龙溪械斗的情景大概发生在 1816~1819 年。除官方记载外，民间也流传着"嘉庆嘉庆，雨水接应"的俗谚，表明嘉庆年间（1796~1820）风调雨顺，据史志记载这一阶段只出现过一次旱灾，时间是嘉庆二十五年（1820）。俗谚有两个版本，一为"嘉庆嘉庆，雨水接应，五谷丰登，市场繁荣"，反映了这一历史时期小农经济的一度繁荣，比较容易理解；一为"嘉庆嘉庆，雨水接应。百姓闲闲，兵排鸟枪"，反映由于嘉庆年间农作物喜获丰收，百姓不再为生计发愁，百无聊赖之际开始练武，并摆弄枪炮等军事武器，一言不合就拳脚相向、兵器相见、武力斗殴，诸姓不和，造成"杂姓冤"（"冤"，闽南语，打架、械斗之意）的历史现象。这些俗谚是百姓对历史上发生的械斗的感知与总结。"杂姓冤"造成社会动荡，迫使百姓不敢到浦南赴墟，于是设立新墟、店仔墟、蕉溪墟、浦林溪墟等。

"杂姓冤"（械斗）的历史事件还影响了当地的通婚网络。据笔者所知，直到 20 世纪四五十年代，当地仍然存在很多不通婚的姓氏，如除前文提到的双溪社梁姓与水流社宋姓不通婚之外，宏道村钟姓与园坑村林姓，松洲村钟姓与溪园村林姓、诗坪村林姓等也都不通婚。

第二节　清代北溪中下游地区玉兰、碧溪宗族械斗

在北溪中下游浦南一带诸多因宗族械斗而不通婚的村落姓氏中，属碧

---

① 施立业编《中国近代思想家文库·姚莹卷》，中国人民大学出版社，2015，第 107 页。
② 杨金泉：《浦南、丰山友谊乡镇古今谈》，政协芗城区文史资料委员会编《漳州芗城文史资料》（第 3 辑），1993，第 90 页。
③ 汪征鲁主编《福建史纲》，福建人民出版社，2003，第 364~365 页。

溪杨姓与玉兰黄姓最为典型：发生时间最早、持续时间最长、历史影响最深、现存资料最详细。雍正三年（1725）碧溪、玉兰两村发生宗族械斗，二者成为邻仇，直至 20 世纪末仍然没有通婚。这点可以从碧溪村碧云宫的壁画得到印证。1998 年，碧溪村碧云宫再次翻修，宫庙壁画由碧溪村外嫁女子答谢。每幅壁画的落款都包括村址姓名，从中可以看出碧溪村在 1998 年以前与周边村落的通婚情况。与碧溪村互结姻亲的村落包括岑美、华丰、溪园、双溪、丰山、渡东、浦南、丹州、龙秋、龙径、漳州（市区）、和睦、玉胜、松洲、光坪、何厝、顶丹山（顶班山）、白树、山下顶、汰内、诗朋、横山、宏道、吴浦、洛滨、山边、华安（县城）、安溪、良村、马州等。唯独不见与碧溪村毗邻的玉兰村。可见 200 多年过去了，二者仍有芥蒂，少有往来。

由于碧溪、玉兰宗族械斗的个案具有典型性，笔者结合田野调查中搜集到的民间文献资料对其进行详细的探讨。

一　碧溪、玉兰家族势力的消长

碧溪、玉兰两村位于九龙江北溪下游，向属龙溪县，在今福建省漳州市华安县丰山镇，因处于山海交界处，内河航运相对发达，名列清代北溪"金银玉碧"（金沙、银塘、玉兰、碧溪）四大富裕村落之中，远近闻名。雍正三年（1725）两村为争夺山林、土地，发生大规模宗族械斗，伤亡惨重，并进行长达三年的诉讼，对当地社会秩序产生重大冲击。

碧溪村，前文已经有所涉及，它是杨姓聚居的古村落，北宋崇宁年间（1102~1106）由陈政、陈元光的部将杨统的第十八代孙杨耸汉肇基，经过 300 多年的发展，人文蔚起，科甲蝉联。如杨汝南、杨绍相继在绍兴乙丑（1145）、正统戊辰（1448）高中进士，杨汝南先后当过赣州、广州学官和古田县知县，杨绍官至户部郎中，有力地推动了家族的发展。杨汝南弃官返家之后，以举办教育为首务，创办学堂，摘录《诗》《春秋》《中庸》精华内容，编成三十篇《经说》作为课本教授学生。杨承祖作为杨汝南之孙，以祖荫入仕，做过安溪、惠州、新州、梅州等地知县，碧溪杨姓成为当地的望族。

元末明初，社会动荡不安，山贼和海盗猖獗。某年除夕，数千流寇攻打碧溪村古寨玻寨，因众寡悬殊，玻寨被攻破，碧溪杨姓几被灭族，村社成为废墟，史称"玻寨血案"。经此劫难，碧溪杨姓元气大伤，虽然明代中、前期，碧溪男子广娶妻、妾，注重子嗣繁衍，但人口一直未能大规模增长。杨姓第十七世（大抵成化年间）、十八世（大抵正德年间）宗长采取各种措施力图重振家族雄风，甚至对本族女子的婚姻也颇为重视，所嫁者相当大的比例都是官员子侄，与其联姻，扩大自身影响力。以十七世杨亲（1435～1506）为例，妻妾共三位，妻子胡氏生了两个女儿，"长适宋通判球公侄世表，次适东城外义官林胡章"，继室翰林洪氏的女儿，"适开元寺前黄长圻公侄朝烈"，副室郭氏的女儿，"适漳浦大坑陈参议奂公子茂隆"。① 再如十八世杨批，生卒年不详，"以《易经》充郡庠"，两次应试"弗利"，有两个女儿，"长适郭太守舒侄丕奕，次适蔡侍御果公侄文英"。② 可惜，族运衰微，接连两代科举失利，杨姓家族也从原来的望族变为庶族，遍观二十世子孙，只有杨正华"聘高氏举人宽公孙女"③，其余的要么如"二十世杨显宗（1538～1621），配魏侍郎富公曾孙女不果，娶颜氏"④，要么直接转向附近地域的姓氏进行联姻，其婚姻圈也总体上趋于平民化。嘉靖四十年（1561）倭寇大举犯闽，碧溪也被殃及，杨姓家族雪上加霜，如"公妈（十九世杨景霈及妻子吴氏）俱于嘉靖四十年（1561）遭盗烧屋骸枢，火葬，无嗣"。⑤ 族谱所载杨姓第十九世子孙，三十余处出现"无嗣""未详"字眼，人丁再度凋零，杨姓家族进一步走向衰败。有清一代，碧溪杨姓在科举上毫无建树，宗族力量受到极大限制。

至于玉兰村，其位于碧溪村的西北方位：东边穿越鹰厦铁路至玉兰石坽水库，与长泰县古农农场毗邻；西边与浦西村相接；南边隔九龙江与芗城区浦南墟相望；北边与康山村接壤。

据玉兰族人黄亚达（1950～）介绍：玉兰村是黄姓聚居的古村落，始祖黄明智于元朝至元十三年（1336）肇基于九龙江北溪下游柳长洲（见图

---

① 《碧溪杨氏家谱》（第2册），清乾隆三十五年（1770）刊本，第50页。
② 《碧溪杨氏家谱》（第2册），清乾隆三十五年（1770）刊本，第53页。
③ 《碧溪杨氏家谱》（第2册），清乾隆三十五年（1770）刊本，第65页。
④ 《碧溪杨氏家谱》（第2册），清乾隆三十五年（1770）刊本，第63页。
⑤ 《碧溪杨氏家谱》（第2册），清乾隆三十五年（1770）刊本，第59页。

6-2-1），生有三子：长子暘昒、次子暘昭、三子暘暄。明洪武十七年（1384）中秋时节，九龙江特大洪患，冲毁柳长洲，三子各携本房子孙，弃洲逃生。长子黄暘昒肇基玉兰坂（即玉兰村），为玉兰黄姓的开基始祖，次子黄暘昭肇基乌岩（今已没社），三子黄暘暄肇基金场（今玉胜村，古称金桥，俗称"赤桥"）。① 柳长洲遭遇特大洪患，长房黄暘昒带本房族亲弃洲逃难之时，起先肇基在下班山附近的马坂，后来人丁兴旺，兄弟分房，有了长、三、五三个房份，各房家长则带领本房子孙，在马坂附近开基建社：长房居玉兰大社的东北部，三房居玉兰大社的中部，五房居玉兰大社的南部。随着人口的不断增加，社的规模也不断扩大，各房又分出部分子孙，到大社隔河相望的东边山坡上建基开社，最后又有了寨顶、后厝、下班山三个自然村：大社长房隔河相望的是寨顶自然村，那里居住着长房的子孙；大社三房隔河相望的是下班山自然村，居住着三房的子孙；五房的部分子孙则居住在寨顶与下班山之间的后厝自然村。玉兰黄姓的长、三、五房留居玉兰村，而二、四和六房迁往广东省发展。明末清初，玉兰村人丁兴旺。玉兰村分顶、下各五社，顶五社为田畔、竹仔围（竹围）、赤桥（今玉胜）、顶丹山（顶班山）、上宅（上宅楼）。下五社为寨顶、下丹山（下班山）、东洋、玳帽后、玉兰大社（今玉兰村部）。

图 6-2-1　柳长洲今貌

玉兰村也称玉兰坂，原名牛头坂，早时建基取其地理形状似一头卧牛，盖祖祠建于牛头部位，而命名牛头坂。玉兰村东西两侧二水环流：东

---

① 黄亚达：《漳州玉兰古村落》，手稿。

侧的玉水发源于玳瑁岭，流经寨坂、玉胜、寨顶、下班山，纳入玉兰祖祠追远堂前的大池塘，再折向玉兰宫后的双叉港；西侧的兰溪发源于下尾岭，流经下尾、康山、西山、玉兰大社再折向玉兰宫后的双叉港，两水在双叉港汇合，玉水、兰溪由内洲出外洲，注入九龙江北溪珠江河段。两水曲折回环，浇灌玉兰所有土地，使之成为四季湿润之沃野，成为一片绿洲，因此玉兰盛产芦柑、坪山、文旦、龙眼、橄榄等佳果，成为远近闻名的水果之乡。长泰嘉靖二十三年（1544）进士卢岐嶷写诗道："园青多橘樸，海市半渔商。门巷桃椰大，杯盘茗叶香。"① 正是玉兰当时的情景写照。

玉兰黄姓沿九龙江边，设人渡（图6-2-2）通浦南圩，为附近左右村舍来往市贸的通路隘口。村中排摊设铺为其特色，沿袭至今仍不逊色。大片浦地，营运得力，广博其利，养牛挤奶，农副并举。总之，玉兰黄姓肇基虽然比邻近的碧溪杨姓迟了约三百年，但其人口增长、经济发展迅速，大有后来居上之势。

图6-2-2 玉兰古街（通往古渡口）今貌

清顺治九年（1652），玉兰族人黄居中高中进士，官至甘肃省灵台县令，对玉兰黄姓家族的发展做出很大的贡献。当地至今流传着这样的传说："清朝，倭寇侵犯已成为东南沿海三大祸害之一，朝野痛恨。不知何年，进士黄居中被调回乡治理倭祸，执尚方宝剑，可先斩后奏。……随着

---

① 华安县黄氏宗谱编委会黄万源总编《福建·华安江夏黄氏宗谱》（第一卷），2009，第157页。

办案深入，黄居中发现这个'贼王'竟是自己的叔父，而且势力很大。经他劝说，其叔感到自己侄子当朝为官，又是办案主官，为了不误侄儿前途，身缚块石，自沉九龙江。"① 《进士黄居中故事》由族人黄元德（1936～）撰写成文。可见，清初的玉兰黄姓族人既有朝廷命官，又有倭寇"贼王"，黑道红道通吃，显然有利于本家族的发展。

任何事物都是变动不居的，"大小姓"亦并非一成不变。在流寇侵扰、科举不利等主客观因素影响下，碧溪杨氏日渐衰微，但由于祖先留下较丰富的自然资源和长期的文化积累，其实力依然不可小觑。而玉兰黄姓虽为后来迁入的家族，占有的自然资源较少，但人丁兴旺，逐渐成为"新兴巨族"，其实力大有超过"老牌弱族"碧溪杨姓之势。为了争夺有限的自然资源，经济利益交集在一起的两个比邻家族发生矛盾冲突在所难免，宗族械斗的黑幕即将拉起。总之，家族势力的消长，并不是孤立的现象，它涉及所在地区不同家族之间的关系、自然资源的重新分配等问题，有时候还会影响社会秩序的构建。

二　清雍正年间碧溪、玉兰的宗族械斗

碧溪村和玉兰村比邻，在明末之前两个家族之间尚能和睦相处，清初还互为姻亲，《碧溪杨氏家谱》记载如下："巧廷……生顺治十五年（1658）六月廿九日亥时，卒雍正四年（1726）五月初一日申时……配玉兰坂黄氏……生顺治七年（1650）九月廿四日戌时，卒康熙四十一年（1702）三月廿一日酉时。"② "象奕……生顺治十一年（1654）十月廿五日……配玉兰坂黄氏……生顺治十八年（1661）十月廿一日。"③ 在杨姓遇到海盗围攻时，与杨姓有联姻关系的贼首知道后，主动前来制止，驱散海盗。《碧溪杨氏家谱》对此事做如下记载："顺治末，有贼艘数百，逆水而上，（金奎寨）寨人见之放起火炮。贼怒，从浦美登岸，蜂拥围寨，断绝水道。旬日之间，寨中缺水乏食，几破。时有海上贼首与族人有姻戚谊，侦知飞马喝散，群

---

①　华安县黄氏宗谱编委会黄万源总编《福建·华安江夏黄氏宗谱》（第一卷），2009，第153页。

②　《碧溪杨氏家谱》（第3册），清乾隆三十五年（1770）刊本，第13页。

③　《碧溪杨氏家谱》（第3册），清乾隆三十五年（1770）刊本，第23页。

贼四溃，围以解。"① 结合当时两姓的通婚状况和进士黄居中叔父"贼王"的传说，笔者有理由怀疑帮助碧溪杨姓驱散海盗的"贼首"就是玉兰黄姓族人。二者守望互助，实属难得。

然而，由于杨姓比黄姓早来三百年，周边的山林、土地多为杨姓占领，仅据《碧溪杨氏家谱》所载，山林包括苍下山、三台山、石鼓山、新仓林山、寨山等30余座，田园则包括祀田、书田、祭田等。而后到的黄姓占有的自然资源远远少于杨姓，甚至连每天烧火做饭必需的柴火都要到距离15公里左右的大帽岭砍伐，往返一趟就需一天，极其不便。大约在明代中后期，玉兰黄姓与碧溪杨姓联姻后，玉兰黄姓才被允许到碧溪所拥有的山林捡拾柴火。但随着碧溪杨姓的衰微、玉兰黄姓的崛起，资源分配不公的矛盾逐渐凸显，为了争夺更好的生存和发展空间，碧溪杨姓与玉兰黄姓的矛盾也日益尖锐，最终发展为宗族械斗。

关于碧溪、玉兰宗族械斗始末，《碧溪杨氏家谱·杂记·灾祸》是这样记载的：

> 碧溪自有宋肇基，庙、宅、坟、山由来旧矣。明末国初族人星散式微，而仇邻玉兰坂黄家孽炎方炽，屡受凌削，每就祖山之麓，强垦为园。族人畏威，含羞忍辱，而莫敢出阻。而蜂毒日螫，竟于雍正三年（1725）五月十六日，纠党百余，径到新仓林、杉仔山、洪坑岭等处，肆行强垦、开掘、剥凿，祖坟几难保矣！于是长幼痛心切齿，入庙哭誓，执械阻殴；邻仇奔窜无地，订恨在心，四处截杀。而我家子弟激于义愤，一以当十，有攻即应，每殴必胜。仇□不愿，径率三百余猛，各执精械，蜂拥杉仔头，迫临喊杀。时八月初八日也，亲族远不及救。纠众只有百余，彼高我低，炮石如雨，而人争死敌，逾堑上冲者数次，自辰至未，相持不相下也。俄而汛防谕止，乃退。自是仇胆渐丧，族威愈振。墟场、樵径被我截殴，迄无宁时矣！越九月初七日，仇复鸣锣党众，拥杀社后，族再抵敌，相持半日，仇不能进，又不敢退，乃恳求赤桥黄帮助。斯时也，仇住杉仔山，我列仓下山，相

---

① 《碧溪村杨氏族谱》，手抄本，1996，第92页。

隔一沟，以百余疲乏之众，战数百渐至之凶，交锋数次，竟莫我胜为。未几，日暮，恶作赤桥一伙由杉仔山后逾仓下山而来，两面夹击，势不可支，曳戈南退，一二颠仆之人，百孔千疮，濒于死矣！而人抱公愤，同心勠力，裹血复战，仇不能当，纷纷若鸟兽散。追至马坂之外，断黄掌之足，莫敢回首接战者。噫！始何其横，今何其怯也。然械杀之事，止构讼之祸兴，由县至院，三年之后乃能定案，公业耗费几乎无余矣。①

以上记载概括起来有如下信息。

（1）自明末始，玉兰黄姓族人趁碧溪杨姓衰微之际，依靠其人多势众，经常欺压杨姓族人，甚至将杨姓的"祖山""强垦为园"，碧溪杨姓族人敢怒不敢言，只能忍气吞声，不敢出来阻止。

（2）雍正三年（1725）五月十六日，玉兰黄姓纠集一百多人，浩浩荡荡前往碧溪杨姓的祖山新仓林、杉仔山、洪坑岭等处，强行开垦，甚至危及"祖坟"。杨姓族人忍无可忍，奋起抗争，聚集在祖庙"哭誓"，大家拿起各种器械，前去阻止，械斗终于爆发。

（3）械斗开始阶段，碧溪杨姓大获全胜。

（4）八月初八，玉兰黄姓纠集三百多族人，手持各种器械，突然袭击杉仔头，碧溪杨姓准备不足，以百余人顽强抵抗，自辰至未，双方相持不下。后来，所幸官兵赶到，及时制止，黄姓族人才退去。

（5）此后，碧溪杨姓封锁墟市，阻断黄姓砍柴伐薪道路，"迄无宁时矣"。

（6）九月初七，玉兰黄姓又纠集族人，攻打碧溪社后，杨姓组织族人抵抗，相持半日。黄姓进退不得，只好到赤桥请同宗帮助。百余名杨姓族人勇敢抵御数百名黄姓族人的进攻，直至傍晚。这时赤桥黄姓宗亲从杉仔山后越过仓下山而来，两面夹击，杨姓一度败退，个别族人伤势严重，濒于死亡。在这危难之际，杨姓族人重新组织起来，浴血奋战，予以反击，结果转败为胜，黄姓族人作鸟兽散。杨姓族人一直追打到马坂之外，并砍断黄掌的脚，胜利归来。

---

① 《碧溪杨氏家谱》（第4册），清乾隆三十五年（1770）刊本，第49页。

（7）械斗结束后，黄姓将杨姓告到官府，诉讼过程漫长，由县至院，三年之后才定案，杨姓的大量族产为之基本耗尽。

毋庸置疑，《碧溪杨氏家谱》的记载一定会有偏颇的，诸如把己方描写成受害者，把本家族族人描写成英勇善战，甚至连械斗出了人命都不提，只是说"断黄掌之足"等，仅据此来还原历史，不可能全面和客观。如果我们有机会听听参与械斗的另一方黄姓讲述这段历史，再相互参详比较，也许会比较全面客观。遗憾的是玉兰黄姓的族谱在 20 世纪 50 年代之前就已经失传，给复原这段历史增添了许多困难。所幸的是，《碧溪杨氏家谱》保留着当时官府判案的文书，又为我们复原碧溪、玉兰的宗族械斗历史及其善后的诉讼过程提供了珍贵的资料。

事实上，九月初七的械斗出了人命，已经超出两姓所能自行解决的范畴，性质发生变化，为了善后处理，碧溪杨姓和玉兰黄姓的械斗即告停止，但两姓斗争并未停止，此后发生了两件与械斗有关的事情：一是杨姓买凶杀害本族病人，意图诬陷黄姓族人；二是黄掌的儿子到龙溪县衙门告状，要求严惩凶手。

关于买凶杀害本族病人以嫁祸于黄姓族人之事，县衙判案文书记载：

县审杨妙命案详府□语

漳州龙溪县魏彪

审□得杨合控告黄超等主凶黄旺等杀死伊族□杨妙一案，缘合极贫无赖，罔顾法经，与同姓之杨芳时常往来。雍正三年（1725）九月初九日，合至芳家，以黄家族火垦伤祖冢。而九月初七日，族人杨子杀死黄掌，势必藉命强垦，莫可遏抑，祖墓将不能保，子孙何以为人？（芳）向合忧虑。合晌杨姓公银尽付杨芳收用，顿起不良，迎机献策，指有插居碧溪社之杨妙，黄病将死，子幼无知，可以图赖黄家，索金百两，甘下毒手。芳当椎心泣血之时，慨然允诺，掷金五十两，付与杨合，又许公租二十担，并付钱六百文，给买红绸，合受金而归。是日黄昏，纠同忿恨黄家之杨佳，受刃助势，乘妙子杨篮在外……假作黄家放火抄抢杀死杨妙模样。次日，合又冒认妙为胞兄，诬告黄超等。到县阜职通报奉檄饬审集犯研讯，颜右招出实情，杨合、杨

佳、杨芳无从狡辩，俱各自认不讳。……①

以上判案文书包含这些信息。

（1）械斗出了人命，杨芳等人担心黄姓以命案相要挟，强行开垦"祖山"，最终危及祖坟，因此想买凶杀人，嫁祸给黄姓。

（2）雍正三年（1725）九月初九日，杨芳以重金②收买地痞无赖杨合杀害奄奄一息的病人杨妙。

（3）是日黄昏，杨合伙同杨佳，装扮黄家放火抄抢模样，杀死杨妙。

（4）次日，杨合又冒称杨妙为其胞兄，到衙门告状，诬告黄超为凶手。

（5）经过衙役侦办，杨合、杨佳、杨芳俱各自认不讳，买凶杀人阴谋败露。

龙溪县知县魏彪将侦办结果上报漳州府知府耿国祚。魏彪，雍正三年（1725）任龙溪县知县，江苏溧阳人。耿国祚，河北大兴人，康熙五十九年（1720）任福州府理事同知，雍正元年（1723）任厦门海防同知，雍正二年（1724）任漳州知府，雍正十二年（1734）于漳州府知府任内满，保举广东知府。雍正四年（1726）漳州大饥荒，斗米值钱270文。耿国祚开仓平粜倡捐，煮粥以沽饿者。同年，耿国祚在福建巡抚毛文铨的奏折中被称赞为"人明白，办事敏捷"，"操守俱谨，有办事之才"。③从耿国祚为官的履历来看，其素质不错。时任漳州府知府的耿国祚发现许多疑点，逐一进行批驳，要求重审：

> 查杨妙既卧病三年，伊子杨篮现年仅十二岁，此外如并无亲人同居，安能度日？练总陈必提等既于九月十三日禀明情由，何该县九月十七日通报命案，又不能叙入？所称血迹从杨妙房中而起之处，该县曾否亲往验明？又称询之异姓以及杨老所供者，俱无确人可指；而杨老谨供杨合为疎（古同"疏"）族，是不过服尽之人，何陈必提等竟

---

① 《碧溪杨氏家谱》（第4册），清乾隆三十五年（1770）刊本，第50～51页。
② 据萧一山统计，清乾隆二年（1737）七品官每岁俸银45两，此次买凶杀人的酬金，远远多于七品官一年的俸银。
③ 国学文献馆主编《台湾研究资料汇编》（第1辑），台湾联经出版事业有限公司，1993，第1889页。

借为同姓异籍？该县若非严讯杨合，安肯自认谋死作？何起出做彩红绸所得银五十两？又何以分文无存？杨佳复系何人，既无分银，何故帮杀？种种未明，案关重情，务须确实，不便以察访定案。仰速拘到杨芳等，虚众研讯，并究原禀陈必提等，确供是谋。是故，妥拟招解，先将杨合医治务痊，仍候转报并候各宪批示缴。①

漳州府知府耿国祚提出的关键问题是：杨合谋害杨妙性命的公银，究竟是杨芳一人给的，还是杨姓族人商量一致后同意的？如果是后者，杨姓族人都要承担刑事责任，后果将相当严重。所幸的是，审讯的结论是杨芳个人行为，与杨姓族人无关，从而使杨姓家族免于灭顶之灾。官府判案文书如下：

今讯杨芳称伊住府城，与碧溪杨姓不是一族。因来城和伊租房，与黄家互告，将银钱交伊收管。又称银子是杨悦、杨跃拿出等语。而卑职亦疑杨家通族之事，不应杨芳一人主意。……吊到各案内之杨姓人等，咸称杨芳主意先卖公田，后逐家派银。又称当初为争山即是杨芳叫出来告的，费了银又弄出人命来，与杨合谋出这事，被累大小都恨杨芳等语，莫不痛心切齿。则芳之经收钱银与包讼，又实再质之。杨悦坚称杨跃并不在家，遍讯杨厅等及杨佳以至杨篮，亦称杨跃系看地理外出，众口如一，则杨悦安得同跃拿银而买嘱杨合杀人，明系芳一身所做之事矣。②

关于黄掌之子要求官府严惩凶手之事，更加曲折复杂。最初，龙溪县的侦办结果是：

漳州府龙溪县魏彪审□得杨子、杨帝与黄掌素无仇怨，因洪坑岭山场近在碧溪社，而两家争垦角较。雍正三年（1725）九月初七日，黄掌、黄创等到碧溪社后，殴伤杨子、杨帝之胞叔杨德，两人奔救叔命。黄掌刀戳杨帝左腿，帝遂夺刀回砍黄掌右腿肚一裂。掌拾石块回

① 《碧溪杨氏家谱》（第4册），清乾隆三十五年（1770）刊本，第52页。
② 《碧溪杨氏家谱》（第4册），清乾隆三十五年（1770）刊本，第54页。

打杨帝，适中杨子。杨子又刀砍黄掌右脚踝骨断。掌之胞弟黄创负至浦洋地方，逾时殒命。初八日，据乡保陈启太禀报，尸子黄令具控到县。卑职验伤通报，奉檄饬审集犯研讯。杨德果有伤痕，其杨子、杨帝皆为救叔，情急致伤黄掌，俱各不刑自认，合依共殴人因而致死者，以下手伤重者绞律。杨子砍断黄掌右脚踝应拟绞监候，杨帝砍止一裂，有凶器而无重伤，合依"余人"，杖一百。其余各犯讯，由杨子、杨帝一时救叔情迫，原无主令，在场之杨昂、杨宁、杨智、杨候、杨成、杨德与扛讼之杨芳，均应重杖；惟杨昂、杨宁年俱老迈，杨德受伤，请从宽免；其杨纯、杨建、杨硕讯未在场，应与供明（述说事实）之；保长陈启太与抱病不到官之乡保杨遇隆暨省释至（音讹，似应为"之"）兵丁吴助等系百总黄锦闻黄、杨互斗，徒手而来谕止，并非杨家勾引，亦未擒拿。黄掌所有短小废坏鸟枪，讯据杨子供称，是台匪时地主团练未经追毁，弃置公屋，彼时不过摆在社口，恐吓黄家，并未曾放，卑职验非兵器，查未伤人，姑免深求。兵丁刘塘验无伤痕，除将互斗缚兵并兵丁吴助等分案即解外，先将黄掌命案招解，再查洪坑岭，据乡保陈启太供称，实系杨家之山，且有杨家社坟在上，则其为杨山，可知是否允协。①

以上判词包含以下主要信息。

（1）杨子、杨帝与黄掌"素无仇怨"，因"两家争垦角较"洪坑岭山场引起斗殴。

（2）雍正三年（1725）九月初七日，黄掌、黄创等到碧溪社滋事斗殴，杨德及其侄儿杨帝、杨子均不同程度受伤，为了救助叔父，杨帝和杨子误伤黄掌致死。

（3）九月初八日，黄掌之子黄令到县衙控告杨帝等杀人。

（4）官府经过审讯，查明案情，对杨姓一干人等进行严肃处理，凶手杨子"拟绞监候"，杨帝"杖一百"，在场的杨智、杨候、杨成与代写词状、寻衅诬告的杨芳等，均"重杖"。

① 《碧溪杨氏家谱》（第 4 册），清乾隆三十五年（1770）刊本，第 50 页。

（5）前来制止斗殴的兵丁，"除将互斗缚兵并兵丁吴助等"外，免于追究。

（6）洪坑岭为杨家之山。

显然，龙溪县官府有意隐瞒宗族械斗的事实，把这场宗族械斗说成是杨姓和黄姓几个人斗殴，希望大事化小。黄姓族人没有一人受刑罚，而对杨子的刑罚也偏重，且有多名杨姓族人受刑罚，也有偏袒黄姓之嫌。案宗上报漳州府审查，漳州府官员认为判词疑点重重，退回重审。经过一段时间的调查审讯，龙溪县又向漳州府呈送重审结果，判词如下：

> 县审械斗详府□语
>
> 龙溪县知县魏彪，审□得黄杨二姓格斗一案，……八月初六日，方欲互械斗，差役侦知禀报，即遣丁典史谕止解散。九月初五日，杨宁继子杨厅，往浦南墟粜米，撞遇黄武，向厅取讨米钱致相争斗。时有黄檀（以下省略人名7位）、杨福、杨候、杨珩、杨悦各袒伊族，百总黄锦带兵解散。初七日，黄斗、黄掌、黄创（以下省略人名12位）等荷锄负来，复往垦山。杨德出而阻垦，致相□闹，赶至碧溪社后，时有营兵二十人往谕。斗等将德扛殴仆地，杨子奔救胞叔，杨德致伤，黄掌殒命。掌弟黄创，以吴助左袒杨子，扭至祠堂，欲同见官。林突等五人意欲讨回吴助，与助皆往。次日，黄创同黄斗等扭助到县，突等随助禀告，即将助等六人，移归营伍官队。颜庆禀报把总陈章，以致详咨宪案奉檄饬究。卑职除将黄掌、杨妙二命案……总由黄家垦山起衅，恃强欺弱。……初七日，斗等往垦争斗，致有黄掌、杨妙二命案。本应律拟，但念斗等皆□锄被□之夫，其开垦犹属务本力穑之事。扭兵吴助讯，由黄创病伤惨动，族姓予以不应，重杖亦足蔽弃。……重科不约束之族长黄便、黄提、杨臣、杨迎等念其年迈，概请泊责；至营兵颜庆所报两家百余人，各持镰链牌枪，捆兵凌辱，殴伤刘塘、庄革，讯之乡保陈启太等，佥供二姓同日并无百余人，亦无军器；刑讯黄斗等极口称冤，刘塘、庄革念其无重伤，概免深求，供明之。乡保钟尚达、郑福当时随即报明营汛；陈启太住居离远不及劝阻，应与谕止之兵丁庄革等，概请省释；洪坑岭山，杨氏历葬祖

冢，应归照旧掌官，嗣后，不许黄姓开垦，再起衅端。……①

此次重审，除了斗殴的情节不同于上次审讯，牵涉的人更多了，案子的性质发生变化，基本定性为宗族械斗，且认为"黄掌、杨妙二命案……总由黄家垦山起衅，恃强欺弱"。从惩处结果看似乎比初审公平些，黄姓杨姓族人、族长都受到处分，洪坑岭山也明确归属杨姓，明令"嗣后，不许黄姓开垦再起衅端"。值得注意的是，因驻扎当地的军队介入械斗，少数兵士偏袒杨姓，引起黄姓的不满，甚至当日拘押兵士吴助，次日送官，军民矛盾冲突使这场宗族械斗更加引人注目。

重审结果上报漳州府，漳州府对龙溪县衙各打五十大板的做法并不满意，公文如下：

> 漳州府耿审□得漳郡大姓欺凌小姓恶习屡□
>
> 宪饬黄、杨二姓以争山，屡次生事，虽杨姓致死黄掌，又有谋杀杨妙抵赖之案，然皆由黄姓倚强欺弱之所致也。缘黄姓族大丁多，现杨姓所居碧溪社后葬坟世管之山，可以开垦成地，于上年五月内，赴县籍名认垦，县未批准，杨姓方在争控。……黄创供因兵丁吴助赶散了人，致伊兄黄掌在后被杨家人杀死，□扭去祠堂要告官等语，□之黄掌命案内各供。总缘当日两姓俱认为杨德已被打死，故杨智往诉汛兵，而黄斗等亦欲跑逃。吴助等到地时，只信杨德之殴死，未悉黄掌之受伤，黄创安得以袒护杨姓为词？即使兵丁果有袒护，致死黄掌之处，亦只须鸣官，无擅行拿兵捆缚之理，则黄姓之恃强不法实甚！夫兵丁原以弹压地方，闻有打架事情，到地约束乃其应当之事。若乡民辄敢将兵丁捆打，是将来不服追唤，拒敌官兵之事，从此滋长矣。……外捆打官兵之黄创等，即照官司差人勾摄公事，聚众中途打夺因而□差人者，律从重究，拟以惩强梁恶俗，亦不为过。但念黄掌已经身死，应否援南门黄姓成案予以末减，以开自新。将为首黄创下手殴兵之黄肯、黄锦、黄逞各枷号三月，仝缚兵之黄斗（以下省略人名14位）枷号两月。满日俱重责四十板。……再黄姓尚敢捆打兵丁，则非

---

① 《碧溪杨氏家谱》（第4册），清乾隆三十五年（1770）刊本，第52~53页。

乡保之力可能约束，乡保陈启太等亦应免议。两姓家长，该县既详，系年老明属充认亦无庸。又拟泊责，应行另选家长约束：杨姓设立二人，黄姓玉兰坂、赤桥两处约有千丁，应设立八人，并遵抚宪新饬，着落举报乡望，统容卑府另令行查。报碧溪社后一带山地，应归杨姓照旧掌管，不许黄姓再行强垦。黄武所称杨厅欠伊米钱并无凭据，明系捏词，无庸追给。除杨成、杨悦二犯，于杨妙命案内批解外，合将现犯同乡保人等一并解赴。①

漳州府认为黄姓竟敢擅自捆绑官兵，足见其"恃强不法实甚"，若不予严惩，"是将来不服追唤，拒敌官兵之事，从此滋长矣"。因此，最终将此次械斗定性为"大姓欺凌小姓"事件，认为由"黄姓倚强欺弱之所致也"，对参与捆绑、殴打兵士的18位黄姓族人从重予以惩处，还要求杨、黄二姓都"另选家长约束"。龙溪县衙从最开始偏袒黄姓到在漳州府的压力下对杨、黄二姓"各打五十大板"及最终漳州府从重惩罚黄姓，官府的"天平"在不断地倾斜，态度转变的关键是对"擅自捆绑官兵"行为的容忍程度，而官方对强势家族的忌惮从而意图对其加强控制则是更深层次的原因。

至此，发生于雍正三年（1725）碧溪、玉兰的宗族械斗看似尘埃落定，但其影响却远未结束。一是杨姓为了打赢这场官司，不择手段、不惜财力，最后漳州府的判词确实有利于杨姓，但原有的家族经济受到很大的冲击，仅买凶杀人一项就花费不少，其资金来源是"先卖公田，后逐家派"，结果是"损员折银"，至于三年的诉讼更是花钱如流水，家族元气大伤。二是杨姓虽然保住族山洪坑岭（见图6-2-3），但官府对于黄姓族人强行开垦一事，并未重责，只是不轻不重地告诫"不许黄姓开垦再起衅端"。械斗争讼之后，即使官府"部断归还"，"而山皆属我（碧溪），园多属彼（玉兰），园日辟，山日削"。②玉兰黄姓继续在与杨姓争夺自然资源方面取得利益，相较而言，碧溪杨姓进一步衰落。现在玉兰黄姓3500人

---

① 《碧溪杨氏家谱》（第4册），清乾隆三十五年（1770）刊本，第55~56页。
② 《碧溪杨氏家谱》（第1册），清乾隆三十五年（1770）刊本，第55页。

左右，拥有耕地 4000 亩，山林 2000 亩，[①] 而碧溪杨姓 1700 人左右，拥有耕地 2880 亩，园地 4820 亩，林地 2060 亩。[②] 玉兰黄姓人口比碧溪杨姓多了一倍，在自然资源占有总量方面较开基时相对接近。三是碧溪、玉兰两村落从原来关系密切的"姻亲"变为"誓不联姻"的"世仇"，至今仍有芥蒂，少有往来。

图 6 - 2 - 3　洪坑岭今貌

福建家族社会特征鲜明，家族之间的关系往往直接影响到区域社会秩序，总体而言，福建历史上的宗族关系主流是和睦的，但也有少数地方宗族关系紧张，宗族械斗时有发生。从碧溪、玉兰两村落从"姻亲"到"世仇"的发展过程看，宗族之间矛盾冲突的原因非常复杂，但归根结底都是为争夺更好的生存和发展空间。然而，福建宗族械斗为何在清代频频发生？

一是自"滋生人丁，永不加赋"，摊丁入亩政策推行后，取消两千年来以人丁为征税标准的做法，清代人口剧增，即便是衰微的碧溪杨姓，族谱所载男丁也在百年内从 69 人增至 164 人。福建人多地少的矛盾十分尖锐，对自然资源的争夺也更加激烈。特别是家族的兴衰进一步加剧自然资源分配不公的矛盾，自然资源占有少又人丁兴旺的家族必然要蚕食甚至抢占临近其他弱小家族的自然资源，家族之间的冲突也在所难免，乾隆《龙

---

① 黄亚达：《漳州玉兰古村落》，手稿。
② 华安县丰山镇碧溪村编《创建富美乡村　建设和谐碧溪》（内刊），2014。

溪县志》载龙溪"在乡则有甲族乙姓，强弱相轧，睚眦细故，辄持械若御敌然"。① 这是根本原因，且具有普遍性。

二是虽然清代中央集权统治得到加强，但对基层社会特别是广大农村继续采取自治原则，依靠家族和乡绅来维护统治，这种体制虽然沿袭了一两千年，但随着人口的剧增和宗族势力的增长，清代社会自治的体制逐渐丧失其原有的控制力，导致各种社会问题产生，包括宗族械斗的频发。这是重要原因。

雍正三年（1725）碧溪、玉兰的宗族械斗案例相当曲折复杂，具有一定的典型性，既反映了家族势力的消长对地方秩序的影响，也体现了地方官府、乡绅乃至地痞无赖在构建地方秩序中的作用。明清社会动荡，为了稳固地方秩序，在官府的提倡下民众纷纷组织类似团练的军事组织，政府权力下放到地方，宗族组织势力得到加强。总体而言，清初官府对于地方社会还是有一定的控制力，他们力图弹压强势的家族，袒护弱小的家族，以求得不同家族势力相对平衡，进而保证地方秩序的稳定。然而，人口的膨胀和家族势力的消长，导致官府对民间社会的控制力逐渐削弱成为不可逆转的历史趋势，玉兰黄姓族人敢于捆绑殴打代表官府的兵士，标志着国家权威受到宗族势力的严重挑战，将对清代中后期社会秩序产生重大影响。

---

① 吴宜燮：乾隆《龙溪县志》卷十"风俗"，清乾隆二十七年（1762）刻本。

|第七章|

结语

在前面的章节中，笔者按时间顺序爬梳唐宋以降北溪中下游地区的历史，目的在于展现北溪中下游地区最吸引人的一面：它鲜明地体现了区域社会开发、发展的完整脉络——从蛮荒一片到军事建置、山林开发、文化养成、家族建构、墟市兴衰、风俗变迁的渐进性过程，在一定程度上也反映了北溪流域中下游地区的开发水平。

九龙江北溪中下游地区的经济开发史是国家和区域经济开发的组成部分，纵观其自身的发展历程，其中所蕴藏的历史规律、经验与教训，笔者日日夜夜孜孜以求，可谓呕心沥血，真是功夫不负苦心人，颇有斩获。

一　开发的阶段分期

北溪中下游地区的农业开发经历了一个由低级向高级发展的过程，在不同的历史阶段对生态环境的影响也经历了一个发生、发展的过程，北溪生态环境历经由荒凉到开化发展等各个阶段。

六朝以降至陈元光开漳之前，漳州一带基本处于蛮獠啸聚的状况，北溪流域的主要居住者是闽越族以及其他地区迁来的少数族群，陈元光开漳之后，这一局势得到了一定的改善，但并无本质变化。在唐代，尤其是漳州初建时间，北溪中下游地区瘟疫蔓延、战乱不断、人口稀少、经济发展迟缓。作为中原南迁漳州的汉族先驱者，他们一方面强化自身的身份认同，陈元光作为这一群体的精神领袖，正好成为这一认同的文化符号；另一方面，他们与蛮獠杂处，也不得不适应他们的生活方式，积蓄力量。

开漳之后，漳州在宋代迎来第一次发展高潮。以"北溪四乔木"为代表的开漳部将后裔落籍漳州，并为开发漳州做出不可磨灭的贡献。但开发的总体进度不快，开发方式较为粗放，开发程度也不高。北溪流域土地垦荒面积得以扩大，逐渐形成了以稻作为主兼及渔猎、家禽饲养的农业经济格局。开发史，也是优胜劣汰的竞争史，纵然不复陈元光平定蛮獠啸乱时的军事牺牲，但是在无形的生存资源杀伐竞争中，因地制宜做时代的弄潮儿，制定正确的生存发展策略，也很重要。如碧溪杨氏先人不仅勤于山林的拓荒，还善于利用北溪中下游地区广阔的洼地、池塘等进行家禽养殖而肇基发家。同时保持自身优势，注重家族的初步建构，适应时代发展潮流，适时地从军功家庭转型，确定耕读传家的生存策略，从而利用举业的政治资源大肆占据山林，促进家族的发展。

明清时期，漳州北溪中下游地区的农业开发已经趋于成熟，进入高潮阶段。在农耕社会相当长的一段时间内，北溪中下游地区以溪边冲积阶地或高河漫滩的冲积土为前身发育成的水稻土，不仅适于种水稻，也适于甘蔗、花生、茉莉花、柑橘、龙眼、荔枝等经济作物的种植。肥沃的平原和大片的山林，只要"日出而作，日落而息"，就能满足民众的生存和发展的需求，因而移民海外，发展商贸者相对较少。到了明清时期，北溪中下游地区改稻田为甘蔗田、烟草地，广种柑橘、龙眼、柚子等进行贸易，农产品商品化趋势加强，北溪中下游地区因此产生"金银玉碧"四大富村，尤以银塘赵氏山水结合的经营策略和玉兰黄氏墟市弄潮的魄力较为突出。

二 影响开发进程的因素

在漫长的历史时期中，影响北溪流域开发进程的因素主要有两个：一是自然环境，一是社会环境。二者并不是孤立的，社会环境也会影响自然环境，如人的过度开发活动破坏了流域的自然生态环境，所以，自然环境归根结底也是人的自然环境。

（一）自然环境

在相对原始阶段，自然环境的变化往往决定了某个区域的生存条件。北溪中下游经济持续稳定增长，受惠于优越的自然地理条件。由于地处东南沿海，闽浙丘陵之南限，山海交错，中下游连绵的丘陵和广阔的漳州平原、良好的光热条件，特别是北溪水滋养了北溪中下游地区的人民，这些大自然给予北溪先民的恩赐，让北溪地区得以繁荣发展。

在古代，一般是通过耕地增加、人口繁殖等量的增长方式而非依靠理念更新、技术进步等质的变化进行经济开发。这种开发方式，易陷入无序的混乱状态。而无序、过度的经济开发，其采取的毁林开荒等手段基本上是以牺牲原始生态环境为前提，对原始生态环境会有一定的损害作用，例如造成频繁的自然灾害。

如何妥善处理生态环境与经济开发之间因果得失的关系，即如何注重开发与保护并重，也考验着北溪中下游地区先人的智慧。北溪先人借助风水学说，交出了一份漂亮的答卷。风水学其实是人与环境关系的学问，放在今天来讲就是生态学、环境学。北溪民众从宋朝至现在都很重视坟冢的选址，并注意对坟冢周围山林的保护，不仅严防外姓开垦，即便本族之人，开垦坟山周围的田地，都被视为不孝，遭到家族的制止。在北溪聚族而居的前提下，各家祖先坟冢都葬在不同的山林。家族之间对于各自的祖坟，大体秉持着井水不犯河水的态度，加上其力量的相互制衡，在一定程度上防止北溪山林被肆无忌惮的开发，有利于山林的保护。在封建社会，保护风水而衍生的保护坟山，远比官府对山区的封禁措施有效百倍。风水学说的践行，固然使山区的开发速度滞后了，但在客观上起到了有效地保护原始生态延续的作用。

（二）社会环境

农耕文明在中国过早地定型，且技术上的突破寥寥无几，故只能向更多的土地、更密集的人力资源方向前行。因而，人口的增长是北溪中下游地区经济开发的动力，这也是农耕社会流域开发的一般规律。本地居民与外来移民，先代移民与后来移民，同批移民之间，交织成了错综复杂的社会，整个社会的递迁，家族的发展，需要考虑各个方面的因素。

1. 外界移民不断迁入与本区人口自然增长

明代以前，北溪流域的经济开发是不平衡的，下游地区柳营江至九龙江河口三角洲一带得到较好的开发，浦南一带山海交界处开发程度不高。

自明代以来，在北方过度开发、人地关系日趋紧张、政治动荡等背景下，北方各省的贫民纷纷南下，寻求生存之地。人们沿河上溯，在北溪内河航运中下游段较为畅通、几乎没有任何阻碍的情况下，大量的移民如潮水般涌入北溪中下游地区。对照中原经济屡次受到战火的摧残，本区较少受到兵燹，是移民定居不错的选择。北方人口南迁除了促进本区人口增长、提供劳动力外，其所带来的先进的生产技术和生产工具，加快了本区经济开发进程。经济开发过程是移民迁居、生存、发展过程的基础，决定着移民迁入、迁出的总趋势，而移民的迁居行为也反过来加速或延缓经济开发的过程。

人口增长速度，既是经济开发进程的反映，也是影响经济开发成效的基本因素。人口的增长包括大量移民迁入和本地人口自然增长两方面。大量移民加上本区地方社会较为安定及社会经济长期开发的积累，人口的自然增长率稳中有升，本区人口的自然增长迅速，使该地区的总人口空前增长。一旦与开发进程关系最大的人口条件成熟，就能为经济开发提供相对充足的劳动力，该地区也会得到空前广泛的经济开发。明清时期，既是本区开发的高潮阶段，也是本区自然人口增长迅速的阶段，如明代银塘赵氏男丁在17世至24世的人口涨幅最高为3倍，最低为1.4倍，基本稳定在1.7倍左右；到了清代人口剧增，即便是衰微的碧溪杨姓，族谱所载男丁也在百年内从69人增至164人。人口增长对土地的压力越来越大，如雍正三年（1725）玉兰黄氏因强垦碧溪杨姓的坟山而引起大规模宗族械斗一事，可窥得北溪中下游地区的平原可耕地在清初已被开垦殆尽。可见，耕地等自然资源是有限的，而人口的增长和对自然的索取、消耗却是无限的。人们非但不能对所谓"地大物博"掉以轻心，相反地，更应因耕地等自然资源的不足而忧虑。

北溪开发史，是一部移民不断涌入的历史。唐以开漳部将为代表的汉民族带来了先进的生产力、生产技术，开辟了漳州这片几近蛮荒的土地，宋代大量北方民众躲避战乱而来，除开发山林之外，经营以龙潭墟为代表的族墟，塑造村落形象，给北溪民众树立了一个典范。明代大量人口溯溪流来此定居。在这个过程中，虽有冲突，但外来移民基本在此处定居下来。虽然过境的商人为浦南墟注入了财富，刺激了社会经济的发展，但北溪民众却排斥这些外来人口，警惕他们抢夺自然资源、社会资源。在情感认知上，本区民众认为"他们拜妈祖，我们不怎么拜妈祖，我们主要拜王爷。我们是不同的"。而在实际生活中，在龙岩经营木材与纸的商人们聚居在纸馆角，并未能成功融入当地社会。浦南一带的发展速度也慢慢缓下来，直到浦南墟衰败。可见，一个地方应该有其自信，只有竞争才能促进发展，而封闭保守只能导致落后。"问渠那得清如许，为有源头活水来。"在开发过程中，任何的外力支撑都只是暂时的，如过境商人的短暂贸易；内力方为根本，应该将外力转化为内力，充分吸引先进的人才扎根，借鉴新经验、新方法、新思路，择优实施，才是一个地区不断向前发展的重要动力。

2. 宗族制度与家族社会

不论是文中出现的单姓村，"北溪四乔木""金银玉碧"，还是浦南墟梁姓与宋姓的杂处，基本都以宗族为单位作为"自我"与"他我"的认同与区分。在经济开发的基础上形成的大村落，是宗族发育的温床。越来越多的宗族在北溪沿线的村落中建立发展起来，这既是经济开发的体现，反过来也影响经济开发的进程。

宋元时期北溪的家族社会以血缘为纽带，结构较为松散，宗族制度也还不完善，以耕读传家为发展模式，少有涉及其他层面。为了维持家族的向心力，这些尚处于原始积累时期的家族，面临困境时不得不向神秘力量求助，借助风水以及先祖之灵来谋求家族在行动上的一致性。

明代北溪的宗族制度更加完善，家族社会进一步强化。如银塘赵氏家族在传统渔猎与农耕的经济积累基础上，以血缘、伦理、道德为纽带，构建政治、婚姻的社会网络，并在龙潭开辟水上墟市，生存发展的策略更加多元。尽管如此，明清的宗族整合仍以低级士绅为主体，未能摆脱宋儒和官宦所设定的框架，更多地体现为对宋代的继承和效仿。

应该承认的是，前期的宗族制度在应对恶劣的自然、社会环境方面发挥着积极的作用；然而随着社会发展，北溪民众引以为豪的宗族制度，在区域社会向商业化转型的过程中越来越呈现消极阻碍的作用，特别是到了近代社会，漳州被卷入资本主义世界市场之后，表现得更加明显。在北溪中下游地区各个村落几乎都能见到标榜"文官下轿，武官下马"的神道碑、桥梁、牌坊等，这意味着任何外人，哪怕是朝廷官员，也必须屈从于当地的宗族势力。由于长期单一的社会生产生活方式，宗族势力已经逐渐成为落后的代名词，表现出坐井观天、妄自尊大的狭隘性、守旧性、顽固性等种种不足之处。这样的社会生产关系，已经不适应北溪中下游地区生产力进一步发展的要求。

3. 地方秩序与国家

地方秩序井然对外来移民有很强的吸引力，如吸引银塘赵氏前来定居，这在前面已有所涉及，在此不加赘述。除此之外，地方秩序稳定还有利于社会、经济、文教的发展，促进农业、手工业、商业等的繁荣。如果地方秩序混乱，所有的情形则刚好相反。可以说地方秩序稳定是开发、发展的前提。

在前文的阐述中，我们更多关注的是宗族在地方秩序中的功用，在北溪中下游地区的开发过程中，似乎很少见到国家的身影，但这并不能说明国家角色的缺席。宗族在某种程度上与政府存在一定的默契，对于中央所起到的也多是推动和巩固的作用，基于中国传统社会"家国一体"的事实基础，国家经常会利用和支持宗族势力来维护封建道德及行为规范，但也不忘禁止宗族势力过分干预行政事务，如清政府设立族正制以约束宗族械斗，但又忌惮家族势力坐大而打压地方巨族、袒护弱族。其实，各种庙会组织、神话信仰、祭祀体系、商人团体等权力的象征性资源，都是国家深入乡村社会底层的途径。如国家通过扶持"正祀"、打击"淫祀"等措施来控制地方秩序。国家从来没有忽视过对地方秩序的掌控，只不过是存在成效如何的区别。

由于地处偏远，在唐宋元明时期，北溪中下游地区较少受到改朝换代的影响。因此本区经济持续稳定增长，在很大程度上受益于政治上比较安定的社会环境。自明中叶以来，山贼海寇、易代之战、三藩之乱、宗族械斗等都成为本区发展较大的阻力。国家对地方的统治基础牢固与否，掌控的力度强大或薄弱，都是地方秩序井然或者混乱的重要原因。而这又与国家实行的政策相关。国家实施重农抑商的政策在封建社会早期问题倒也不大，因此社会经济持续发展；可是一放到明清山海互动的商业大潮之下，那就是违逆了社会发展的大流。"迁界""禁海""以农为本"等政策一实行，民众的生计来源减少，甚至是生路被阻断，山贼海寇层出不穷，宗族械斗也此起彼伏，墟市发展最终也未能成功转型而是归于衰败。地方经济的发展离不开国家利好政策的支持。

三　经济开发与文化养成

随着本区浅山丘陵地带的经济得到开发与发展，或迟或早要带来文化的繁荣。正是缘于唐宋以来经济开发取得初步进展，本区经济地位随之提高，科举事业兴盛、理学氛围浓厚，才渐渐被誉为"海滨邹鲁"。因此，本区在人文方面取得的显著进步，并不完全取决于外界，而更多是植根于自己深厚的土壤之中，这土壤就是唐宋以降本区稳步上升的社会经济。文化养成始终同本区的经济开发有着相当密切的关系。当然，发展的经济，加上较为安定的社会环境，优美的山水，对移民自然也有着相当的吸引力；而随着移民的迁入，如宋皇室后裔银塘赵氏的迁入，文化传统和家学素养也偕之而来，这对于当地文化开发有着积极的影响。

诚然，经济的开发对文化发展具有重大影响，却不是唯一的影响因素。如在浦南墟及周边墟市发展大潮中，迟迟没有产生相应的商业文化，固然根源在于浦南墟始终没有实现成功转型并最终衰败，但还与本区的宗族制度有关。本区家族社会在主流意识上重耕读轻商贸，这在相当程度上阻碍了商业文化的繁荣发展，在注重家学渊源的封建时期尤其如此。总之，从较长的历史阶段来看，在文化发展方面起决定作用的终究还是经济开发的因素，只不过是迅速与缓慢、直接与间接、明显与隐晦的差别罢了。

（一）开发过程中的精神文化世界

拓荒开发是一项长期而艰辛的工程，不可能一蹴而就，需要用排除万难的开拓精神去面对。北溪中下游地区开发过程中精神文化世界的建构主要由两部分组成：一是作为"俗文化"代表的民间信仰，二是作为"雅文化"代表的理学。无论是外化于行的民间信仰行径，还是内化于心的儒家"忠义"观念，都可作为精神建设中价值观引导的切入点。

1. 民间信仰

学界对闽台民间信仰社会功能的探讨颇多，且达成了共识：需要重视民间信仰顽强的生命力和重大的影响力。这一点，在北溪中下游地区的开发过程中也不例外。

有唐之前，闽越先民好巫尚鬼；唐宋元时期，陈元光信仰体系及当地保生大帝、哪吒、清水祖师等纷繁复杂的神明信仰体系，在开发过程中作为战胜种种困难的神秘助力；乃至在明清墟市大发展的浪潮中，由于北溪内河航运具有一定的危险性，人们的信仰非但没有衰退，对妈祖信仰、关帝信仰的虔诚度反而达到一个新的高潮；各个村社的肇基祖及祖宗先贤的信仰崇拜，在年复一年的墓祭、祠祭中不断巩固。尤其是战乱之后，重建地方宫庙是重振地方经济的关键，因为民间信仰能给人的心灵带来慰藉，增添恢复区域经济发展的自信心，如太平天国运动之后浦南墟关帝庙的重建。

历史在不断前进，但民间信仰依然没有过时。封建统治时期，政府以朝廷封神、造神的手段进行控制。当今社会，针对民间信仰活动丰富繁荣的情况，政府可充分利用"非遗"进行引导，去除其中属于糟粕的部分，而保留珍贵的信俗成分。如被纳入非物质文化遗产体系之中的"浦南古傩"已经与浦南墟神明庙会有机地结合在一起。正月二十二日这天，两套班子同时运转。一为当地基层组织，以浦南居委会书记、浦南居委会主任等为首；一为浦南墟王爷庙的庙会董事，共计36名，在王爷像前爻杯产生，另包括特邀董事，皆为当地较出名的民间人物，在百姓心中有一定的威信和说服力。

2. 理学

漳州由于地处偏远，文教事业到宋代才有比较大的进展。但也正是由于漳州比较封闭的地理环境，元明清时期漳州理学的传承与延续，并未受到外界太多的干扰，如较少受到中原对"程朱理学"的批判之风的影响，仍然保持比较原始的状态，并且一直处于较为重要的地位。

理学很重视"忠义"之类的正统观念，如朱熹"主战""主守""反对议和"的思想影响了高登、李则、陈淳等漳州人，包括他们对时局的看法、处世的原则，以及兴学教人的言行，无不恪守儒家传统的道德规范。由于深受理学思想的熏陶，在面临民族矛盾、朝代更迭之时，许多漳州人轻生重义、抗战死节。例如南宋灭亡时蔡继先和陈植兄弟相继殉节，迭里迷实自尽殉元、诸多漳人投效郑成功反清复明、黄道周举兵反清等。在历史的长河中，漳州地区源源不断地涌现类似的行为，表明它不仅仅是偶然的、个人的情感冲动，而是早已形成了互有联系与继承关系的传统，这缘于业已形成的社会风气对漳人行为产生了较大的号召力。

以杨汝南为典型代表的碧溪杨家深受理学思想影响，崇尚正统。碧溪杨家在后期与盗匪、清廷、太平军的对峙中，态度都比较刚硬，也因此多次受到重大打击。但也正是这种不屈不挠的精神，使碧溪杨姓屹立北溪之畔，成为北溪中下游一带历史最为悠久的古村落之一。

当然，人们较少面临国家灭亡的考验与抉择，因而"热爱桑梓、造福桑梓"如修桥铺路等行为，便是儒学的"家国情怀"在日常生产生活中的具体实践。另外，历代北溪流域的山林间也存在一些不愿入仕的隐士。明末清初时期隐居着很多明朝的遗民，如陈天定等。

（二）开发过程中形成的地域性格

区域地理环境是塑造区域性格的主要因素。北溪中下游地区平原和山区交界的地貌、畅通的北溪内河航运，造成这一地区的部分民众既包含了沿海人民开拓进取的精神，又夹杂着山区封闭保守因子的复杂性格。除区域地理环境外，生产方式、历史积淀、经济发展水平、政治文化影响等因素，最后都积淀为区域文化性格。北溪中下游地区聚族而居，宗族建构较为完善，重视宗法，所以"慎终追远，安土重迁"成为北溪民众重要的地域性格。北溪民众另一重要的地域性格为崇文尚武，柔中带刚。北溪民众崇尚文教方面的内容前面已经探讨很多了，这里不再赘述。所谓"尚武之风"，就是普遍形成和存在于人民群众中的"崇尚武事"、习练武术的民风和习俗。

古越遗风，早已使漳人的身体里流淌着"尚武"的血液。本区汉民族与畲族杂处，和平相处固然是主流，但以武力争夺生存资源的族群斗争也难免会发生。由于作为陈元光开漳主战场的历史因素，北溪中下游地区盛行陈元光崇拜。陈元光是一员武将，其信仰本身就有军事色彩。加上开漳部将"四乔木"的坟墓夹江对峙类似军事排兵布阵的风水行为，促使开漳圣王信仰进一步成为具有军事色彩的民俗符号。人们相信自己受到陈元光神班体系中诸神灵的庇佑，这在无形之中助长了他们好斗的倾向。北溪中下游地区处于交通的咽喉地带，既是历代兵家必争的军事战略要地，又是山贼海寇经常觊觎的场所。在遍地土匪、海盗的威胁下，民众练武强身，民间多私造、私藏武器，以此自卫，地方军事化程度较高。这些因素，都促使"尚武"精神蛰伏于当地民众的潜意识中，每遇社会动荡之时，即显现出来，当值盛世，又以崇文为主。总之，北溪中下游一带的尚武之风具有非连续性的特点。

四 开发的建议

区域的开发，固然要充分利用良好的外部环境，乘借东风的利好政策加速发展，但更为重要的是，要时刻把握时代的脉搏，调适生产关系，及时转型，注重从提升自身竞争力着手。北溪中下游地区前有水果等商品性经济作物扬名海内外，往后亦不妨打出文化牌，如利用"浦南古傩"非物质文化重拳出击，辅以"北溪四乔木""金银玉碧"口述传说及实物载体，展现北溪独特而厚重的立体文化。这一带风景优美，众多渡口隔江相望，民风淳朴，也是一处极其吸引人的好地方。不夸张地说，笔者就对浦南渡口的景致一见钟情。在之后的田野调查过程中，溪园林氏的祭品形象塑造令笔者赞不绝口，而玉兰黄氏的纸话①则令笔者着迷，不一而足。

同时，开发者可再重新审视水运在运输体系当中的作用。北溪内河航运作为最古老的运输方式之一，是大自然赠予北溪民众的财富，也是对北

---

① 20 世纪 50 年代以前，流传于玉兰村的一种特殊语言。纸话的基础是闽南语，翻译出来的是闽南语，所用的土字母也是闽南语，每个闽南语都用两个闽南语土字母组成读出，土字母有声母和韵母之分，纸话的发音是韵母在前，声母在后，纸话要翻译成闽南话时再倒过来声母在前，韵母在后，拼读出来就是闽南语。比如闽南语的"吃"，纸话说成"抓舌"，"抓"是韵母，"舌"是声母，翻译时要读成"舌抓"，拼出来的闽南语就是"吃"；闽南语的"饭"，纸话说成"蛋币"，"蛋"是韵母，"币"是声母，翻译时要读成"币蛋"，拼出来的闽南语就是"饭"。所以闽南语的"吃饭"，纸话就说成"抓舌蛋币"。在今天的玉兰村内，60 岁以上的人大都会讲纸话，但这种语言不是日常语言，而是在特殊场合才使用的特殊语言，比如说有外人在场，玉兰人要商量某种事，商量的内容又不想让外人知道，又不好避开外人，那么玉兰人就采用"纸话"对话。有人说"纸话"是闽南古代原始居民的语言，也有人说是古代山寨盗贼的黑话，纸话的真正出处已无据可查。

溪流域交通运输业的一大"投资"。北溪先民们利用这笔"投资",在天然的稠密的河网中,加强流域内外的联系与交往,从而促进流域经济的发展。当下,北溪航运式微的命运不可逆转,但是否已经毫无价值,不可断然定论。如果要发展北溪的文化旅游事业,仍需注重内河航运与其他运输方式相互配合、相互补充,形成一个综合性的立体运输体系,才能更好地直观浦南、了解北溪。

总而言之,北溪中下游地区的开发史册上散发着高山的浓烈气息,铭刻有大海的永恒印痕。北溪中下游地区的民众对于流域的开发,从远古到今天生生不息,取得了不凡的成就。

主要参考文献

一　方志和族谱

（一）方志

黄仲昭：《八闽通志》，福建人民出版社，1990。

陈洪谟：《大明漳州府志》（正德），厦门大学出版社，2012。

刘天授等：《嘉靖龙溪县志》，中华书局，1965。

张杰夫等：《长泰县志》，嘉靖三十四年（1555）刊本。

罗青霄：《漳州府志》，厦门大学出版社，2007。

万历《龙溪县志》（六卷），旧抄明万历元年（1573）《漳州府志》摘本，据福建省馆藏胶卷抄本。

王应山：《闽大记》，中国社会科学出版社，2005。

闵梦得：《漳州府志》（万历癸丑），厦门大学出版社，2012。

金鋐修等：《中国地方志集成　省志辑·福建1　康熙福建通志》，凤凰出版社，2011。

魏荔彤、蔡世远：《漳州府志》，康熙五十四年（1715）刊本。

江国栋等：《龙溪县志》，清康熙五十六年（1717）刊本。

张懋建：《乾隆长泰县志》，乾隆十六年（1751）刊本。

吴宜燮：《龙溪县志》，清乾隆二十七年（1762）刊，光绪五年（1879）补刊。

孙尔准等：《中国地方志集成　省志辑·福建3　道光重纂福建通志》，凤

　　凰出版社，2011。

沈定均等：《中国地方志集成　福建府县志辑 29　光绪漳州府志》，上海书
　　店出版社，2000。

马龢鸣等：《中国地方志集成　福建府县志辑 34　民国龙岩县志》，上海书
　　店出版社，2000。

欧阳英：《闽侯县志》，民国二十二年（1933）刊本。

李厚基：《中国地方志集成　省志辑·福建 10　民国福建通志》，凤凰出版
　　社，2011。

郑丰稔：《龙岩县志》，民国三十四年（1945），厦门风行印刷社铅印本。

陈鉴修：《龙溪新志初稿》，民国三十四年（1945），胜利出版社龙溪支社
　　铅印本。

郑丰稔：《长泰县新志》，民国三十七年（1948）刊本。

万安乡志搜编小组：《万安乡志》，1989。

黄剑岚主编《龙海县志》，东方出版社，1993。

华安县地方志编纂委员会编《华安县志》，厦门大学出版社，1996。

汪照元主编《芗城区志》，方志出版社，1999。

漳州市地方志编纂委员会编《漳州市志》，中国社会科学出版社，1999。

长泰县地方志编纂委员会编《长泰县志》，方志出版社，2005。

　　（二）族谱

陈支平主编《闽台族谱汇刊（全 50 册）》第一、二、三册《华安银塘赵氏
　　族谱》，广西师范大学出版社，2009。原系赵紫绶、赵鲲飞，清乾隆
　　二十七年（1762）七修稿本。

（清）《碧溪杨氏家谱》（一、二、三、四），清乾隆三十五年（1770）刊本。

陈支平主编《闽台族谱汇刊》第四十一册《漳州白石丁氏古谱》，广西师
　　范大学出版社，2009。原系丁仰高编纂清嘉庆二年（1797）抄本，
　　1986 年翻印本。

（清）《溪环社崇本堂林氏族谱》，明弘治元年修，咸丰十一年（1861）
　　续修。

（清）《陈氏族谱》（浦林金沙村），甲申年（疑为光绪甲申年 1884 年修）。

（清）《纯嘏堂钟氏族谱》，康熙朝修。

（清）《浦南梁氏族谱》，光绪四年（1878）修。

（清）《宋氏族谱》（丰山镇芹霞社），光绪二十七年（1901）修。

陈支平主编《闽台族谱汇刊》第十册《颍川陈氏开漳族谱》，广西师范大
学出版社，2009。原系陈祯祥编纂，民国五年（1916）稿本。

陈支平主编《闽台族谱汇刊》第三册《漳浦赵家保赵氏玉牒》，广西师范
大学出版社，2009。原系佚名编纂，民国十四年（1925）五修稿本。

（民国）杨天海：《金鳌杨氏家谱》（漳州龙海市白水镇金鳌村），1937年
续修。

泉州赵宋南外宗正司研究会编《南外天源赵氏族谱》，1994。

靖城镇东坂村村民族谱编写委员会：《南靖县靖城镇东坂杨氏族谱》，1995。

《碧溪杨氏家谱》，1996。

石室杨氏族谱编委会：《陶唐洋石室杨氏族谱》，1997。

《高阳许氏（龟山祖四世广隆公五世尚端公衍派族谱）》，1998。

《朝阳村杨氏族谱》，2002。

杨振芳编《漳浦佛昙杨氏历史渊源考》，2002。

赵潮初主编《银塘赵氏族谱》，2004。

《漳州渡东陇西李氏族谱》编委会：《漳州渡东陇西李氏族谱》，2005。

芗城区芝山镇金峰村金峰社：《世恩堂：金峰社杨氏家谱》，2005。

《瑶山（扶摇）杨氏族谱》，2006。

漳州市龙文区檀林陈氏族谱编委会：《漳州市龙文区檀林陈氏族谱》，2006。

华安县黄氏宗谱编委会黄万源总编《福建·华安江夏黄氏宗谱》（第一
卷），内刊，2009。

上海图书馆编，陈建华、王鹤鸣主编，林嘉书整理《中国家谱资料选编17
漳州移民卷上》，上海古籍出版社，2013。

上海图书馆编，陈建华、王鹤鸣主编，林嘉书整理《中国家谱资料选编18
漳州移民卷下》，上海古籍出版社，2013。

陈支平主编《闽南涉台族谱汇编》（全100册），福建人民出版社，2014。

赵子来编纂《银塘赵氏宗谱·宗藩庆系录》，2015。

黄汉水、黄春才：《福建华安江夏黄氏宗谱通检》，2016。

二 民间文学和文史资料

(一) 民间文学

白建英主编、漳州市民间文学研究会编《漳州民间故事选》，1989。

龙海县民间文学集成委员会：《中国谚语集成·福建卷·漳州市分卷·龙
　　海县卷》，1991。

龙海县民间文学集成郭坑镇编委会《中国民间文学集成·福建卷·龙海分
　　卷郭坑分卷》，福建省龙海县教育印刷厂印刷，1991。

龙海县民间文学集成委员会：《中国谚语集成·福建卷·龙海县分卷（附
　　卷）》，1991。

龙海县民间文学集成编委会：《中国民间歌谣集成·福建卷·龙海县分
　　卷》，1991。

芗城区浦南镇民间文学集成编委会：《中国民间文学集成·福建卷·芗城
　　区浦南镇卷》，1991。

漳州市民间文学集成编委会：《中国歌谣集成·福建卷·漳州市分
　　卷》，1991。

漳州市民间文学集成编委会：《中国民间故事集成·福建卷·漳州市分卷》
　　（全4册，第1册、第3册），华安县印刷厂，1991。

漳州市芗城区民间文学集成编委会：《中国民间故事集成·福建卷·漳州
　　市芗城区分卷（上）》，1992。

漳州市民间文学集成编委会：《中国民间故事集成·福建卷·漳州市分卷》
　　（全4册，第2册、第4册），华安县印刷厂，1992。

龙海县民间文学集成编委会：《中国民间故事集成·福建卷·漳州市分卷·
　　龙海县卷》，漳州二中印刷厂，1992。

华安县民间文学集成编委会：《中国民间故事集成·福建卷·华安县分
　　卷》，华安县印刷厂，1993。

华安县民间文学集成编委会：《中国歌谣集成·福建卷·华安县分卷》，
　　1993。

华安县民间文学集成委员会：《中国谚语集成·福建卷·华安县分卷》，

1993。

漳州市开漳圣王故事卷编委会：《中国民间故事集成·福建卷·漳州市开漳圣王故事卷》，闽南日报印刷厂，1994。

（二）文史资料

政协华安县文史资料委员会编《华安文史资料》第 2 辑，1982。

政协华安县文史资料委员会编《华安文史资料第 6 辑——仙字潭古文字探索》，1984。

政协华安县文史资料委员会编《华安文史资料》第 7 辑，1985。

政协华安县文史资料委员会编《华安文史资料》第 8 辑，1986。

政协华安县文史资料委员会编《华安文史资料》第 9 辑，1987。

政协厦门市文史资料委员会编《厦门文史资料第 12 辑——纪念抗日战争爆发五十周年专辑》，1987 年 7 月。

卢奕醒、王雄铮编《〈漳州文史资料〉专辑——漳州民间故事》，1988。

政协龙海县文史资料委员会编《龙海文史资料第 10 辑——纪念石码建埠五百周年专题资料》，1988。

政协芗城区文史资料委员会编《漳州文史资料》第 12 辑，1990。

政协华安县文史资料委员会编《华安文史资料》第 15 辑，1992。

政协芗城区文史资料委员会编《漳州芗城文史资料》第 3 辑，1993。

政协华安县文史资料委员会编《华安文史资料》第 16 辑，1993。

政协芗城区文史资料委员会编《漳州芗城文史资料》第 4 辑，1994。

政协华安县文史资料委员会编《华安文史资料》第 17 辑，1994。

政协芗城区文史资料委员会编《漳州芗城文史资料》第 5 辑，1995。

政协华安县文史资料委员会编《华安文史资料》第 18 辑，1996。

政协芗城区文史资料委员会编《漳州芗城文史资料第 7 辑——芗城风物》，1996。

政协龙文区文史资料委员会编《龙文文史资料专辑——云洞岩风景区》，1999。

政协芗城区文史资料委员会编《漳州芗城文史资料第 10 辑——纪念共和国五十华诞》，1999。

李竹深辑录、政协漳州市文史资料委员会编《漳州诗存·唐宋卷——漳州文史资料特辑》，2000。

政协龙文区文史资料委员会编《龙文文史资料第 4 辑——龙文宫庙·宗祠专辑》，2001。

政协漳州市文史资料委员会编《漳州文史资料第 27 辑——漳州庙宇·宫观专辑》，2002。

政协芗城区文史资料委员会、芗城区民族与宗教事务局编《漳州芗城文史资料第 13 辑——芗城寺庙宫观专辑》，2002。

政协芗城区文史资料委员会编《漳州芗城文史资料》第 14 辑，2003。

政协芗城区文史资料委员会编《芗城文史资料》第 16 辑，2005。

政协芗城区文史资料委员会编《芗城文史资料》第 18 辑，2007。《漳州芗城文史资料合订本》，2009。

政协芗城区文史资料委员会编《古村落专辑第 25 辑——芗城文史资料》，2014。

政协华安县文史资料委员会编《华安文史资料华安古村落专辑（二）》第 27 辑，2015。

三 专著（含论文集）

〔美〕腓力普·威尔逊·毕：《厦门方志：一个中国首次开埠港口的历史与事实》，中国基督教卫理公会出版社，1912。

傅衣凌：《明清时代商人及商业资本》，人民出版社，1956。

傅衣凌：《明代江南市民经济试探》，上海人民出版社，1957。

（清）黄爵滋：《黄爵滋奏疏许乃济奏议合刊》，中华书局，1959。

傅衣凌：《明清农村社会经济》，生活·读书·新知三联书店，1961。

翁国梁：《漳州史迹》，台湾文海出版社，1971。

丁曰健编《近代中国史料丛刊续辑（757—758）》，台湾文海出版社，1980。

厦门大学历史研究所、中国经济史研究室编《中国经济史论文集》，福建人民出版社，1981。

（清）张集馨：《道咸宦海见闻录》，中华书局，1981。

傅衣凌：《明清社会经济史论文集》，人民出版社，1982。

（清）纪昀等总纂《景印文渊阁四库全书·史部·诏令奏议类》，台湾商务印书馆有限公司，1983。

中共龙溪地委宣传部、福建省历史学会厦门分会编《月港研究论文集》，中共龙溪地委宣传部、福建省历史学会厦门分会，1983。

朱维干：《福建史稿（上）》，福建教育出版社，1985。

朱维干：《福建史稿（下）》，福建教育出版社，1986。

林仁川：《明末清初私人海上贸易》，华东师范大学出版社，1987。

杨瑞仁、林寿龙整理《杨文广平闽十八洞》，鹭江出版社，1987。

傅衣凌、杨国桢主编，厦门大学明清经济史研究组著《明清福建社会与乡村经济》，厦门大学出版社，1987。

中国第一历史档案馆编《雍正朝汉文朱批奏折汇编1》，江苏古籍出版社，1989。

傅衣凌：《明清社会经济变迁论》，人民出版社，1989。

牟发松：《唐代长江中游的经济与社会》，武汉大学出版社，1989。

傅宗文：《宋代草市镇研究》，福建人民出版社，1989。

刘子民：《寻根揽胜漳州府》，华艺出版社，1990。

〔法〕沙尔·费勒克：《家族进化论》，许楚生译，上海文艺出版社，1990。

厦门市志编纂委员会、《厦门海关志》编委会编《近代厦门社会经济概况》，鹭江出版社，1990。

胡德瑞、何建清编著《城市生长的分析研究兼论历史文化名城漳州的产生和发展》，天津大学出版社，1990。

陈支平：《近500年来福建的家族社会与文化》，生活·读书·新知三联书店，1991。

尤玉柱主编《漳州史前文化》，福建人民出版社，1991。

（清）贺长龄、魏源等编《皇朝经世文编》，中华书局，1992。

郑振满：《明清福建家族组织与社会变迁》，湖南教育出版社，1992。

束景南：《朱子大传》，福建教育出版社，1992。

陈侨森主编、漳州市对外经贸史志办编《漳州对外经济贸易简史》，鹭江出版社，1992。

黄文：《福建旱涝灾害》，福建科学技术出版社，1993。

胡健国：《巫傩与巫术》，海南出版社，1993。

黄剑岚主编、黄超云校注《镇海卫志校注》，中州古籍出版社，1993。

漳州市交通局编《漳州交通志》，东方出版社，1993。

林国平、彭文宇：《福建民间信仰》，福建人民出版社，1993。

邓孙禄主编《厦门港志》，人民交通出版社，1994。

林开明主编《福建航运史（古近代部分）》，人民交通出版社，1994。

谢重光：《陈元光与漳州早期开发史研究》，文史哲出版社，1994。

唐文基主编《福建古代经济史》，福建教育出版社，1995。

陈成南主编、漳州市城市建设委员会编《漳州名胜与古建筑》，天津科学
技术出版社，1995。

承光大主编《漳州市对外经济贸易志》，海风出版社，1995。

林依秋主编《漳州市粮食志》，厦门大学出版社，1995。

徐晓望主编《福建思想文化史纲》，福建教育出版社，1996。

胡炜崟：《清代闽粤乡族性冲突之研究》，台湾师范大学历史研究所，1997。

王铭铭、〔英〕王斯福主编《乡土社会的秩序、公正与权威》，中国政法大
学出版社，1997。

福建省档案馆编《老福建》，海峡文艺出版社，1999。

蓝达居：《喧闹的海市：闽东南港市兴衰与海洋人文》，江西高校出版社，
1999。

林国平主编、福建师范大学闽台区域研究中心编《闽台区域文化研究》，
中国社会科学出版社，2000。

漳州市科委编《漳州市科学技术志》，厦门大学出版社，2001。

林庆元主编《福建近代经济史》，福建教育出版社，2001。

李金明：《漳州港》，福建人民出版社，2001。

李晓洁主编《八闽文化经典故事》，湖南人民出版社，2002。

廖大珂：《福建海外交通史》，福建人民出版社，2002。

汪征鲁主编《福建史纲》，福建人民出版社，2003。

王文径编著、中共漳州市委宣传部编《漳州文化》，海潮摄影艺术出版社，
2003。

陈侨森、李林昌：《漳州掌故》，福建人民出版社，2003。

〔加〕卜正民：《纵乐的困惑：明代的商业与文化》，方骏等译，生活·读书·新知三联书店，2004。

多洛肯：《明代福建进士研究》，上海辞书出版社，2004。

徐晓望：《闽南史研究》，海风出版社，2004。

福建省炎黄文化研究会、中国人民政治协商会议泉州市委员会编《闽南文化研究》，海峡文艺出版社，2004。

漳平市王景弘研究会、福建省国际文化经济交流中心编《王景弘与郑和下西洋》，天马图书有限公司，2004。

陈自强：《泉漳集》，国际华文出版社，2004。

林国平、邱季端主编《福建移民史》，方志出版社，2005。

泉州港务局、泉州港口协会编《泉州港与海上丝绸之路（三） 纪念郑和下西洋六百周年论文集》，中国社会科学出版社，2005。

康保成：《傩戏艺术源流》，广东高等教育出版社，2005。

黄公勉：《福建历史经济地理通论》，福建科学技术出版社，2005。

陈易洲主编《开漳圣王文化》，海风出版社，2005。

王秀花主编《漳州历史名人》，海风出版社，2005。

谢东主编《漳州历史建筑》，海风出版社，2005。

沈元坤主编《漳州民间信仰》，海风出版社，2005。

王秀花主编《漳州名胜古迹》，海风出版社，2005。

漳州市地方志编纂委员会编《漳州民俗风情》，海风出版社，2005。

陈进国：《信仰、仪式与乡土社会风水的历史人类学探索》，中国社会科学出版社，2005。

蒋炳钊主编《百越文化研究》，厦门大学出版社，2005。

曾五岳：《漳州史海钩沉》，福建人民出版社，2006。

（清）张岳崧：《筠心堂集》，郭祥文点校，海南出版社，2006。

徐晓望主编《福建通史》（5卷本），福建人民出版社，2006。

骆承政主编《中国历史大洪水调查资料汇编》，中国书店，2006。

张应强：《木材之流动清代清水江下游地区的市场、权力与社会》，生活·读书·新知三联书店，2006。

〔日〕滨下武志：《中国近代经济史研究：清末海关财政与通商口岸市场

圈》，高淑娟、孙彬译，江苏人民出版社，2006。

方友义、彭一万主编《闽南文化研究论丛（下）》，文化艺术出版社，2006。

郑达贤、汤小华主编《福建省生态功能区划研究》，中国环境科学出版社，
　　2007。

张璞、陈建强、曲国胜等：《福建漳州晚第四纪以来的环境演变》，地震出
　　版社，2007。

施伟青、徐泓主编《闽南区域发展史》，福建人民出版社，2007。

邱季端主编《福建古代历史文化博览》，福建教育出版社，2007。

张在普、林浩编著《福建古市镇：闽台古乡间商品市场》，福建省地图出
　　版社，2008。

谭刚毅：《两宋时期的中国民居与居住形态》，东南大学出版社，2008。

皮庆生：《宋代民众祠神信仰研究》，上海古籍出版社，2008。

林枫、范正义：《闽南文化述论》，中国社会科学出版社，2008。

陈启钟：《明清闽南宗族意识的建构与强化》，厦门大学出版社，2009。

冯尔康等：《中国宗族史》，上海人民出版社，2009。

郑振满：《乡族与国家多元视野中的闽台传统社会》，生活·读书·新知三
　　联书店，2009。

朱华友、徐宝敏：《钱塘江流域经济开发史》，中国社会科学出版社，2009。

徐晓望：《福建经济史考证》，澳门出版社，2009。

陈支平主编《闽台族谱汇刊》（全50册），广西师范大学出版社，2009。

张亚清、张石成、〔日〕藤川美代子：《即将逝去的船影九龙江上"吉普赛
　　人"史迹》，海风出版社，2009。

谭景玉：《宋代乡村组织研究》，山东大学出版社，2010。

何丙仲编译《近代西人眼中的鼓浪屿》，厦门大学出版社，2010。

郑宝谦：《福建省旧方志综录》，福建人民出版社，2010。

连横：《台湾通史》（上、下），商务印书馆，2010。

福建省地图出版社编《漳州市实用地图册》，福建省地图出版社，2010。

陈支平主编《一统多元文化的宗教学阐释闽台民间信仰论丛》，厦门大学
　　出版社，2011。

陈贤波：《土司政治与族群历史——明代以后贵州都柳江上游地区研究》，

生活·读书·新知三联书店，2011。

贺喜：《亦神亦祖——粤西南信仰构建的社会史》，生活·读书·新知三联书店，2011。

社会问题研究丛书编辑委员会编《会党、教派与民间信仰——第二届中国秘密社会史国际学术研讨会论文集》，知识产权出版社，2012。

谢重光：《闽粤台民间信仰论丛》，海洋出版社，2012。

房学嘉、冷剑波主编《客家商人与企业家的社会责任研究》，华南理工大学出版社，2012。

段凌平：《闽南与台湾民间神明庙宇源流》，九州出版社，2012。

陈诠主编《海峡两岸开漳圣王庙宇楹联集》，厦门大学出版社，2012。

梁明武：《明清时期木材商品经济研究》，中国林业出版社，2012。

陈自强：《明清时期闽南海洋文化概论》，鹭江出版社，2012。

《中国地域文化通览》编委会编《中国地域文化通览（福建卷）》，中华书局，2013。

汤锦台：《闽南海上帝国闽南人与南海文明的兴起》，如果出版社，2013。

徐晓望：《宋代福建史新编》，线装书局，2013。

陈国栋：《东亚海域一千年》，远流出版事业股份有限公司，2013。

闽南师范大学闽南文化研究院策划编写《闽南历史文化概说》，福建人民出版社，2013。

萧庆伟、邓文金、施榆生主编《闽台文化的多元诠释（一）》，厦门大学出版社，2013。

陈支平、李玉柱主编《闽台文化的多元诠释（二）》，厦门大学出版社，2013。

常建华：《宋以后宗族的形成及地域比较》，人民出版社，2013。

周蓓：《清代基层社会聚众案件研究》，大象出版社，2013。

陈诠主编《海峡两岸开漳圣王文化史料集·血缘篇》，厦门大学出版社，2013。

常建华主编《中国社会史经典精读》，高等教育出版社，2014。

徐晓望：《闽商研究》，中国文史出版社，2014。

萧庆伟、邓文金、施榆生主编《闽台文化的多元诠释（三）》，厦门大学出版社，2014。

徐晓望：《明清东南海洋经济史研究》，中国文史出版社，2014。

徐晓望：《闽国史略》，中国文史出版社，2014。

陈支平、叶明义主编《朱熹陈淳研究》，厦门大学出版社，2014。

中共漳州市委宣传部、漳州市文学艺术联合会编《文化漳州下卷旅游文化》，海峡文艺出版社，2014。

徐晓望：《明清东南山区社会经济转型——以闽浙赣边为中心》，中国文史出版社，2014。

徐晓望：《明清东南海洋经济史研究》，中国文史出版社，2014。

蔡立雄主编《闽西商史》，厦门大学出版社，2014。

陈支平、林晓峰主编《台海文献汇刊》（全60册），厦门大学出版社，2014。

李蕙如：《陈淳研究》，海峡文艺出版社，2014。

漳州市北溪书院编《陈淳研究论集》，海峡文艺出版社，2014。

劳格文、科大卫编《中国乡村与墟镇神圣空间的建构》，社会科学文献出版社，2014。

陈自强：《漳州古代海外交通与海洋文化》，福建人民出版社，2014。

陈诠主编《海峡两岸开漳圣王文化史料集·开漳篇》，厦门大学出版社，2014。

徐晓望主编《商海泛舟闽台商缘》，社会科学文献出版社，2015。

徐晓望：《闽台商业史新探》，经济日报出版社，2015。

陈支平、叶明义主编《朱熹陈淳研究》第2辑，厦门大学出版社，2015。

施立业编《中国近代思想家文库·姚莹卷》，中国人民大学出版社，2015。

萧庆伟、邓文金、施榆生主编《闽台文化的多元诠释（四）》，厦门大学出版社，2015。

陈诠主编《海峡两岸开漳圣王文化史料集·诗赋篇》，厦门大学出版社，2015。

林国平：《漳州民间信仰与闽南社会》，中国社会科学出版社，2016。

罗运胜：《明清时期沅水流域经济开发与社会变迁》，社会科学文献出版社，2016。

四 论文

（一）期刊论文

唐天尧：《试论明代月港兴衰的原因》，《福建师范大学学报》（哲学社会科学版）1982年第3期。

陈元煦：《陈元光与漳州畲族——兼谈陈元光启漳的影响》，《福建师范大学学报》（哲学社会科学版）1984年第3期。

林汀水：《九龙江下游的围垦与影响》，《中国社会经济史研究》1984年第4期。

陈铿：《明清福建农村市场试探》，《中国社会经济史研究》1986年第4期。

辛土成：《古闽地钩稽》，《厦门大学学报》（哲学社会科学版）1987年第1期。

王业键、陈春声：《十八世纪福建的粮食供需与粮价分析》，《中国社会经济史研究》1987年第2期。

曾青山：《九龙江上的船夫》，《华人之声》1988年第2期。

陈支平：《清代前期福建的非正常米价》，《中国社会经济史研究》1988年第3期。

傅宗文：《宋代福建沿海的商业化浪潮》，《中国社会经济史研究》1989年第3期。

林汀水：《唐以来福建水利建设概况》，《中国社会经济史研究》1989年第2期。

徐晓望：《论近代福建经济演变的趋势——兼论近代福建经济落后的原因》，《福建论坛》（文史哲版）1990年第2期。

崔宪涛：《清代鸦片战争前国外粮食输入问题》，《中国社会经济史研究》1990年第4期。

翼然：《十七世纪闽南社会经济风习的变迁》，《东南学术》1990年第5期。

戴一峰：《试论明清时期福建林业经济》，《中国农史》1991年第4期。

俞兆鹏：《漳州创建时间与陈元光卒年考》，《福建论坛》（人文社会科学版）1991 年第 6 期。

王天杞：《陈元光治理漳州简论》，《中南民族大学学报》（人文社会科学版）1992 年第 2 期。

曾玲：《试论明清福建手工业发展的自然与人文环境》，《中国社会经济史研究》1992 年第 2 期。

胡沧泽：《魏晋南朝时期北方汉人入闽及其对福建经济发展的影响》，《中国社会经济史研究》1992 年第 2 期。

聂德宁：《明清之际福建的民间海外贸易港口》，《中国社会经济史研究》1992 年第 4 期。

陈春声：《清代中叶岭南区域市场的整合：米价动态的数理分析》，《中国经济史研究》1993 年第 2 期。

林汀水：《也谈福建人口变迁的问题》，《中国社会经济史研究》1993 年第 2 期。

陈自强：《海外贸易商业资本的代言人——评清代前期三位漳州学者的海外贸易思想》，《海交史研究》1994 年第 1 期。

林汀水：《对福建古代交通道路变迁的几点看法》，《中国社会经济史研究》1994 年第 1 期。

刘永华：《九龙江流域的山区经济与沿海经济》，《中国社会经济史研究》1995 年第 2 期。

陈支平：《闽江上下游经济的倾斜性联系》，《中国社会经济史研究》1995 年第 2 期。

林汀水：《海澄之月港港考》，《中国社会经济史研究》1995 年第 3 期。

郭志超：《闽台崇蛇习俗的历史考察》，《民俗研究》1995 年第 4 期。

邓亦兵：《清代前期的粮食运销和市场》，《历史研究》1995 年第 4 期。

周雪香：《试论明代漳泉海商》，《龙岩师专学报》（社会科学版）1996 年第 1 期。

邓亦兵：《清代前期的市镇》，《中国社会经济史研究》1997 年第 3 期。

陈支平：《闽南人——福建汉族民系研究之二》，《广西民族学院学报》（哲学社会科学版）1998 年第 3 期。

邓亦兵：《清代前期某些农业生产资料的运销》，《中国农史》1998 年第

4 期。

徐晓望：《明代福建市镇述略》，《史林》1999 年第 1 期。

梅新育：《略论明代对外贸易与银本位、货币财政制度》，《学术研究》1999
    年第 2 期。

林仁川：《明清福建烟草的生产与贸易》，《中国社会经济史研究》1999 年
    第 3 期。

林国平、吴云同：《开漳圣王信仰与台湾社会的变迁》，《漳州职业大学学
    报》1999 年第 4 期。

庄国土：《闽南人文精神特点初探》，《东南学术》1999 年第 6 期。

邓亦兵：《清代前期商品流通的运道》，《历史档案》2000 年第 1 期。

汪毅夫：《傩：游戏与舞蹈——〈闽台历史社会与民俗文化〉之一节》，
    《东南学术》2000 年第 4 期。

林汀水：《明清福建经济作物的扩种问题》，《中国社会经济史研究》2000
    年第 4 期。

陈运飘：《宗族与墟市关系的人类学研究》，《广西民族研究》2001 年第
    1 期。

谢重光：《福佬人论略（上）》，《广西民族学院学报》（哲学社会科学版）
    2001 年第 2 期。

谢重光：《福佬人论略（下）》，《广西民族学院学报》（哲学社会科学版）
    2001 年第 3 期。

张大伟：《漳州古代名著叙录》，《漳州职业大学学报》2001 年第 3 期。

李竹深：《宋代漳州的一次水患》，《漳州职业大学学报》2001 年第 4 期。

王日根：《傅衣凌对中国社会经济史学的贡献及启示》，《西南师范大学学
    报》（人文社会科学版）2001 年第 4 期。

任放：《二十世纪明清市镇经济研究》，《历史研究》2001 年第 5 期。

曾少聪：《闽南的海外移民与海洋文化》，《广西民族学院学报》（哲学社
    会科学版）2001 年第 5 期。

陈友良、王爱菊：《近代福建的厘金制度》，《福建商业高等专科学校学报》
    2001 年 6 月。

徐晓望：《论明末清初漳州区域市场的发展》，《中国社会经济史研究》

2002 年第 4 期。

何池：《论陈元光开发建设漳州的业绩》，《漳州师范学院学报》（哲学社
会科学版）2002 年第 4 期。

彭文宇：《福建古代闽越族社会概述》，《中共福建省委党校学报》2002 年
第 7 期。

贺玎：《关于 1886－1896 年中国红茶出口的考察——试论中国近代茶业出
口衰落的原因》，《福建论坛》（经济社会版）2003 年第 1 期。

陈春声、陈树良：《乡村故事与社区历史的建构——以东凤村陈氏为例兼
论传统乡村社会的"历史记忆"》，《历史研究》2003 年第 5 期。

刘传标：《闽江流域疍民的文化习俗形态》，《福建论坛》（经济社会版）
2003 年第 9 期。

李金明：《闽南文化与漳州月港的兴衰》，《闽都文化研究》2004 年第 1 期。

詹建伟：《论闽南民间故事的叙事模式及其文化积淀》，《闽都文化研究》
2004 年第 2 期。

苏文菁：《区域发展与区域文化研究——以闽文化为例》，《福建省社会主
义学院学报》2004 年第 2 期。

刘永华：《墟市、宗族与地方政治——以明代至民国时期闽西四保为中
心》，《中国社会科学》2004 年第 6 期。

林汀水：《明清福建的疠疫》，《中国社会经济史研究》2005 年第 1 期。

徐斌：《香火庙：诉讼与械斗——以晚清黄冈县个案为例》，《武汉大学学
报》（人文科学版）2005 年第 2 期。

常建华：《近代闽台族正制考述》，《中国社会经济史研究》2006 年第 1 期。

丁春梅：《宋至明清福建纸的生产、销售及其用途的演迁》，《莆田学院学
报》2006 年第 2 期。

谢重光：《漳、泉二州文化形态异同论》，《华侨大学学报》（哲学社会科
学版）2006 年第 3 期。

水海刚：《近代口岸与腹地经济关系新探——以闽江流域为例》，《厦门大
学学报》（哲学社会科学版）2006 年第 3 期。

张小也：《清代的地方官员与讼师——以〈樊山批判〉与〈樊山政书〉为
中心》，《史林》2006 年第 3 期。

张小也：《清代的坟山争讼——以徐士林〈守皖谳词〉为中心》，《清华大学学报》（哲学社会科学版）2006 年第 4 期。

周赟：《传统中国厌讼文化考》，《山东大学学报》（哲学社会科学版）2006年第 4 期。

林秀玉：《浸润于闽越文化源流中的福州疍民民俗》，《福建史志》2006 年第 5 期。

李云章：《闽台民间械斗的比较与研究》，《福建史志》2006 年第 5 期。

王忠春：《试析明清时期的健讼之风》，《兰台世界》2006 年第 14 期。

徐忠明、杜金：《清代诉讼风气的实证分析与文化解释——以地方志为中心的考察》，《清华法学》2007 年第 1 期。

杨海中：《陈元光以德治漳简论》，《闽台文化交流》2007 年第 2 期。

薛菁、汪征鲁：《关于闽越文化若干问题的探讨》，《福建师范大学学报》（哲学社会科学版）2007 年第 2 期。

周雪香：《明清闽粤边客家地区的商品流通与城乡市场》，《中国社会经济史研究》2007 年第 2 期。

邓建鹏：《清代州县讼案的裁判方式研究——以"黄岩诉讼档案"为考查对象》，《江苏社会科学》2007 年第 3 期。

黄伟民：《陈元光信仰与祖先崇拜》，《漳州师范学院学报》（哲学社会科学版）2007 年第 4 期。

彭维斌：《从百越巫鬼信仰到汉式佛道宗教——闽南民间信仰历史变迁的分析》，《福建师范大学学报》（哲学社会科学版）2007 年第 6 期。

姜修宪：《制度变迁与中国近代茶叶对外贸易：基于福州港的个案考察》，《中国社会经济史研究》2008 年第 2 期。

郑镛：《分蘖与聚合——闽南对中原文化的历史记忆与族群认同》，《中州学刊》2009 年第 2 期。

黄午妍：《漳州浦南"大神尪"文化初探》，《北京舞蹈学院学报》2009 年第 2 期。

张永钦、张晓松：《试论民间信仰与漳台关系：以开漳圣王信仰为例》，《闽台文化交流》2009 年第 3 期。

姜修宪：《晚清福建政府与区域经济发展》，《史学月刊》2009 年第 8 期。

郑镛：《论闽南文化的特质及其生态保护》，《福建师范大学学报》（哲学社会科学版）2010 年第 1 期。

干小莉：《九龙江流域商周时期古文化分期初探：兼谈浮滨类型的年代》，《考古学报》2010 年第 1 期。

许莹莹：《台江商业区与闽江流域木材贸易网络》，《福建省社会主义学院学报》2010 年第 3 期。

水海刚：《近代闽江流域上下游间经济联系再考察：以粮食贸易为视角》，《中国社会经济史研究》2010 年第 3 期。

水海刚：《中国近代通商口岸城市的外部市场研究：以近代福州为例》，《厦门大学学报》（哲学社会科学版）2011 年第 2 期。

张亚清：《疍民：九龙江上的"吉普赛人"》，《文化月刊》2011 年第 4 期。

孙炜：《试论开漳圣王信俗的文化建构：以文化遗产事业发展为研究视阈》，《信阳师范学院学报》（哲学社会科学版）2011 年第 5 期。

赵晓耕、沈玮玮：《健讼与惧讼：清代州县司法的一个悖论解释》，《江苏大学学报》（社会科学版）2011 年第 6 期。

程旭兰、孙玉光：《宁波古村落形成因素探讨》，《宁波大学学报》（人文科学版）2011 年第 6 期。

李艳君：《清人的健讼与缠讼：以〈冕宁县清代档案〉吴华诉谢昌达案为例》，《大理学院学报》2012 年第 1 期。

周雪香：《清代汀州两江流域区域经济比较》，《赣南师范学院学报》2012 年第 1 期。

周雪香：《明中叶的流民与南方山区的开发——以闽、粤、赣交界山区为考察中心》，《中国社会经济史研究》2012 年第 1 期。

李智君、殷秀云：《近 500 年来九龙江口的环境演变及其民众与海争田》，《中国社会经济史研究》2012 年第 2 期。

郑玉玲：《漳州浦南"大神尪"傩舞文化研究》，《漳州师范学院学报》（哲学社会科学版）2012 年第 3 期。

陈辰立、刘锡涛：《福建历史发展的地理格局》，《福建省社会主义学院学报》2012 年第 3 期。

戴冠青：《文化意象与从善心理：从闽南民间故事看闽南人的生命追求》，

《泉州师范学院学报》2012 年第 3 期。

陈忠杰：《寻找徐霞客在漳州的踪迹》，《闽南风》2012 年第 7 期。

陈忠杰：《闽南第一村：埭美古村落》，《民主》2012 年第 12 期。

林国平：《"闽南"小考》，《泉州师范学院学报》2013 年第 1 期。

黄午妍：《浦南古傩舞社会功能的多元化》，《浙江艺术职业学院学报》
　　2013 年第 1 期。

郑玉玲：《闽台"大神尪"傩舞的文化人类学阐释》，《福建师范大学学
　　报》（哲学社会科学版）2013 年第 2 期。

苏惠苹：《以海为伴：唐宋以降月港区域的初步发展》，《漳州师范学院学
　　报》（哲学社会科学版）2013 年第 3 期。

杜树海：《清末民初广西太平州"开圩"现象再探讨》，《中国经济史研
　　究》2013 年第 3 期。

张宗魁：《福建九龙江流域的新县设置》，《福建史志》2013 年第 4 期。

蔡惠茹：《唐宋时期漳州陈元光信仰考述》，《闽台文化研究》2013 年第
　　4 期。

钟建华、汤漳平：《闽南"开漳圣王信仰"的形成与承续研究》，《东南学
　　术》2013 年第 5 期。

徐斌：《论福建人航海实践兼及钓鱼岛主权归属》，《太平洋学报》2013 年
　　第 7 期。

叶纯亮、刘锡涛、高静静：《中国古代典型的城乡经济商业模式：以明清
　　闽江流域为例》，《宿州学院学报》2013 年第 10 期。

王日根、黄友泉：《海防地理视域下的明代福建水寨内迁》，《江西社会科
　　学》2013 年第 11 期。

汤儒韬、黄晶晶：《九龙江西溪疍民习俗探析：以进发宫为中心》，《闽南
　　师范大学学报》（哲学社会科学版）2014 年第 1 期。

钟建华：《闽南民间信仰之联合宫庙初探：以漳州浦头港"东岗祖宫"为
　　个案》，《福州大学学报》（哲学社会科学版）2014 年第 2 期。

徐晓望：《论福建精神的历史文化渊源》，《中共福建省委党校学报》2014
　　年第 3 期。

（二）学位论文

陈铿：《明清福建农村市场试探》，硕士学位论文，厦门大学，1984。

刘永华：《明清时期闽西的民间文化与社会经济变迁》，硕士学位论文，厦门大学，1994。

陈滨：《龙岩商人研究》，硕士学位论文，厦门大学，1995。

黄清敏：《明清时期福建山区社会经济发展的新变化》，硕士学位论文，福建师范大学，1999。

路子靖：《交通网络、市场结构与区域发展——以近代闽南为例》，硕士学位论文，厦门大学，2003。

李娜：《明清闽南水利事业中的官民因素探微》，硕士学位论文，厦门大学，2003。

张宗魁：《明代汀漳社会经济变迁与政区建设》，硕士学位论文，厦门大学，2005。

王红娟：《清末民初太湖流域猛将信仰演变及其功能考察》，硕士学位论文，华东师范大学，2005。

张慧芝：《明清时期汾河流域经济发展与环境变迁研究》，博士学位论文，陕西师范大学，2005。

王静：《陇海铁路与关中城镇发展关系研究（1912—1945）》，硕士学位论文，陕西师范大学，2006。

陈微：《月港开放与世界贸易网络的形成》，硕士学位论文，福建师范大学，2006。

兰雪花：《清代福建粮食市场论述（1646—1840）》，硕士学位论文，福建师范大学，2006。

简思敏：《明代福建自然灾害研究》，硕士学位论文，福建师范大学，2006。

龚建伟：《明代福建地区的饥荒与救济》，硕士学位论文，华东师范大学，2006。

姜修宪：《环境·制度·政府——晚清福州开埠与闽江流域经济变迁（1844-1911）》，博士学位论文，复旦大学，2006。

水海刚：《近代闽江流域经济与社会研究（1861—1937）》，博士学位论文，厦门大学，2006。

罗美芳：《明清时期清水江水道的开辟与社会发展》，硕士学位论文，贵州大学，2007。

钟晋兰：《乡镇墟市与民间信仰的历史人类学研究——以清末民国的闽西为中心》，硕士学位论文，福建师范大学，2007。

肖文评：《地域史脉络下的乡村社会建构：白堠乡的故事》，博士学位论文，中山大学，2007。

吴建华：《闽西汀江流域古村镇的历史考察》，硕士学位论文，福建师范大学，2008。

沈莉婉：《明至民国闽西南山区一个村落的历程——塔下村的故事》，硕士学位论文，厦门大学，2008。

苏惠苹：《明中叶至清前期海洋管理中的朝廷与地方——以明代月港、清代厦门港、鹿耳门港为中心的考察》，硕士学位论文，厦门大学，2008。

荆晓燕：《明清之际中日贸易研究》，博士学位论文，山东大学，2008。

钟慧娟：《闽江流域文明起源进程中的多元文化因素》，硕士学位论文，厦门大学，2009。

唐莹：《清水江流域的乡村社会生活》，硕士学位论文，贵州大学，2009。

姚瑶：《小区域研究视野下的辽代瑷河流域》，硕士学位论文，北方民族大学，2009。

高小强：《清代湟水流域农业开发》，硕士学位论文，西北师范大学，2009。

郭飞燕：《试论明清汀、漳山海互动及龙岩经济地位的提升》，硕士学位论文，厦门大学，2009。

毛伟：《清代渠江流域移民社会变迁研究》，博士学位论文，厦门大学，2009。

蒋楠：《流动的边界：宋元以来泉州湾的地域社会与海外拓展》，博士学位论文，厦门大学，2009。

张翅：《冤抑与诉讼：清代上控制度研究》，博士学位论文，中国政法大学，2009。

白利权：《黄河中游古代渡口研究》，硕士学位论文，郑州大学，2010。

王俊清：《明清时期淮河流域水灾与城市变迁》，硕士学位论文，郑州大学，2010。

马峻华：《沣河流域新石器时代遗址分布与自然环境关系研究》，硕士学位论文，西北大学，2010。

李娟：《唐宋时期湘江流域交通与民俗文化变迁研究》，硕士学位论文，暨南大学，2010。

王茂迎：《清代疏勒河流域河湖水系变迁研究》，硕士学位论文，陕西师范大学，2010。

石运瑞：《明朝中后期福建海外移民原因探析》，硕士学位论文，中国海洋大学，2010。

曾毅凌：《明清闽南疫病流行状况研究》，硕士学位论文，福建中医药大学，2010。

严新宇：《清代台湾的地方治理：对乡保制的一个初步考察》，硕士学位论文，复旦大学，2010。

王雅琴：《清代漳州府械斗问题探究》，硕士学位论文，东北师范大学，2010。

袁婵：《明清时期闽赣地区山林产品流通与贸易研究》，博士学位论文，北京林业大学，2010。

罗运胜：《明清时期沅水流域经济开发与社会变迁》，博士学位论文，武汉大学，2010。

周德春：《清代淮河流域交通路线的布局与变迁》，硕士学位论文，复旦大学，2011。

陈琳：《漳河流域土墩遗存初步研究》，硕士学位论文，安徽大学，2011。

赵頔：《清末民初老哈河流域农村经济研究》，硕士学位论文，内蒙古师范大学，2011。

梁姗姗：《清代沂沭河流域自然灾害与社会应对研究》，硕士学位论文，西北师范大学，2011。

叶纯亮：《明清大闽江口区域市镇研究》，硕士学位论文，福建师范大学，2011。

徐枫：《环境变动、国家赋税与市镇形态——明中期吴淞江流域的社会经济》，硕士学位论文，厦门大学，2011。

张洁：《渭河流域（干流地区）人地关系地域系统演变及其优化研究》，博士学位论文，西北大学，2010。

谢冰雪：《扩大的家族：洮河流域藏族传统民间组织沙尼调查》，博士学位论文，兰州大学，2011。

王丹：《个人·家·社会：清江流域土家族"打喜"仪式研究》，博士学位论文，中央民族大学，2011。

冯玉新：《界域变动与地方社会：以明清民国时期黄河上游农牧交错带为中心》，博士学位论文，陕西师范大学，2011。

孟万忠：《历史时期汾河中游河湖变迁研究》，博士学位论文，陕西师范大学，2011。

朱晴晴：《移民、市场与社会：清代以来小江地域文化的演变》，博士学位论文，中山大学，2011。

靳阳春：《宋元汀州经济社会发展与变迁》，博士学位论文，福建师范大学，2011。

苏惠苹：《众力向洋：十六世纪以来九龙江下游两岸海洋区域社会人群研究》，博士学位论文，厦门大学，2011。

廖晨宏：《明清广西柳江流域官方经略与地方秩序研究》，硕士学位论文，暨南大学，2012。

陈蕊：《嘉陵江上游历史经济地理研究》，硕士学位论文，西南大学，2012。

赵小彬：《明清时期长江流域端午风俗研究》，硕士学位论文，华中师范大学，2012。

肖惠娜：《乡村秩序：村社自治与政府治理：以漳州市朝阳镇"庙会宴客禁令"的个案分析为进路》，硕士学位论文，西南财经大学，2012。

吴昊：《民间传说的变异机制研究：以滦河流域民间传说的变异为例》，硕士学位论文，青海师范大学，2012。

张丽婷：《全球视野下的明代漳州海外贸易》，硕士学位论文，首都师范大学，2012。

莫晟：《文化线路视域下的清江流域商路研究》，博士学位论文，华中师范大学，2012。

谢稀雯：《晚清福建厘金研究（1853—1911）》，硕士学位论文，福建师范大学，2012。

林瀚：《潮客之间：经济视野下的汀韩流域地方社会及族群互动（1860—1930）》，硕士学位论文，福建师范大学，2012。

晁成林：《宋前文人入闽研究》，博士学位论文，福建师范大学，2012。

张大磊：《长江流域文昌信仰时空分布研究》，硕士学位论文，西南大学，2013。

戴富华：《明清以来吉泰盆地墟市发展与社会变迁》，硕士学位论文，江西师范大学，2013。

刘素霞：《明清时期岭南北江流域交通变迁研究》，硕士学位论文，暨南大学，2013。

刘宇勋：《清初福建沿海的复界与地方社会》，硕士学位论文，福建师范大学，2013。

黄玲：《九龙江流域水生态分区研究》，硕士学位论文，厦门大学，2013。

董花：《明清时期张家口商贸兴衰研究》，硕士学位论文，广西师范大学，2014。

望巧英：《漳州龙舟文化特色研究——以龙文区为例》，硕士学位论文，厦门大学，2014。

李斌：《化外与王化：明清以降清水江流域的宗族与苗疆社会研究》，博士学位论文，厦门大学，2014。

卞辉：《农村社会治理中的现代乡规民约研究》，博士学位论文，西北农林科技大学，2014。

陈宝华：《明清时期德州运河经济兴衰研究》，硕士学位论文，山东大学，2015。

孟文龙：《明清时期河南沙颍河沿岸市镇研究》，硕士学位论文，郑州大学，2015。

刘洋：《以汲县为中心的城镇体系变迁研究（1368—1952年）》，硕士学位论文，郑州大学，2015。

五 内部资料

（民国）翁国梁：《福建漳州传说》，1935。

（民国）林存和编《福建之纸》，福建省政府统计处，1941。

（民国）翁绍耳：《福建省墟市调查报告》（《农业经济调查报告第二号》），
　　私立协和大学农学院农业经济学系印行，1941。

福建省华安县地名办公室编《华安县地名录》，1982。

陈再成主编《漳州简史》（初稿），漳州建州一千三百周年纪念活动筹委会
　　办公室，1986。

陈再成主编《漳州历代名人传略·第一辑》，漳州建州一千三百周年纪念
　　活动筹委会办公室，1986。

漳州市人民政府地震办公室、福建省地震局漳州地震台编《中华人民共和
　　国地方志 福建省 漳州市志 地震志》，1990。

福建省漳州市水利水电局：《漳州水利史志资料》，1990。

漳州市计划生育委员会编印《漳州人口志》，1992。

渡东村纪念李伯瑶大会筹备组：《大唐卫国定远将军李伯瑶诞生1380周年
　　逝世1320周年纪念特刊》，1992。

《漳州农垦志》编纂委员会：《漳州农垦志》，1993。

郑炳炎、陈秉衡：《陈元光传奇》，闽南日报印刷厂印刷，1995。

福建省漳州市地方志办公室编《漳州历史纪要》，福建省漳州市地方志办
　　公室，1998。

漳州市文化局：《漳州文化志》，1999。

福建省漳州市土地管理局编《漳州市土地志》，2000。

王雄铮编撰《漳州掌故大观》，漳州市图书馆，2001。

南安市地方志编纂委员会编《南安姓氏志》，2004。

周肖峰主编《漳州民族乡村与寺观教堂》，漳州市民族与宗教事务局，2005。

后 记

　　本书是在我博士学位论文的基础之上修改而成，是我第一部学术专著。

　　专著的完成，得益于多方的帮助和支持。

　　首先要感谢导师——福建师范大学林国平教授。从不成形的"第一只小板凳"，到勉强稍具模样的小论文，再到二十几万字的学位论文，无论是选题，还是遣词造句，又或是总结升华，林林总总，倾注着林老师的心血。林老师是严格的，读研伊始就让我做好吃苦的准备，在长达五年的时间内，每月举行一次读书会，督促从不中断。在很长的一段时间内，我由于沮丧、崩溃而拖延了论文进度，惶恐不安，没想到林老师非但没有责骂我，反而劝我出门旅游。可见林老师也是慈爱的。学生的成就，他最开心；学生的困难，也是他的牵挂。如今博士论文即将出版，林老师能够拨冗给拙著作序，令笔者欣喜不已。

　　在福建师范大学社会历史学院这个大家庭中，还要感谢其他老师对我的教诲和关怀。感谢学院老师在开题的时候给我提出宝贵意见。其中，汪征鲁老师、叶青老师、高峻老师在本科阶段就已经给历史教育学专业的学生开设课程，林立强老师在研究生阶段给专门史专业学生授课，郭培贵老师、薛菁老师在类似讲座等交流会上一展风采，这些皆令我受益匪浅。我能够坚持这么多年的求学，与本科辅导员李积庆、郑士璟，研究生辅导员岳婕的关爱和扶持是分不开的。

　　感谢田野调查对象的帮助。感谢各个村社宫庙的庙祝。感谢金沙村的陈子彬，银塘村的赵阿宝夫妇、赵令宗、赵潮初、赵辛超，玉兰村的黄亚达夫妇、黄亚车，碧溪村的杨南极夫妇、杨艺平，浦南墟的梁德山夫妇、梁海瑞夫妇、梁阿卿夫妇、宋连根夫妇、杨平鼻、蔡顶吟、李剑文、梁必忠夫妇……挂一漏万，感谢无数说不上姓名的北溪民众。我在这里的人家投过宿，吃过饭，泡过茶，聊过天。在等待公交车的时候，会有人跟你打招呼："车刚过去，进来坐会吧。"我在步行走路的时候，骑着摩托车的大叔会停下来："我在××见过你，你要去哪儿，我捎你一段。"我在寻找古桥、古墓、古渡口不得，只能问路的时候，会有人干脆停下手里的活计，直接带我前往，理由是："那地方很久没人去了，路已经荒了，你自己一个人肯定找不到。"我在参加神明巡境、龙舟赛事、祭祖等活动的时候，会有人给我工作牌、符仔、金箔、水果等，他们认为这些在神明跟前摆过的物品，戴着、吃着对人只有好处没有坏处。他们会打电话告诉我，×天修路的时候又挖出了一块石碑，也会把族谱等资料一本本、一箱箱地搬出来，供我翻阅。可以说，如果没有田野对象的帮助，我要完成此选题的博士论文，几乎是不可能的。

在本书的研究和写作过程中，相关研究成果已在《福建师范大学学报》《闽南师范大学学报》等期刊上发表，林日杖老师、郑镛老师在论文采用、修改和发表等方面提供了热心的帮助。他们所提出的宝贵修改建议和所进行的细致排版校对，不仅提升了当时所发表的论文的水平，而且有助于在此基础之上写作而成的本书的充实和完善。社会科学文献出版社的编辑易卉和郭锡超为本书的顺利出版尽心竭力，付出了认真和耐心的劳动，在此特向他们的辛勤工作表示敬意和感谢。

在求学和写作中，我还有幸得到师门、同窗和朋友的热情帮助与支持。感谢罗臻辉师兄，他带我到北溪上游华安大地村调研，并将前期搜集所得的部分资料慷慨赠予；感谢钟建华师兄，他带着我到西溪环抱的漳州市区的宫庙、渡口考察，并将在调研基础上的书稿给我参考对照；感谢丁丽娟，她在忙碌之余放弃休息，帮我录入族谱方面的材料，甚至还放弃元宵佳节回家的机会，帮我删减绪论章节中的冗词赘句；感谢陈清清师妹、蔡少辉师弟、叶文艳师妹，一遍又一遍地帮我校对文稿，指出其中的错字病句，并提出修改意见；感谢吴纪宁，他在文献解读、框架结构等方面，给我提供了诸多建议；感谢张曦，她在备考与工作的双重压力下，帮我录入科举方面的材料，并向我指出材料中存在的错误之处；感谢邱蔚华，在职读博的她，为我擦去了彷徨无助的泪水，她"尽最大努力，做最坏准备"的态度，也深深地影响了我；感谢连晨曦，他在自己博士学位论文焦头烂额之际，还抽出时间，以"毒舌""敲打"的模式开导我、鼓励我；感谢刘明鑫、饶清化、刘国华、华桂玲、叶青青、潘燕红、刘晶晶等可亲可爱的饭友、球友和舍友们。是他们，在学习、科研和生活中给予我诸多关心和帮助。

感谢黄书玉、陈琼夫妇和尹俊链对我的帮助与关心。他们蔚然有古老者之风，急公好义，令人心折，在工作方面又对我有许多指点，让我至今受益，于此三致谢意。

最后，还要感谢我的家人。亲邻们对于我多年求学或不解或反对，父母都是朴实的农民，他们也不知道我读博的意义，但还是顶着压力："你有能力读到哪里，你就读到哪里。反正有书读到没书，你也就不读了。"感谢求学期间有幸相识相知的男友，如今是我的丈夫杨胜，他既是第一个鼓励我读研，也是第一个支持我读博的人。感谢公婆尊重我长年求学的自由，包容我在承担家庭责任上的诸多不足，让我更加心无旁骛地投入本书的写作和出版工作。

路漫漫其修远兮，吾将上下而求索！谨以此书作为我硕博生涯的告别之礼，迎接崭新的未来。

图书在版编目（CIP）数据

家族·开发·变迁：唐宋以降福建北溪流域的社会
发展／黄艺娜著. －－北京：社会科学文献出版社，
2020.4

ISBN 978 - 7 - 5201 - 5584 - 7

Ⅰ.①家… Ⅱ.①黄… Ⅲ.①社会形态 - 历史 - 研究
- 福建②社会发展史 - 研究 - 福建 Ⅳ.①K295.7

中国版本图书馆 CIP 数据核字（2019）第 210650 号

家族·开发·变迁：唐宋以降福建北溪流域的社会发展

著　　者／黄艺娜

出 版 人／谢寿光
责任编辑／易　卉
文稿编辑／郭锡超

出　　版／社会科学文献出版社·群学出版分社（010）59366453
　　　　　　地址：北京市北三环中路甲 29 号院华龙大厦　邮编：100029
　　　　　　网址：www. ssap. com. cn
发　　行／市场营销中心（010）59367081　59367083
印　　装／三河市尚艺印装有限公司

规　　格／开 本：787mm × 1092mm　1/16
　　　　　　印 张：18.5　字 数：295 千字
版　　次／2020 年 4 月第 1 版　2020 年 4 月第 1 次印刷
书　　号／ISBN 978 - 7 - 5201 - 5584 - 7
定　　价／98.00 元

本书如有印装质量问题，请与读者服务中心（010 - 59367028）联系